福井の幸福

Let's talk about happiness of fukui

を語ろう

ふるさとへの提言

東京若越クラブ／福井新聞社
［編］

中央経済社

東京若越クラブ創立10周年お祝いのことば

福井県知事 **杉本達治**

このたび「東京若越クラブ」が創立10周年を迎えられましたことを、心からお喜び申し上げます。

「東京若越クラブ」は、伊藤忠商事株式会社特別理事・小林栄三代表幹事をはじめ、首都圏でご活躍されている福井ゆかりの皆様が中心となって、2010年に創立されました。以来、ふるさと福井県の発展のため、県内の未来ある中高生への特別授業「ふるさと先生」やふるさと納税による応援など、各方面において多大なるご尽力をいただいておりますことに対し、深く感謝申し上げます。

福井県では、北陸新幹線の福井・敦賀開業まで４年を切り、さらにその先、大阪・関西につながる道筋も明らかになりつつあります。中部縦貫自動車道も敦賀開業と同時期の開通を目指しており、福井県は今、高速交通網の整備が飛躍的に進展する100年に一度のチャンスを迎えています。特に、北陸新幹線が県内に延伸されますと、東京〜福井間は直結して３時間を切り、経済・観光面での互いの交流がなお一層活発になると期待されます。

福井県には、長い歴史や人々の暮らしの積み重ねの中で、今に受け継がれてきた福井らしい「文化力」があります。これらを最大限に発揮し、観光に加え、移住定住、文化・スポーツ等による首都圏との交流を大きく拡大していきます。「東京若越クラブ」の皆様には、福井県と首都圏との懸け橋となっていただき、相互の交流拡大、福井の魅力発信等に、引き続きご協力をお願いしたく存じます。

結びにあたり、「東京若越クラブ」の今後ますますのご発展と、会員の皆様のご健勝とご活躍を心よりご祈念申し上げ、お祝いの言葉といたします。

すぎもと・たつじ

昭和61年 3月 東京大学法学部卒業
昭和61年 4月 自治省入省
平成15年 9月 総務省自治行政局行政課企画官
平成16年 7月 福井県総務部長
平成19年 7月 内閣参事官（内閣官房副長官補付）
平成22年 7月 総務省自治税務局市町村税課長
平成25年 7月 福井県副知事
平成28年 6月 総務省消防庁国民保護・防災部長
平成30年 7月 総務省公務員部長（〜11月退官）
平成31年 4月 福井県知事（1期目）

発刊のご挨拶

東京若越クラブは、東京から福井の活性化を応援することを目的に2010年に発足しました。伊藤忠商事株式会社代表取締役社長（当時）（現特別理事）の小林栄三様に代表幹事をお願いし、福井県出身または福井県にご縁のある首都圏在住の方々を中心に構成されています。日本を代表する、経済界をはじめ、文化・芸術・芸能、スポーツ界など各分野で活躍されている多彩なメンバーの方々です。〝ふるさと福井〟に貢献するきっかけづくりの場として、8月の総会、2月の新春交流会、県内各市町・団体・学校・企業等への講師派遣などの事業を実施しております。また、2013年4月に福井銀行と当社が立ち上げた、福井での次世代リーダー養成塾「考福塾《こうふくじゅく》」がスタート、この事業へも特別協力を行っております。

発足準備の段階で小林様より「クラブのスムーズな運営には事務局が必要。ぜひ福井新聞社で事務局を引き受けてもらえないか」とご相談を受け、「福井を応援していただけるクラブであれば、喜んで当社の東京支社で事務局をお預かりしましょう！」との次第でした。

当クラブは本年8月に創立10周年を迎えました。また、事務局を預かる当社は、明治32年（1899年）8月28日に第1号を発刊、同じく本年8月28日に創刊120周年を迎えます。

東京若越クラブ創立10周年と福井新聞創刊120周年という両者の節目の年に、何か連携した企画ができないかといろいろ検討してきました。そして、首都圏で活躍されている当クラブのメンバーの方々から、ふるさと福井への応援として「ふるさと福井への提言・メッセージ」を頂き、それを取りまとめた本書を出版することにしました。また、福井新聞との連携として、本書に収めた「創立10周年記念幹事座談会」の内容を、福井新聞の8月22日付「東京若越クラブ創立10周年記念紙面特集」にも掲載しました。

福井県民が本書と福井新聞紙面を読むことにより、明日の福井県づくり、活性化の一助になれば幸いです。

令和元年8月

株式会社福井新聞社 代表取締役社長

吉田 真士

東京若越クラブについて

設 立 年：2010年８月

会員数：約180名（2019年８月現在）

会員資格：福井県出身または福井県にご縁のある首都圏在住の方

目　　的：会員同士の情報交換、個々の活動を通じて、ふるさと福井の活性化の一助とする

主な活動：８月　総会

２月　新春交流会

随時　「考福塾」への講師派遣

県内市町、団体、学校、企業等への「講師派遣事業」など

東京若越クラブ事務局

株式会社福井新聞社 東京支社

〒105－0004

東京都港区新橋２－19－４　SNT ビル5F

TEL. 03-3571-2918　FAX. 03-3574-8564

目次

特別インタビュー

本文デザイン／志岐デザイン事務所

東京若越クラブ創立10周年を迎えて

—何が我々を動かしたか—

伊藤忠商事株式会社 特別理事
東京若越クラブ 代表幹事
小 林 栄 三
Kobayashi Eizo

◆異業種で知恵を絞り、難局に対応していく

東京若越クラブは、本年8月に創立10周年を迎えました。元々は、経済人5〜6人で半年に1回ほど定期的に集まり、福井のことを話題にしながら福井のお酒を飲むという会でした。当時、テレビの番組で、首都圏の方に日本地図を見せて「この県はどこにあるか」という質問をしていて、福井は47番目でした。首都圏での福井の知名度の低さが非常にショックで、ただ福井のお酒を飲むだけではなくて、やはり何か発信をしようということになり、福井新聞社の方と相談をして、福井出身で首都圏にいる方もしくは何ら

かの形で福井と縁のある方を一度集めてみようということになったのです。

ありがたいことに大勢の方に集まっていただき、そのとき皆さんに、自身のスタイルで福井を応援しよう―例えば、講演をしてもいいいし、ふるさと納税をしてもいい、福井の産品を買うことでもいいし、旅行でお金を遣うことでもいい、という話をしました。これがそもそものスタートでした。

その後、せっかく大勢の方に参加していただいたので、系統立てて何かできないかということで、福井新聞社と福井銀行の方の協力を得て、20代・30代を対象に次世代のリーダーを養成する〝考福塾《こうふくじゅく》〟をスタートさせました。1期45名で現在は7期目、これまでに約270名が卒業して、いろいろな方面で活躍されています。

経済界にいて感じるのは、21世紀は情報通信技術の発達によって、変化のスピード、振り幅、内容、種類が20世紀とは大きく異なるということです。そして、変化があっという間に全産業、全世界を網羅する形になってしまっています。企業にとって変化はチャンスかリスクかとよくいいますが、リスクといって逃げるわけにもいきませんので、チャンスと捉えなくてはいけないときに、自分の頭や経験だけではもう判断できないような状況になっているのです。ということは、他の人の知恵、異業種間の交流がどうしても必要になります。考福塾でも、異業種交流が必要になるという観点で考福塾を大事にしてほしいと塾生の皆さんに言っています。

考福塾では、1期は1年で終わりますが、卒業後もネットワークをつくって維持してくれています。お互いに知恵を出し合う、しかも異業種からいろいろな話が来るということで、これからもいろいろな難局に対応していこうという思いでやっていますので、その意味で考福塾を始めてよかったと思っています。

福井県教育委員会主催の「ふるさと先生」では、東京若越クラブでも17~18名が年に2~3回、福井県の高校を訪問して授業をしています。私も年に2回行っていますが、生徒に必ず言うのは、「世の中はいまこうなっている、いままでは誰かが何かやってくれると思っていただろうけど、これからは自分たちがやらなくてはいけない」ということです。Eメールでいくつかヒントを与えて、3~4か月後にもう一度行くのです。皆さんものすごく頑張って考えてくれていて、とても嬉しくなります。これももう6~7年続けています。

福井を見ていると、もう一つ何か迫力がないと感じることがあります。一番大事なのは何だろうと考えると、やはり福井県人が福井をもっと好きにならなくてはいけないということだと思います。だからその意味で福井をもっと知ってほしいといつも言っています。自分が住んでいるところだけではなくて、県内のいろいろなところにお互いに行き来して新しい発見をしようという観点で、これがない、あれがないという〝ないものねだり〟ではなくて、〝あるもの探し〟をやっていこうと呼びかけています。そういうことも含めてやはり皆さんが福井の活性化、すなわち福井を知ろうということをいつも高校生に問いかけるのですが、きちんと反応してくれるのです。そういう意味では若い方を教育するのはやりがいがあります。

◆ストーリー性を持たせた広域観光を

当面の一番大きなポイントはやはり2023年の北陸新幹線敦賀延伸です。しかし、その受入体制がまだ心許ないというのも実情だと思います。まち全体をこうしようとか、地域全体をこうしようという発想が大切になってきます。

福井の振興を考えると、観光面でもっとやれることがあると思います。海外あるいは県外から来てもらった人にもっと長期間滞在してもらうことは大事です。たしかに恐竜博物館は素晴らしいですが、恐竜だけを見に来てもせいぜい1泊程度でしょうから、もっと他のいろいろなオプションを用意する、あるいはストーリー性を持たせるという視点が大切になってきます。

美浜町と若狭町にまたがって位置する三方五湖の中で一番大きな湖である水月湖の底には、7万年以上の歳月をかけて積み重なった「年縞」と呼ばれる縞模様があります。これは、直接流れ込む大きな河川がないため湖水がかき混ぜられない、周囲が山に取り囲まれているため風が遮られ波が起こりにくいなど、いくつかの条件が偶然重なり、奇跡的に形成されたものです。

堆積した層を見ていくと、生息していた植物の種類や移り変わり、気候や環境、火山噴火活動、洪水や地震など、7万年の履歴を辿ることができます。これは世界的にも珍しく、本当に素晴らしいものです。そしてその横には若狭三方縄文博物館があります。しかし、残念ながらこれらは、恐竜とも古代ともまったく何もリンクしていないのです。例えば「いにしえの日本」「古代の日本」という形で関連性やストーリー性を持たせるだけでも全然違うと思います。

お城に関しても、丸岡城と越前大野城に連関性を持たせて、城めぐりというコンセプトでアピールする。みんなばらばらにやっていますから、ストーリー性を持たせてコラボレーションしながらやっていけば、広域観光でもっといろいろなことができると思います。

福井は人口当たりの社長輩出率が日本でトップクラスです。裏を返せば、1人で全部やることが習慣になってしまっているという言い方もできます。先ほどの異業種交流ではないですが、部分最適から全体最適というイメージで、いろいろな人の知恵を結び合わせながら取り組んでいければいいと思います。

◆「教育県」としての福井

福井は、小中学生の学力・体力が全国トップクラスであることからもわかるように、「教育」

の県でもあります。学校教育でどのように教えたらいいかといったノウハウが福井にはけっこうあるのです。いま、国際協力機構（ＪＩＣＡ）の援助で、アフリカで教育行政官として教員研修や教員養成研修に携わっている方々が福井大学に来て、教育の現場に行って実際にどのような教育をしているのかなど学習指導法を学んでいます。その方たちが本国に帰って、それを自国の教育改革に活かすわけです。「教育」といういわゆるソフト面での支援によって、日本のイメージが良くなっていく、そしてそれを発信しているのは実は福井なのです。福井の「教育」がそういうところにも出てきているので、これも１つの大きな売り物になると思います。

◆福井をもっと自慢しよう

福井の方といろいろ議論をするときに、幸福度が話題になることは正直ほとんどありません。県内に住んでいる人にはそれほど実感がないのかもしれません。世帯収入、女性の就業率、共働き率、３世代同居率、子どもの学力・体力など、いずれも全国トップクラス、空気もきれいで、水も食べ物もおいしいし、資源も豊富にある。住むには絶対良いところだと思いますが、それを幸福度ナンバーワンという形で県民の皆さんが実感しているかというと、必ずしもそうではないし、福井の自慢をする人もほとんどいないのです。だから、もっと自慢しようと私はいつも言っています。本当に素晴らしいところですから、もっと自信を持っていいと思っています。

◆次の世代、その次の世代のために

20世紀のいろいろなお荷物を我々の世代が解決しなくてはいけないと思っていましたが、国の借金1100兆円も含め、やはり我々が全部解決できるというものではなく、次の世代に託さなければいけないので、もう誰も何もしてくれないから自分でやらなくてはいけないという思いだけはみんなで共有したいと思っています。

そして、次の世代、その次の世代のために、いま我々ができることだけはきちんとやっておこうという思いで、福井で生を受けて、福井でいろいろ支援してもらった故郷に対して何か返せたらいいなという思いで動いているところです。

（本稿はインタビューをもとに編集したものです。）

PROFILE

こばやし・えいぞう　福井県若狭町（旧上中町）出身。1972年伊藤忠商事株式会社入社。情報産業部門長、経営企画・事業・総務・法務担当役員などを経て、2004年代表取締役社長、2010年代表取締役会長、2018年4月より特別理事（現職）。日本・トルコ協会会長、公益財団法人全国法人会総連合会長、公益財団法人伊藤忠記念財団理事長、公益財団法人海外子女教育振興財団会長、考福塾塾長ほか、多くの要職を務める。

「観光」による福井創生

東日本旅客鉄道株式会社
相談役
大塚　陸毅
Otsuka Mutsutake

この度、「ふるさと福井への提言」の依頼を頂きました。私はふるさとの魅力を伝えるべく、1993年から「福井ふるさと大使」、2010年から「若狭おばま御食国大使」を務めてきました。福井県は幸福度ランキングで3年連続1位になるなど、住みやすい県として有名になっています。また、社長の輩出数は全国1位で、繊維産業、機械産業、メガネ産業等も盛んです。技術力があり、食事や文化にも恵まれた大変魅力的な県といえます。

ところが、観光関係の実績を見ますと、2018年の宿泊者数は全国38位、外国人宿泊者数に限ると45位と、多くの資源を持っているにもかかわらず大変厳しい状況です。また、都道府県魅力度ランキング2018でも39位に甘んじています。

私は、かねてより、これからの日本がとるべき道は、貿易立国、科学技術立国、観光立国の3立国だと考えてきました。特に観光は日本の将来を担う産業ですが、発展途上といわざるを得ません。福井県としても、観光産業の活性化が大きな課題ではないかと思います。

ここで少し観光についてお話ししたいと思います。これまで、観光は「物見遊山」「遊び」という意識が強く、重要な産業と認識されていませんでした。2003年に小泉首相（当時）が訪日外国人1000万人を目指した「ビジット・ジャパン・キャンペーン」を開始し、メーカー中心の経団連（一般社団法人日本経済団体連合会）にも2004年から観光委員会が出来ましたが、当初は観光に関心を示す人は多くいませんでした。

私は2007年から8年間、経団連で観光委員長を務めましたが、この間、観光に対する空気は大きく変わってきました。今や、インバウンドは3000万人を突破し、今年の施政方針演説でも観光立国の重要性が語られるほどになっています。

しかし、観光の日本全体のGDPに占める割合、雇用者数に占める割合は世界水準からはまだ低く、逆にいうと成長の余地があるということになります。特に、福井県は2022年度末の北陸新幹線敦賀延伸という起爆剤があります。開業までの間、待つだけなのか、福井に磨きをかけるのかで、大きく結果が変わることになるでしょう。

以上を踏まえて、「ふるさと福井県」に何点か提言したいと思います。

第一点は観光素材の磨き上げです。福井に来て感動できるものを上手に知っていただく工夫をすることが大切です。JR東日本エリアの例で申し上げると、例えば、2010年に東北新幹線の新青森が開業した時には、「A-FACTORY」という施設を設立し、りんごのシードル（りんご酒）を製造しました。他にも、谷川岳天神平では星が綺麗なことを売りにした星の鑑賞会を実施したり、下北では地吹雪ツアーを行ったりと、各地で様々な取り組みが行われてきました。これらは地元からすると珍しくもないものですが、他の地域から見ると驚き・発見になるわけです。観光の醍醐味は「感動」を与えることです。ぜひ、福井ならではの素材を取り出してブラッシュアップしてほしいと思います。

第二点は産業界との連携です。産業と結びつける産業観光は大切です。観光産業だけでなく、他の産業と連携してほしいと思います。越前和紙や箸作りが人気と聞きますが、産業観光は他産業にとってもプラスになります。観光は裾野の広い産業です。一見すると観光とは関係ない業界でも、観光に関係するチャンスがないかを考えてみてください。

第三点は全員参加のおもてなしです。東日本大震災後、東北新幹線運転再開時には、沿線の人が歓迎の旗を振り、お客さまが大変感動されたと聞きます。こうした感動は一過性ではなく、生涯持ち続けるものです。また、宮城県の高校生が修学旅行で東京に来た時に、ぜひ宮城に来てください、というキャラバンをしました。こうした小さなことの積み重ねが大事です。

ここで大切なことは、オール福井で取り組むべきということです。おもてなしは観光に携わる人間だけが取り組めばいいというものではありません。地元がその気になることが大切です。その繰り返しが良い地域づくり、ひいては良い国づくりに繋がります。

第四点は広域の連携です。一か所だけに長く滞在することは難しいものです。立山、黒部、金沢、京都、高山、等々、福井の周辺には多くの観光地があります。こうしたものをゾーンとして捉えてほしいと思います。個々の県や市町村が海外に行ってアピールしていますが、受ける側からすると、個別の自治体に来てくれ、と言われても戸惑いを感じるだけです。北経連（北陸経済連合会）では「ゴールデンループ」を提唱したり、広域連携ＤＭＯ（その地域にある観光資源に精通し、地域と協同して観光地域づくりを行う法人）が動き出したりしていますが、これからが正念場です。

特に、北陸新幹線金沢延伸までは、訪日客で「ゴールデンループ」を意識する人はほとんどいなかったと思いますが、インバウンド向け商品「北陸アーチパス」も発売され、サンダーバードには多くの外国人が乗車されているそうです。以前は福井を通過すらしなかった方々が通るようになった。次はどうすれば福井で降りていただけるか、を考えることが大切です。

第五点は情報発信です。福井県は魅力があるのに、情報発信が不足しています。福井県への観光客は関西圏・中京圏からが7割で、首都圏からは1割程度ですが、2022年度末には北陸新幹線敦賀が開業し、いよいよ首都圏と一本でつながります。首都圏でもこれまで以上に福井への注目が集まるでしょう。敦賀開業を最大限に活かすためにも、今から首都圏に売り込んでいく必要があります。

この他にも、先端技術の活用や観光人材の育成等、取り組むべきことは山ほどあります。敦賀開業まで残された時間は多くありません。しかし、福井が魅力のある県だということは間違いありません。これからも自信をもって進めてほしいと思います。

PROFILE

おおつか・むつたけ　昭和18年中国北京市生まれ。両親が福井県小浜市出身。昭和40年東京大学法学部卒業。同年日本国有鉄道入社。平成12年東日本旅客鉄道株式会社代表取締役社長。平成18年同社取締役会長。平成24年同社相談役（現職）。現在、行政改革推進会議議員、健康保険組合連合会会長。

「原石」を磨け
―福井の活性化に向けたツーリズム戦略―

株式会社JTB
代表取締役 会長執行役員
田川博己
Tagawa Hiromi

いま、日本の人口は年間37万人ほど減少し続けており、福井県も例外ではない。生産人口、消費人口が減ることで、地域経済は動力、活力を失うことになる。これをどうするかが福井にとっては重要だ。

そうした事態を防ぐ切り札がツーリズム、すなわち旅行と観光により「交流人口」を増やし、経済の活性化を図ることだと思う。交流人口には2つある。1つは、外からお客様を呼んでくる「インバウンド」で、外国人観光客だけではなく県外客も呼び込む。もう1つは、長く滞在してもらって消費人口を増やす「定住・移住」だ。

では、インバウンドをどう増やすか。福井の場合、温泉といえば芦原くらいで、温泉では勝負できない。温泉以外の観光素材としては、嶺北では永平寺、東尋坊、一乗谷朝倉氏遺跡などがあり、嶺南では若狭や三方五湖、小浜などがある。

福井は歴史のプロセスではかの県とは違う面がある。朝倉氏滅亡のあと、柴田勝家が福井城をつくり、江戸時代の越前松平藩は、徳川幕府から見て、伊達、毛利に並ぶ大きな加賀前田藩のけん制役を期待された面がある。こうした歴史観は福井の中では共有されていない。最後の藩主・松平春嶽のことはよく知られているが、その前の江戸時代二百数十年がどうだったか十分に理解されていないと思う。

一方、嶺南と呼ばれている若狭とか小浜は京都、奈良、滋賀に近く、公家や彦根の井伊家とつながっており、福井は歴史的にも嶺北、嶺南の2つの顔をもっているといえるのではないか。こうした歴史観をもう一度整理、整頓する必要がある。

江戸時代260年と明治以降150年の計410年の歴史をたどると、福井の伝統工芸品的なものが産み出された。だが、越前和紙とか越前塗、漆器がどのように生まれたのか、加賀の九谷焼のようには語られていない。福井では交流人口を増やそうにも、その土地のことが語られていない現状がある。お客様はモノがあるというだけでは行かない。福井にあるモノを「磨く」作業がこれからどんどん必要になると思っている。

最近、大野市の奥越明成高校が「クールジャパン高校生ストーリーコンテスト」最終ノミネート作品の3つの高校の1つに選ばれた。福井は勉学では非常に進んでいる県で、深掘りをする生徒が多い。こうした生徒には地元に残ってほしいが、福井から出て行ってしまう。また、住民の皆さんも自分たちが持っている価値を十分に認識できていない現状がある。

福井は学力は高いが遠慮深い。働き者で幸福度はナンバーワン。しかし、若者は勉学で県外に出ると戻ってこない。ふるさとへ戻って来てもらうため職場をどうつくるかが大きな課題だ。県も最近力を入れているが、定住・移住を増やしていくことが最終的な目的となる。

それには2つの大きなチャンスがある。2023年春に北陸新幹線が敦賀まで延び、岐阜県の白鳥と福井を結ぶ中部縦貫自動車道が同じ時期に完成する。金沢が観光の横綱だとすると、福井は幕内の下のほうで、北陸新幹線だけだと勝てないが、積年の課題だった縦貫道が白山山系をぶち抜いて出来ると、大野市、永平寺へと出て福井まで一直線。中部国際空港セントレアから岐阜を通って2時間くらいで福井に到着してしまう。

北陸新幹線の敦賀開業と中部縦貫自動車道が完成すると、組手として「福井と岐阜」あるいは「福井と金沢」の両方が可能となる。千載一遇のチャンスであり、それに向けどう準備していくかが大きな課題だ。

交流人口を増やすには施設が重要になる。永平寺を改修し、高野山のように宿坊をつくろうとしているが、これもインバウンドにとっては大きい。福井で一番貧弱なのは宿泊施設だ。都市ホテルがない。民泊を含め宿泊施設の多様性が交流人口を増やすために必要だ。一乗谷朝倉氏遺跡の近くにユースホステルのようなものを建設してもいいのではないか。

また「道の駅」の充実も大事だ。いままでは横軸で北陸3県だったが、縦貫道が出来ると中京圏から縦軸で福井を見れば、こんな便利な町はないはずだ。こうしたインフラが完成すると、間違いなく交流人口が増える流れが出来ると思っている。

福井には「日本の原風景」がある。学びとか、いま外国人が最も興味のある食べ物、食文化がある。大聖寺から吉崎御坊、永平寺に至る宗教的な祈りのルートもある。また、越前和紙、越前塗、越前焼など一品、一品では、輪島塗、九谷焼には勝てないが、外国の人に越前焼と越前塗のセットに日本酒・黒龍を付けて差し上げたら、ものすごく喜んでくれた。越前和紙に越前塗の額縁を付け、文字を永平寺のトップに一文字書いてもらえば付加価値が付く。こうした組み合わせの妙は、たくさんあるはずだ。

生活文化を伝えるのも交流の大事なテーマだ。そうしたものを伝える場所をつくってほしい。単なるお土産屋ではない。輪島塗なら5万円、越前塗は2万円と、そのくらい差があるが、輪島塗は飾り物、越前塗は生活用品だ。毎日2万円で飲むか、飾り物を見るだけかの違いがあるが、福井にあるものは日常的に使ってもらうことができるものだ。

これからの地域づくりでは「福井ブランド」が共感や信頼を得て長く続くようブランディン

グを心掛けるべきだと思う。一過性のキャンペーンでは駄目だ。

２０２３年春の北陸新幹線敦賀開業の後、２０２５年に大阪・関西万博が予定されている。工程表をつくってしっかり準備すべきだ。いま世界の潮流は、ＳＤＧｓ（持続可能な開発目標）を掲げて持続可能な社会をつくることを目指そうとしている。２０２５年の大阪・関西万博もそれに合わせて開催されるだろう。日本遺産というのは基本的には生活文化に根差したものが多い。インバウンドで福井を知ってもらうには「生活文化を磨く」がキーワードだと思う。

そのためには市民の参加が大事だ。東京若越クラブも市民参加なので、その中にサークルをつくって観光行政とは別の世界で活動してはどうか。高校生や大学生に自分のふるさとを勉強して、ふるさとをどうアピールするか考えてもらうことも必要だ。学力ナンバーワンの県だからそんなに難しいことではない。

デジタル化が進めば進むほど人がいらないとなるが、いい意味で福井は最もデジタルにふさわしくない場所だと思う。生活様式はデジタル化するが、ツーリズムはいかにリアルを残しながらやっていくかだ。田んぼをなくしてハウス栽培だけでは景色にならない。福井新聞社の社屋から見る田んぼの景色はきれいで忘れられない。緑の絨毯《じゅうたん》だ。これから大きな観光資源になるだろう。

いかに原風景を残しながら、利便性を高めるためにどうするかだが、２０２３年に北陸新幹線の敦賀開業と中部縦貫自動車道が出来ると、すごく便利になる。そうしたことに焦点を当て、大阪・関西万博のときに福井県として何を見せるのか。福井大学や福井県立大学、高校の生徒、先生方にも加わってもらい「産学官共同」で考えていくべきだ。市民が参加しないとツーリズムは発展しない。「福井は観光資源の宝庫」といわれるが、それが何かわかっていない人が多い。それをわからせることも大事なテーマだと思う。

ツーリズムが活性化するには10年、20年とかかる。海外旅行者が100万人から1000万人になるのに20年、インバウンドが観光庁が主導して今の形になるのに10年かかった。ツーリズムはそれくらいの時間軸で見なくてはいけない。

したがってツーリズムは、若い人中心で活動し脇にシニアがいるのが望ましい。これで成功したのが湯布院だ。長老と若い人の融合がうまくいって、湯布院が別府温泉を抜いて有名になった。若い人を中心に、周りの長老が何かあったら出て行くぞ、という組織が望ましい。

食文化ももう少し深掘りしたほうがいい。フランス料理家の三國清三さんは福井県の食のアンバサダーだ。「福井の食材は、恵まれた風土のおかげで水も空気もおいしいから、滋味《じみ》豊かで、上質で繊細な味わいだ」と発信されている。三方五湖は魚の宝庫だ。何でも捕れる。三国や敦賀は北前船の寄港地で、運ばれた昆布を加工して長浜経由で大阪に送っていた。大阪と福井で昆布に違いはない。福井でどうして水ようかんを冬に食べるようになったのか。食文化の語り部《べ》づくりができれば、ブランディングが可能だ。そうしたシナリオをつくる設計者、プロデューサーが必要だ。

福井は文化財、伝統工芸、生活文化、それに学びのヒトと「原石」の塊だが、まだまだ磨き足りない。それには交通インフラが大きな役割を果たす。お隣の金沢がいい例だ。北陸新幹線が開通したことによって、関西圏だった金沢は東京圏にもなり、磨かれてよくなった。電柱の地中化とか茶屋街、金沢城の再生と磨きをかけてきた。高岡は富山県だが前田家の菩提寺が高岡なので、石川県の知事の頭の中では加賀・大聖寺から高岡までが石川県と思っている。高岡から氷見を通って和倉温泉に泊まり、翌日は金沢と、２泊３日の「一筆書き」で帰るルートをつくりあげ、金沢観光は立体的になった。福井も県内だけでなんとかしようとするのは大間違いだ。

さいごに、「人道の港」と呼ばれている敦賀とＪＴＢの縁に触れてみたい。リトアニア・カウナス領事代理の杉原千畝に「命のビザ」を発給された数千人のユダヤ人難民がウラジオストクに逃れて来て、敦賀を経て神戸や横浜から米国など第三国への避難を頼まれたのが、ジャパン・ツーリスト・ビューロー（現ＪＴＢ）だった。

その職員の一人、大迫辰雄は添乗員として昭和15年から16年にかけて二十数回にわたってウラジオストクと敦賀を往復し、親身になって難民たちを助けた。そのユダヤ人難民の一人、ソニア・リードさんの2人の娘が2017年春に敦賀市の招待で来日、JTB本社を訪問した際にお母さんの遺品で、大事に保管されてきた大迫の名刺を返していただいた。

JTBは創業100年のときに「地球を舞台に人々の交流を創造する会社」と規定した。旅行事業というのは、旅行商品を作り売るだけではなく人々の移動と交流の場面をつくることだ。日本ではトラベル（旅行）だけが残って、ツーリズム（移動と交流）が忘れられている。ツーリズムがJTBの源流であることをぜひ知っていただきたい。

（本稿はインタビューをもとに編集したものです。）

PROFILE

たがわ・ひろみ　1971年に株式会社日本交通公社入社。川崎支店長、米国法人日本交通公社取締役副社長を経て2008年に代表取締役社長就任。2014年に代表取締役会長就任（現職）。現在、一般社団法人日本旅行業協会会長、公益社団法人日本観光振興協会副会長、公益財団法人東京観光財団副理事長、WTTC（世界旅行ツーリズム協議会）副会長、日本エコツーリズム協会会長、福井県政策アドバイザー、福井県観光アカデミー学長ほか、多くの要職を務める。

若越百景

公益財団法人警察協会
会長

田中節夫
Tanaka Setsuo

① 概況

観光庁の発表によると、訪日外国人数は増加の傾向にあり、２０１８年に初めて３０００万人を超え、２０２０年の東京オリンピック・パラリンピックの開催を控えて、一層増加すると予想されている。外国人の国別により、訪問地や訪日目的に差が見られるが、２０１５年の観光庁の調査によれば、２人に１人の訪日観光客は東京・大阪等大都市圏以外の地方を訪問しており、地方への訪問客は、「ショッピング」のほか、「自然・景勝地の観光」、「日本の歴史・文化の体験」、「温泉入浴」、「日本食」、「旅館の宿泊」等に関心を持ち、その数は増加傾向にある、地方のみに訪問する訪問客も目立ってきたとしている。その訪日外国人の地方への訪問率であるが、福井県へのそれは、0.1パーセントと最も低いグループにある。福井県が2015年に示した「福井県の人口の動向と将来見通し」のデータにおいては、「全国の訪日外国人旅行者数が近年大きく伸びているのに伴い、本県の外国人宿泊者数も伸びている」としているが、2014年の訪日外国人旅行者数が1341万人であるのに対し、福井県の宿泊者数は3万1530人と少ない。

2017年に福井県が発表した「福井県観光客入込数」は、全体として北陸新幹線金沢営業前と比べ、高い水準を維持しているとするが、県外客の増加がそれを支えているものの伸び悩んでいる。目的別入込状況を見ると、「文化・歴史」、「買物」、「スポーツ・レクリエーション」の順に多い。宿泊客は漸増である。

このような状況の中、福井県は「福井県観光新戦略」(2015年3月)を策定し、2019年の目標として、観光客入込数1300万人(うち県外客600万人)、外国人宿泊者数20万人の目標を掲げた。2016年に観光客入込数は1300万人を超えたが、他の目標は未達成である。

日本の人口は減少傾向にあり、福井県も同様である。定住人口の増加は極めて困難であるが、県外客及び訪日外国人の交流人口は増加させることができる。

◇2◇ 福井県の魅力の再発見

そのためには、福井県を経由しての北陸新幹線新大阪までの延伸や中部縦貫自動車道の整備等公共輸送網の拡充や宿泊施設の整備等のインフラの増強も必要であるが、交流人口の増加に向けて、福井県の魅力を知ってもらう試みに取り組むことが大切である。

それには、県外客や訪日外国人に知ってほしい、見に来てほしい、体験してほしい、さらに子孫に残したい、自然風景、史跡、習俗、祭、行事などを、福井県に住む人や福井県を故郷とする人たちが選び出す努力をしなければならない。それが、福井県の認知度を高め、福井県への関心度を増加させることに繋がっていくことになる、維持の困難な史跡もあり、生活様式の変化、参加者の減少や後継者不足などにより、消滅しつつある習俗や祭りもあるが、県外等からの旅行者、行事等への参加者や協力者の増加は、史跡の復旧や習俗や祭りの復活への途を開くことになるかもしれない。

このような観点から、福井県の魅力を再発見するため、福井県に住む方やゆかりのある方による、若越百景を選ぶ試みを提案したい。

②によって選ばれた若越百景については、インターネットをはじめ、あらゆる媒体を活用して広報宣伝に努めなければならない。随時のプロモーション活動も重要である。また、四季の変化はもとより、人の暮らしやその場所に行った県外客や訪日外国人の息遣いを感ずることのできる情報を提供し、県外客等による積極的な情報の提供を促す場を設けることも必要である。

福井県の認知度を高め、交流人口の増加を期する試みは、一時的なものではなく、福井県で学ぶ若い人たちの理解を深め、将来にわたって、積極的に交流人口の増加による活力ある福井県を創造するためのものでなければならない。

③ 高校生の参加

そのため、高校生に活躍していただきたい。参加の形態はいろいろ考えられるが、福井県の高校生に若越百景の絵を描いていただいてはどうであろうか。観る人は、この絵に若い福井県人の感性を見出すであろう。自ら足を運び、歴史と伝統の中にある、自分を育んでいるものを描き、福井県の魅力を伝えていく作業は、高校生にとっても想い出多いものとなるのではないか。

PROFILE

たなか・せつお　福井県鯖江市出身（1943年）、武生高校を経て、京都大学に入学。1966年卒業、同年警察庁入庁。宮城県警察本部長、交通局長を経て、2000年警察庁長官に就任（2002年退職）。2003年一般社団法人日本自動車連盟（JAF）副会長、2006年同連盟会長（3期6年）。2013年一般社団法人全日本指定自動車教習所協会連合会会長。2018年公益財団法人警察協会会長（現職）。公益財団法人武生郷友会理事。

東京若越クラブ創立10周年記念幹事座談会

明日の福井づくりへ

〜ふるさと福井への熱い思い〜

代表幹事 **小林栄三** 伊藤忠商事株式会社 特別理事

幹事 **田川博己** 株式会社JTB 代表取締役 会長執行役員

三屋裕子 公益財団法人日本バスケットボール協会 会長

小松長生 コスタリカ国立交響楽団桂冠指揮者
金城学院大学教授

司会 **青山直弘** 株式会社福井新聞社 専務取締役

「東京若越クラブ」創立までの経緯

青山　東京若越クラブは、２０１０年8月に第1回総会を開きました。その前年の12月25日に東京・南青山の「ありそ亭」で幹事会を開いたとの記録が残っているのですが、まずはその経緯を教えていただけますか。

小林　２００４年に伊藤忠商事の社長になり、そのときに同じ年に社長になった人間が大阪で集まったのですが、そこで三屋さんと出会いました。その後、三屋さんが東京に来られ、新橋で集まったのが始まりでした。その後も福井出身の何人かと定期的に「ありそ亭」などでお酒を飲んでいました。とにかく福井のお酒を楽しもうというくらいの会でスタートしました。

その前後に、ＮＨＫの夜の番組で、「47都道府県はどこにあるか」という質問を首都圏でしていて、福井県は47番目でした。関西ではすごい人気があるのに、関東では誰も知らないことにびっくりして、せっかくだから福井の「勝手応援団」でもやろうということになり、12月25日の幹事会につながるのです。

田川　私は当時、ジャルパック社長だった新町さんから「君はお父さんが福井だよね。こんどのクラブは福井に縁があればいい」と言われ、本家もまだ福井にあるので、何か福井に貢献できればと参加したのがきっかけです。

三屋　私は2004年にお声がけいただくまで、小林さんが福井出身だと存じ上げなくて、「実はね」と言われてものすごく嬉しかったのを覚えています。小林さんから新町さんを紹介していただいて、自分が福井県人として頑張っていこうと思っているときに、福井出身の方々が大企業のトップを務めていることがすごく励みになりました。多くの福井の先輩たちがこんなに頑張っているのだから、若い子たちも頑張れば未来は明るいよという居場所づくりみたいなことに貢献できればと思ってやってきました。

青山　地元関係の集まりというと、東京福井県人会をはじめ市町関係、学校関係などがありますが、それらとの違いは意識されていたのでしょうか。

小林　この会は勝手応援団で、福井を活性化させようということで、ベクトルは福井のほうを向いています。他の同郷会などは福井からいろいろな情報をもらっ

小林 栄三
福井県若狭町（旧上中町）出身。1972年伊藤忠商事株式会社入社。情報産業部門長、経営企画・事業・総務・法務担当役員などを経て、2004年代表取締役社長、2010年代表取締役会長、2018年４月より特別理事（現職）。日本・トルコ協会会長、公益財団法人全国法人会総連合会長、公益財団法人伊藤忠記念財団理事長、公益財団法人海外子女教育振興財団会長、考福塾塾長ほか、多くの要職を務める。

てそれをシェアする形なので、会のコンセプトが基本的に違うことは最初から意識したことですね。

青山　２０１０年8月23日に明治記念館で第1回総会が開かれ、46名が集まりました。経済界や文化、スポーツ関係など、多彩な顔ぶれでした。今は倍くらい集まっていただいています。

小林　福井出身と聞いたら「出ておいでよ」と、そのくらいのアプローチでしたので。それでも最初、口コミだけにしてはけっこう集まったという感じはしましたけどね。

青山　小松さんは少し後からの参加ですね。

小松　福井県があまり知られていないのは知っていました。私は27年間海外に居りましたので、日本に帰るたびに福井県の食べ物の美味しさや郷土の素晴らしさを痛感していました。最近は毎年、「ふるさと先生」として高校を訪れ、授業をしたり吹奏楽部の指導をしたりする中で、いっそう善さを実感していますので、恩返しや貢献ができたらと思っています。

「考福塾《こうふくじゅく》」と「ふるさと先生」で伝えたいこと

青山　この10年間の活動を見てみますと、２０１３年に福井新聞社と福井銀行とで、県内の企業や団体で働く若者から次代を担うリーダーを育成する「考福塾」を立ち上げました。会としてこういうことをやりたいというお考えは当初からあったのですか。

小林　前の西川知事の時代に、福井の新経済戦略や農業活性化などのいろいろな会に呼ばれて話をしたときに、我々年寄りが勝手なことを言うのはいいが、具体的に実践するとなるとどうしても若い方の力が必要になるという思いがありました。

福井在住の若い方をもっと鍛えたい、一緒に勉強したいという思いがあって、20代、30代の人であれば、会社の推薦でもいいし自己志願でもいい、その代わり1年にわたり勉強したい人を集めようということになり、1チーム5名、9チームで45名というフレームだけ決めていきました。そして福井新聞社と福井銀行の協力を得てスタートしたのが「考福塾」の原形です。いま7期目で、1～6期で計270名の方が卒業しました。今年2月に同窓会をしたのですが、何十人も来ていただいてびっくりしました。

また、「考福塾」を通じて、嶺北の方が初めて嶺南に行ったりするなど、県内の交流が増えているようで、これは副産物としてよかったなと思います。

青山　この東京若越クラブの活動の影響か、県が「ふるさと先生」の取り組みを熱心に始め、皆さんずいぶん足を運ばれていますね。

田川　私は福井県に出身校があるわけではないのですが、坂井高校、福井商業高校、奥越明成高校など計7校くらいに行きました。「ホスピタリティー」を扱う授業がいますごく増えています。奥越明成高校は、内閣府主催のクールジャパン高校生ストーリーコンテストでベスト3に残って、優秀賞を取りました。教えがいがありますよね。

嶺北の高校で杉原千畝さん（編集注：第二次世界大戦中、ユダヤ人難民に「命のビザ」を発給）はJTBとも深い関わりがあるという話をしたところ、杉原さんを知らないという人がいました。杉原さんは福井の宝ですから、そういうところにも嶺南と嶺北の関係が見て取れるのだなと、教えながらわかりました。

福井を出た人はけっこう活発な人が多いですが、残った人はどちらかというとおとなしい。私が学長を務める観光アカデミーなどもそうですが、外に出た元気な人が、外の元気を中に伝える役割を担って、それを新聞社の皆さんとか地銀の皆さんが応援しているのは宝物だと思っています。これは大事にしたいキーワー

田川 博己

1971年に株式会社日本交通公社入社。川崎支店長、米国法人日本交通公社取締役副社長を経て2008年に代表取締役社長就任。2014年に代表取締役会長就任（現職）。現在、一般社団法人日本旅行業協会会長、公益社団法人日本観光振興協会副会長、公益財団法人東京観光財団副理事長、WTTC（世界旅行ツーリズム協議会）副会長、日本エコツーリズム協会会長、福井県政策アドバイザー、福井県観光アカデミー学長ほか、多くの要職を務める。

ドですね。

三屋　私も出身校が福井ではないので、教育委員会の方から「子どもたちが夢を持つことを伝えてほしい」と言われます。夢をかなえるにはその前にいっぱい挫折があることも一緒に教えてあげないといけないので、むしろ、「夢をかなえる素晴らしさというのは、挫折を乗り越えることがないと無理」ということを伝えるようにしています。いずれ福井から出てしまうかもしれないけれど、福井にいたときのいい思い出があれば、福井に対して何らかのアクションを起こしてくれるだろうし、福井に残っていてもその中で頑張っていこうと思う子どもたちが増えればいいなと思っています。

小松　先ほど申し上げたように、「ふるさと先生」を楽しみにしています。去る6月も羽水高校吹奏楽部を訪れ、伸びやかな音楽性と明るく熱心な取り組みぶりに感銘しました。福井には、植田薫さん（武生商業高校）、小林幸代さん（三国高校）、明石憲和さん（北陸高校）ら、日本を代表する優秀な指導者たちが大勢いらっしゃいます。「どうやったら、超難曲をこんなにできるようになるの？」と、一度植田さんに尋ねたことがあります。「できる、できる。大丈夫」と言って教えているそうです。これは私自身勉強になりました。私は、「ふるさと先生」で指導するとき、普段プロのオーケストラをリハーサルするときとまったく同じ水準と接し方で生徒さんたちと向かい合います。それが私なりの恩返しかなと思っています。

この10年間を振り返って

青山　この10年間で東京若越クラブに関係することで一番記憶に残っていることは何ですか。

田川　私は入会2年目くらいのときに、中央経済社の山本時男さんから「本を書きませんか」と言われました。当時はまだ社長でしたので、それから5年くらいたって本（『観光先進国をめざして』）を書きました。山本さんには、「田川さん、学術的なものではなくて、この業界にいることの思いみたいなものを、福井の若い人、ツーリズムを志す人に読んでもらいたいからぜひ書いてほしい」と言われて、それはこの10年間で一番重かった話です。でもそのことで私の中では、本籍を福井に持っていることの存在感がさらに大きくなりました。東京若越クラブに入ってその本を書くことができたので、福井新聞社と中央経済社の山本さんには感謝しています。一番喜んでいるのは私より母親かもしれません。

小林　「ふるさと先生」をやりながら、高校を卒業したら皆さんどうなるのだろうということには非常に興味があって、福井出身の大学生と毎年12月に東京で交流会をやっているんです。福井で働きたいという人が半分以上いて非常に心強いのと、なかには政治をやりたいという人もいたりします。もう一つ、僕の話を聞いた人が伊藤忠商事に入ってきまして、嬉しかったですね。「ふるさと先生」を通して福井に貢献したい方はいっぱいいますよ。だから本当にきちんとルーチンに乗った感じがしています。

田川　私も、福井商業高校で話をして、それを聞いた女性が今年入社したんです。懇談会があって、そのとき、「私、田川会長のお話を福井商業で聞いて、短大へ行ってＪＴＢに来たんです。お話を聞くのは今日で2度目です」と言われました。これは本当に嬉しい。自分が話したことが連続するのを自分で実感するとき初めて、やっておいてよかったなと思います。

小松　一番印象に残ったのは、小林さん、田川さん、新町さんのテーブルにご一緒する機会があって、諸先輩たちの若さ、エネルギー、言ったことをすぐに実現する素早さと熱意に驚嘆し、自分自身が本当に若返った気になりました。

会を長く続けていくために

青山　本当に忙しい方々の、しかも多彩な顔ぶれの集まりが、10年間続いてきた秘訣、あるいは逆にご苦労されたことはありますか。

小林　いつも考えているのは、マンネリズムに陥っては駄目ということです。去年やったことを今年もやっていると、やはり一抜け、二抜け、三抜け…となっていく。そのためには、新しい方に来てもらう、そして、ミニ講演会でも演奏会でもいいので、ちょっとアクセントをつける、参加することにより何か得られたと参加者に思っていただく、といったことはいつも考えていますね。

三屋　やはり「あくまで自分たちは勝手に福井を応援している」というコンセプトがぶれていないことがすごく大事だと思っています。会が大きくなって続いてくると、その会を利用する人が出てきたりして一気に崩壊してしまうので、コンセプトだけはぶれさせないところですね。

青山　あと、この会には会費がないんですね。それも緩い感じでいいと思うんです。もう一つは、総会の日程が8月の最終月曜日に固定されていて、皆さんお忙しい方ばかりなので、割と都合をつけやすいところがあるのかな、と思っています。

田川　私もいろいろな会を運営していますが、一番長続きするのは公私混同がないことです。そこで商売をする人が出てくるのが一番危険。お互いが了解のもとにどこかでやるのはいいんですけど、会に来て名刺を配ったりするのはね。それで東京若越クラブは政治家にはハードルをつけようということになった。

　東京若越クラブが「考福塾」と連動して、いろいろな方が講師として行くと新聞に載るじゃないですか。ビジュアル化されるというのはすごく嬉しい。そういったメディアになかなか出る機会がない方でも、自分のふるさとに行って自分の名前が出たりする。「考福塾」にはできるだけ多くの方に講師として行っていただいて、話す内容よりも自分の思いを伝えることをやっていただいたほうがいいと思います。メンバーを固定しないで、できるだけ多くの人に出ていただく。それがけっこうモチベーションになっているケースがあります。

ふるさとは、僕らを応援してくれる応援団でもあるわけです。応援する団でもあるし応援される団でもある関係をどこかに持っていると、1年に1回は「考福塾」でふるさとに帰る―こういう機会がないとなかなか帰らないですよね、それだけでもだいぶ違うと思います。

福井とつながることで何が変わったか

青山　10年間、活動を続けてこられて、福井といろいろな形でのつながりが増えてきて、福井の活性化というか、福井も変わってきたなとか、自分自身も変わってきたなというようなことは何かありま

三屋 裕子
福井県勝山市出身、筑波大学大学院修了。アスリートとしてバレーボールで日本を代表する選手として活躍。1979年、大学時代に全日本入り、1984年にはロサンゼルスオリンピックで銅メダルを獲得。その後、指導者・教育者として教鞭をとる傍ら、Jリーグ理事、公益財団法人日本バレーボール協会理事等を歴任。現在は、公益財団法人日本バスケットボール協会会長、国際バスケットボール連盟理事、公益財団法人日本バレーボール協会評議員、東京オリンピック・パラリンピック競技大会組織委員会顧問等、多くの教育・スポーツ関連団体の役職を兼務する。

すか。

三屋　バスケットボールで「福井の取り残された感」は半端なく、自分が協会の会長をやっている間に何とかしたいという思いでいっぱいです。東京オリンピック・パラリンピックのフォローの風をうまく受けて活性化したいというときに、福井にプロバスケットボールチームをつくる動きがあまりないと思っていますので、いろいろな方々とのネットワークで私も何とか貢献したいという明確な課題が見えてきたということがあります。

福井に帰る機会も増えてきて、自分はこの県に対して何ができるのかと、視点が変わりました。福井県のために何か力を尽くしたいと思ったのは、多分、他の東京若越クラブの皆さんの福井に一生懸命貢献しようというエネルギーを感じたり見たりして、私も何か自分にできることはないかというように、視点が「ふるさと、のんびり、リラックス」から「ふるさとの活性化」に変わったのは、この10年間の皆さんの活動を見てきた影響かなと思っています。

小林　福井の中学校の修学旅行で当社を企業訪問される際に、校長先生から「こういう観点で話をしてほしい」とリクエストがあるんです。人口の話は一番わかりやすい。「いま福井は77万人、30年たったら60万人、どうするんだ」という話をすると、「どうしたら活性化できるの?」とか、けっこう聞かれます。生徒自身が臨場感をもって調べるというか、そういったところでも、この東京若越クラブは着実に影響を与えている感じはしますね。

小松　福井出身の素晴らしい音楽家たちが育っているのを知れてとても嬉しいですね。エレクトーンの826aska（あすか）さん、津軽三味線コンクールで全国優勝を果たし国内外のツアー、斬新なコラボを展開する谷川祐司さん、チェロの荒井結さん。ピアノ、声楽、管打楽器でも各世代の方々が活躍されています。私は、そうした人たちをもっと紹介していくことで貢献したいです。

東京若越クラブのこれから

青山　今後、東京若越クラブがどうなっていったらいいか、どうしたいかなど、何かイメージをお持ちですか。

小林　もっと若い人たちがどんどん来られて、勉強会的なことや分科会的なことをやられていって、例えば「観光」だったら田川さんが講師になって講義をするとかやったらいいと思っています。

加えて、いつもどんどん新しい発想、知恵で勝手応援できるような何かを探していくのが非常に大事だと思います。個人的には小さなファンドをつくって起業したい人を応援したいと思ったりもしていますが…、何か味を出していけたらいいなと思いますね。とにかくマンネリ化には陥らないということだけは心したいと考えています。

田川　いまのメンバーはけっこう年齢層が高くて、重たい肩書きが多い。例えば40代の人が我々と一緒になるのはなかなか難しいと思う。やはり勉強会やセミナーのような小さな会をテーマ別にいくつもつくって、そこに参加していただく形にすれば、たぶん年齢層もあまり変わらないか、変わっても目的が一緒であれば話もできると思います。自分の得意なジャンルで、いま「考福塾」でやっていることを「ミニ考福塾」として、例えば東京で、別に大講演会でなくてもいいから小さいものをやって、話は30分くらい、あとはワイワイと、そのときの会費で消化していくような形もありえるかなと思います。

小松 長生
福井県坂井市三国町崎出身。雄島小学校、宝永小学校、進明中学校、藤島高校、東京大学美学芸術学科、イーストマン音楽院大学院指揮科卒業。エクソン指揮者コンクール優勝。ボルティモア響准指揮者、カナダKW響音楽監督、東京フィル正指揮者等を経て、現在コスタリカ国立交響楽団桂冠指揮者及び、セントラル愛知交響楽団名誉指揮者。金城学院大学教授。音楽藝術学博士。モントリオール響、モスクワ放送響、ソウルフィルなど、ベルリン、アムステルダム、プラハ、キエフ、ジュネーブ、香港ほかで指揮。2018年9月自作の新福井県民歌を福井国体開会式で天覧指揮。

それからいま、ふるさと納税の話があって、私も福井にけっこう納税していますが、どこに使われているかまではわからない。そこで、県と協力することもあるかもしれませんが、「若越ファンド」のようなものをつくるのもいいかもしれません。私は「一乗谷朝倉の館」をつくるように言っていて、それには数億円かかる計算ですが、全国から集めたら100万円でも200万円でも払ってくれる人が出てくるかもしれない。そういうものをファンドなどを活用しつつ運動論としてやる。新幹線が来る2023年が一つのきっかけだとすると、この1年間で勉強をして、2020年オリンピックが終わったらスタートする、そんなスケジュールでもって、3カ年計画ではないですがみんなで検討してみるのもおもしろいかもしれない。

三屋　福井は共稼ぎ率がすごく高くて、働く女性が当たり前じゃないですか。それを福井モデルとして全国に発信できないかと思っています。そういう働く女性はどうやって悩みを解決しているのか、母親もフルタイムで働いているのにちゃんと子どもが育っているのはなぜか、三世代同居の中でどうやって嫁と姑の問題を解決しているのかなど、働き方改革とか女性の社会参画とかいわれているところで、女性の「ガラスの天井」みたいなところが実はまだいっぱいあるにもかかわらず、それを難なくクリアしている女性が福井にはたくさんいらっしゃる。そういった「働く女性のバイブル」みたいなものを福井から出せないかと思っています。

福井県は間違いなく素晴らしい

青山　さいごに、ぜひ話しておきたいということがあれば、お聞きしたいと思います。

小松　東京若越クラブに参加したことで、福井県の素晴らしさや将来性に熱い思いをはせる人たちがこんなにたくさんいらっしゃるんだと知りました。とても感謝しています。人に迷惑をかけずに我慢強く自力でという県民性があると思うのですが、今後は手を差し伸べてくれる人の助けを胸を張って借り、東京や他県の方たちといっそう協調を深める好機が訪れていると感じます。

田川　福井の人は感性が豊かでアイデアはたくさんあるんだけど、設計図や工程表をつくるのがあまりうまくない。その一助になればと思うのですが、「考福塾」でもそういう指導を、特に高校生とかそういう人たちにしたらいいのかなと思います。それからいま、Iターン、Uターンが流行なので、我々がそういう活動をするときに、最後は福井に戻ってやってもらう。福井に戻るというのは、住所を福井に戻すのではなく、福井のために何かをするような、そういう行動指針というか、大きなテーマでいえば、「考福塾」がそういう役割を果たすことができると思っています。

小林　福井県は、外から見たら、小中学生の学力・体力が一番、住みやすい、家族の収入が良い、すべて悪くないじゃないですか。出生率も全国でトップグループに入っています。でも、県民、特に若い人は必ずしも自信を持っているわけではない。そういうことに対して、もっといろいろなことで静かな池にどんどん石を投げて、波風を立てるが如く何か訴え続けたいなという思いは強いですね。

それと、小さくまとまらないこと。小中学校の校長会があって、常に嶺南は嶺北に、嶺北は嶺南に修学旅行に行かせてほしい、外ではなく中でおカネを使ってほしいと伝えたことがあります。足元を見たら、やることはいっぱいあるので、それを自信を持ってちゃんとやる。県民の力はありますよ。卑下することなく、ぜひ堂々とやってもらったらいいと、いつも言いたいなと思いますね。間違いなく素晴らしい県ですよ。

青山　本日は大変有意義なお話をありが

青山 直弘
1952年福井県福井市生まれ。1971年東京大学文科Ⅰ類入学。1977年同教養学科卒業。1977年株式会社福井新聞社入社。1998年東京支社編集部長。2012年取締役総務局長。2014年常務取締役経営企画局長。2018年専務取締役、現在に至る。

とうございました。東京若越クラブの次の10年に向けて、これまで以上の活動と皆さんのご活躍を期待しております。

（2019年5月31日実施）

〔座談会撮影／島根道昌〕

プロのバスケットボールチームをつくろう

公益財団法人日本バスケットボール協会
会長
三屋裕子
Mitsuya Yuko

福井県の活性化のひとつに、県内にプロのバスケットボールチームを創設するのがいいと思います。具体的には、3人対3人で試合をする「スリー・バイ・スリー（3×3）」のプロチームがいいですね。

プロのチームをつくる効果は第一に、県内への人口流入、特に若者が劇的に増える点にあります。第二に、月に1～2回でもバスケットボールのホームゲームが県内で行われると、家族皆で楽しめ、子どもたちが実際に見ることで「夢を持ってスポーツができる」ようになることです。

プロ野球機構レベルやサッカーJ1リーグにチームが昇格するのは相当にハー

ドルが高く、長い道のりになります。

その点、「3×3」のプロリーグは出来たばかりで、早くトップリーグに行くことは可能。「3×3」の選手は4人で、商店街の空きスペースなど小さな場所があれば試合ができるのです。

実際昨年、福井駅前のハピリンで「3×3」を実施してたくさんの方々においでいただきました。「3×3」は、ストリートで試合をし、ファッションや音楽との親和性が高く、1ゲーム10分とスピーディーで、若者文化を凝縮したようなスポーツです。子どもや若者が集えば街に賑わいが戻ってきます。

福井県のスポーツは高校生は強いです。サッカーの丸岡高校、野球の敦賀気比高校、福井商業高校は全国レベル。バスケットボールでも北陸高校、女子バスケットボールは足羽高校など優秀な高校が多いのに、その上の段階がないのです。

私は今、公益財団法人日本バスケットボール協会の会長をしています。バスケットボールにプロのBリーグが誕生したことで、バスケットボールをしている子どもたちが試合を見て、「自分もいつか」と夢を描けるようになりました。

県内にプロチームをつくったら、①早くトップへの昇格を目指す、②商店街のアーケードなどで「3×3」が気軽にできる遊び場をつくる──ことです。遊び場をつくると、子どもたちはゲームばかりでなく、体を動かすようになります。そして地域が一体となって支えることです。

地元の人々が一体化するとエネルギーが生まれ、それが増殖します。それが地域活性化の起爆剤になるのです。

新潟県はアルビレックス新潟として野球、サッカー男女、バスケットボール男女をつくったことで、選手の家族が新潟に来たほか、プロチームに関わりたい若者などが流入、プロチームがあることで地域が活性化しています。

秋田県にはプロバスケットボールチーム「秋田ノーザンハピネス」があり、試合にはピンク色のTシャツを着た大軍団が会場に応援に行きます。80歳前後のおじいさんやおばあさんも大声を張り上げています。秋田にはバスケットボールが強い能代工業高校がありますが、その上にプロチームが出来たことで老若男女が応援に駆けつけ皆が元気になっていきます。

スポーツの場合、「贔屓《ひいき》チーム」がないと応援できません。地元の贔屓チームは、地元の人々の心を一つにする存在です。例えば、茨城県の鹿島市は1万5000人を収容できるサッカースタジアム（後に改修して4万1000人収容）をつくりました。

鹿島アントラーズの試合を見に全国から人々が訪問。スタジアムには病院やショップがあり、スタジアムが日々訪れる場所になっています。スタジアムがただの赤字を垂れ流すコンクリートの「箱物」ではなく、地元の人々が有効に使う物になっている。

それまでは、費用がかかるだけの物が、利益を生み出す「プロフィットサイド」で語られるようになるのです。

バスケットボールのBリーグで経営が軌道に乗っているチームは大資本が入ってない場合が多いです。大企業が入っているとオーナー頼みで経営努力をしなくなります。チームに心血を注ぐ旗振り役が1人いて、少しずつ周りを巻き込んで運営するほうがうまくいっている。お金もヒトもコントロールができ、スポンサーとも上手に向き合える「ゼネラルマネジャー（GM）」の存在が大事です。

それと、選手には「選手は試合だけを一生懸命にすればいい」という昭和の時代のような心構えを持つなと言いたい。

選手はサービスが仕事です。運動だけやるのではプロではありません。有名なプロバスケットボールの田臥勇太選手でさえ最初は宇都宮駅前でビラを撒《ま》いていました。今、プロの選手たちはSNS発信など、観客に来てもらう努力を涙ぐましいほどしています。その結果、Bリーグの集客は、スタート時の175パーセントのアップです。

それともう一つ。試合のチケットは無料で配らないことです。有料でやらないと経営が苦しくなる。人件費や管理費などの「固定費」には入場料収入を充て、スポンサーからの収入は流動費用に回すという厳格なクラブ運営をしなければなりません。

バスケットボールでは、チームにライセンスを発行していますが、2年連続で赤字の場合、イエローカードを出しています。今年もB2リーグで優勝争いをしているチームがB1ライセンスを発行してもらえないためにB1に上がれない例がありました。

「3×3」を福井に創設し福井を活性化させましょう。福井県を変えましょう。お手伝いできることがあれば何でも手伝いますよ。

（本稿はインタビューをもとに編集したものです。）

PROFILE
みつや・ゆうこ　福井県勝山市出身、筑波大学大学院修了。アスリートとしてバレーボールで日本を代表する選手として活躍。1979年、大学時代に全日本入り、1984年にはロサンゼルスオリンピックで銅メダルを獲得。その後、指導者・教育者として教鞭をとる傍ら、Jリーグ理事、公益財団法人日本バレーボール協会理事等を歴任。現在は、公益財団法人日本バスケットボール協会会長、国際バスケットボール連盟理事、公益財団法人日本バレーボール協会評議員、東京オリンピック・パラリンピック競技大会組織委員会顧問等、多くの教育・スポーツ関連団体の役職を兼務する。

にぎやかな福井県に変わろう

シンフォニアテクノロジー株式会社
代表取締役会長
武藤昌三
Buto Shozo

私は武生市（現越前市）で生まれ育ち、大学から県外に出た。外に出てみて、初めてふるさと福井県のいいところがわかる。観光では、東尋坊、永平寺をはじめ、勝山の恐竜博物館等々。食べ物では、越前そば、蟹、鯖、里芋等々。全国を見渡しても、十分に誇れる名所・名産も多く、都道府県「幸福度」ランキングでは3回連続で1位に選ばれるほどだ（雪が降るのはデメリットだが！）。また、福井県人の気質としては、「地味で控えめ」「忍耐強い」が特徴である。しかしながら、PRが下手なのか、今一つ評判にならないのが残念である。

◇1 教育のメッカを目指して

今回、私からは、福井県は人材教育のメッカを目指し、全国からの注目度と存在感を高めていくことを提言させていただく。

わが国最大の課題ともなっているのが少子高齢化であり、さまざまな場面で、人材不足は深刻な状況になっている。それに伴い、限られた人材に対し、教育し育成することの重要性は、ますます高まるばかりである。

私は2015年より、福井県教育委員会からの依頼で、「ふるさと先生」として県内の各高校で教壇に立ち、教育の現場を見させていただいた。また、福井県科学学術大賞の選考委員にも選任いただき、福井県の先端技術、学術研究に触れさせていただいている。そこで率直に感じるのは福井県の教育レベルの高さである。統計としても、小学校、中学校の学力レベルは常にトップクラス（2018年全国3位）であり、体力面においてもトップ（2018年全国1位）である。教育委員会、各学校の先生方の日頃からのご尽力には感服している。

これが県内の高校、大学に繋がって、最終的には企業にも結びつけることができれば、福井県に「教育のメッカ」という称号が与えられることも、決して夢ではないと思われる。実際に福井県で行われている教育手法を学ぶため、他県の教育関係者の方々が訪問される機会が年々増えているのも事実である。

②高校での「ふるさと先生」を通じて

「ふるさと先生」として、私は電機メーカーで長年〝技術屋〟として生きてきた経験から、普通高校より工業高校の生徒の方が、技術の共感が得られると実感したこともあり、主に工業高校での授業を続けている。授業では、前半は、私自身が発案したいくつかの新製品の開発秘話や、完成にいたるまでの苦労話が中心である。授業の後半では、生徒はグループに分かれ、それぞれが考えた未来の新製品のアイデアをディスカッションして一つにまとめ、イラスト付きで模造紙に書いて、全員で発表していただいた。毎回、真面目に取り組んでいただき、豊かな感性で驚くほどのユニークなアイデアが出る。この若さ、この能力を上手に使わない手はないと、感嘆させられる。また、ふるさと先生を行わせていただいた工業高校からは、その後も当社豊橋製

「新しいことを考える力をつけよう」のテーマで講演（敦賀工業高校）

アイデアを発表する生徒の皆さん（福井県立科学技術高校）

ディスカッション中の生徒にアドバイスを送る（武生工業高校）

ふるさと先生実施校（当社工場地区隣接高校含む）

	日付	高校	学科
1	2014年10月24日	福井県立武生高校	理数科
2	2015年2月13日	福井県立武生工業高校	電気科、電子機械科
3	2015年11月10日	福井県立敦賀工業高校	電気科
4	2015年12月1日	福井県立科学技術高校	電子電気科
5	2016年7月14日	愛知県立豊川工業高校	情報システム科
6	2016年11月4日	福井県立科学技術高校	電子電気科
7	2016年11月22日	福井県立武生工業高校	電気科、電子機械科
8	2017年6月13日	三重県立伊勢工業高校	電気科、機械科
9	2017年9月21日	福井県立敦賀工業高校	電気科
10	2017年12月15日	愛知県立豊橋工業高校	機械系
11	2018年7月10日	福井県立武生高校	理数科
12	2018年7月18日	福井県立藤島高校	1年生全員
13	2019年1月29日	三重県立伊勢工業高校	電気科、機械科

＊ほか、2014年10月23日考福塾で講演

作所への生徒の工場見学や、先生の実習の受入れなどで交流を続けさせていただいている。なお、このふるさと先生は当社の工場のある地域でも実施している。

③「文教特別県」を目指すため、大学誘致と充実を

学生教育の集大成である大学の充実は欠かすことはできない。既存の福井大学、福井県立大学等を中心に充実を図る一方、有名私立大学の誘致や、名のある教授の招聘《しょうへい》なども併せて行うことも忘れてはならない。いずれは文教地区ならぬ「文教特別県」を目指していただきたい。また、「社長が一番多い県」の名に恥じぬよう経営者の育成にも力を入れてほしい。学生を定着させるには、生活の充実も欠かせない。10年レベルの長い時間が必要であるが、県主体で腹をくってはどうか。

④企業本社誘致に官民学一体で取り組む

福井県にも大企業の工場が多数あるが、本社機構、開発拠点を含むとなると、やはり少ない。前述のとおり、わが国の人手不足は深刻で、特に技術者不足は、工業立国でもあるわが国の将

来を脅かす原因になりかねない。特に情報、ソフト、電子等の技術者を育成し、「技術者養成第一の県」を目指していただきたい。そのためには、企業の本社機構や技術開発部門を当県に集めるよう、官民一体となった連携が必要である。やはり大きな柱は企業を誘致することであるが、技術の交流の場としては、北陸新幹線の開通により、格段に有利となるはずである。前述した教育にも関係するが、私も講師をさせていただいたが、県内の企業や団体で働く若者の中から、次代を担うリーダーを育成する考福塾（主催：福井銀行、福井新聞社、特別協力：福井大学）のような、官民学一体となった取り組みをさらに拡大すべきだと思う。

⑤福井県科学学術大賞の規模拡大とPR

私も選考委員の一人を務めさせていただいている福井県版ノーベル賞・福井県科学学術大賞をご存知の方は少ないと思われる。他の県には見られない表彰制度であり、これを利用、拡大していけば前述した技術レベルの向上が期待できる。また、技術だけでなく福井県の文化、観光等についても範囲を広げればその効果は絶大になる。これらに必要な賞金は、この賞の主旨に賛同する県人の集まりで募るのも一つの案である。

思いつくまま提言させていただいた。教育を充実させ、観光を掘り起こし、企業を誘致して福井県に集まる人々を増やす。私たち県外に住む者は、事あるごとに帰郷し、福井県生まれではなくても、子供や孫たちに福井県の良さを伝え、訪れるよう話すことで、「にぎやかな福井」を目指しましょう。我々はいつも福井県を応援している。

PROFILE

ぶとう・しょうぞう　1947年福井県武生市（現越前市）で生まれ、1966年福井県立武生高校卒業、1970年金沢大学工学部電気工学科卒業、神鋼電機株式会社（現シンフォニアテクノロジー株式会社）入社。技術者として各種産業用電気機械の設計を担当。また、主力事業となった半導体クリーン搬送機器事業を立ち上げ、主力製品を世界ナンバーワンに育て上げた。2009年社長就任。2015年会長に就任、同年福井県科学学術大賞選考委員に就任。

福井県はSDGs促進の環境づくりを
―プラットフォームの準備を期待する―

JXTGホールディングス株式会社
特別理事

内田幸雄
Uchida Yukio

国連は２０１５年９月、持続可能な開発目標（ＳＤＧｓ＝エス・ディー・ジーズ）を採択した。現在、国や地方自治体、企業、個人によるＳＤＧｓへの取組みが進んでいるが、福井県では、県がまず今後取り組むべき長期課題として「ＳＤＧｓへの貢献」を宣言し、その環境づくりとして「ＳＤＧｓ促進のためのプラットフォーム」づくりを検討すべきだと考える。

ＳＤＧｓは、国連加盟１９３カ国が２０３０年までに達成すべき目標として、「貧困をなくそう」、「すべての人に健康と福祉を」、「エネルギーをみんなに　そしてクリーンに」、「海の豊かさを守ろう」、「平和と公正をすべての人に」など17項目を掲げ、それぞれの項目に合計169に及ぶターゲットを設けている。

ターゲットは目標ごとの具体的な指針であり、複数設けられている。例えば、「貧困をなくそう」では、ターゲットの一つに「各国において最低限の基準を含む適切な社会保護制度及び対策を実施し、2030年までに貧困層及び脆弱層に対し十分な保護を達成する」と定めている。

日本では2016年5月、総理大臣を本部長に全閣僚を構成員とする「SDGs推進本部」を立ち上げ、日本の実情に即して再構成した8つの優先分野を設定、積極的な取組みを推進してきている。

SDGsは、国だけではなく、地方自治体や企業、個人の取組みを促している。

福井県内では、福井銀行グループが2018年12月に「国連が提唱する持続可能な開発目標（SDGs）を企業行動（経営計画）につなげ、地域金融機関として地域社会の課題解決と成長を支援していくことで、持続可能な社会の実現に努めてまいります」と、「SDGs宣言」を発表、17項目のうち企業理念と特に親和性のある「働きがいも経済成長も」など4項目を重点推進項目に設定し、活動を始めている。

福井県としても、福井銀行のようにSDGsそのものに取り組むことに異論はないが、行政としては、企業や個人がSDGsを促進できるような環境づくりが本来の機能ではないかと考える。そのためにも県が「プラットフォーム」づくりの準備に取りかかることを提案したい。

このプラットフォームとは、ＳＤＧｓの目標やターゲットを遂行《すいこう》するための土台、環境づくりと位置付けることができる。賛同する企業や団体、個人に加わってもらい、一社、一団体、一個人では困難な活動を、全体で協働しながらＳＤＧｓへの貢献を可能としていく仕組みである。平たくいうと、参加者がＳＤＧｓの共通の目標に向かって進むため、福井県が「場の提供」あるいは「機会の提供」に力を入れてほしいということだ。

福井県には、まず17項目の目標と１６９のターゲットを十分に分析し、福井県が有する潜在能力や資源、人材、立地企業などに照らし合わせたうえで、目標をいくつかに絞り、それぞれにプラットフォームを用意していってほしい。

それに先立って、福井県知事には「ＳＤＧｓをやる県になる」、「そのためにプラットフォームをつくる」と明確に宣言することを期待したい。

プラットフォームには異業種、例えば、製造業も不動産業も、運輸会社も入る。具体例として、プラスチックのストロー使用を止めるには、回収と廃プラスチックの再生は技術が違い、一社でやるのはなかなか難しい。ペットボトルや空き缶も同じだ。

小池東京都知事が、東京オリンピック・パラリンピックの金、銀、銅メダルを使用済み携帯電話のリサイクルでつくろうと呼びかけ、集まりつつあるが、こうした大きなイベントがないと廃品の回収は難しい。だからこそ福井県には率先して、例えば廃品再生のためのプラットフォームづくりに努めてほしい。

達成目標を設定したうえで、県が「皆さん、この目標に向かってやりましょう」と参加企業、団体、個人を募り、さらに参加者には「認証」を付与できればベストと思う。「国連が採択したＳＤＧｓに貢献していますよ」と県がお墨付きを与えることであり、参加者にとって大きな励みになるはずだ。

「ふるさと納税」を活用する方法もある。「ＳＤＧｓの目標達成のための基金」としてふるさと納税を募集すれば、「福井県がやっているＳＤＧｓに参加できるんだ」と、多くの福井県出身者が納税してくれるはずだ。ＳＤＧｓのマークを付けた「福井県ＳＤＧｓカード」を発行することも一つのアイデアだろう。最初は時間がかかるかもしれないが、どこかで爆発し一挙に広がっていくのではないか。

もちろん、目標の達成は一朝一夕にできるものではない。ＳＤＧｓが２０３０年までに達成するための目標とされているように、長いスパンで考えたほうがいい。

それとＳＤＧｓは、最終的にはまちづくりに結びつけるべきだと思う。福井には永平寺や東尋坊、一乗谷朝倉氏遺跡、恐竜博物館など魅力的なものがある。ただ、問題はそれらが地理的に離れており、移動時間がかかる点だ。

交通網の整備の点では、２０２３年に北陸新幹線が金沢から敦賀まで延伸し、さらに、時間はかかるようだが将来、大阪までつながることになる。こうした新たな交通網の整備を前提に、十分時間をかけて福井のまちづくりをどうするか、福井県のありようをどうするか、じっくり考えていくべきだと思う。

ＳＤＧｓというのは、世界の英知を結集しただけあって、非常によく出来ている。17項目の目標は、一つひとつが別のように見えても、よく読むと実は関連付けられているものがある。

福井県も「持続可能な開発目標（ＳＤＧｓ）」をしっかり読み解いてほしい。具体的に県が何をするかは次の話で、まずは目標達成のための場の提供、プラットフォームづくりから手掛けてもらいたい。これが、私が言いたい一番のポイントだ。

（本稿はインタビューをもとに編集したものです。）

PROFILE
うちだ・ゆきお　1951年福井県坂井市三国町生まれ、三国北小学校、敦賀気比中学校、武生第三中学校、高志高校を経て京都大学法学部卒業。1973年日本鉱業株式会社に入社し、一貫して石油精製・元売事業に従事。その後石油業界の再編に伴い、株式会社ジャパンエナジー、JX日鉱日石エネルギー株式会社等を経て、2015年JXTGホールディングス株式会社代表取締役社長に、2018年同会長に就任。2019年６月同社特別理事に就任、現在に至る。

ふるさとは近きにありて思うもの

セントラル硝子株式会社
特別顧問
皿澤修一
Sarasawa Shuichi

この原稿に取り掛かり、まず、〝ふるさと〟とは暮らした年月の長さより、生まれ育った所を〝故郷〟と言うのだろうとの観点で進めようと思い始めました。

高校卒業とともに大阪に出て4年、就職して中部地区に足かけ20年、海外には米国3回と韓国を合計して十数年、関東に住んでもう14年になります。よく、「ふるさとは遠くにありて思うのもの」といいますが、まさにそのとおりだと感じています。

最近では冠婚葬祭のときしかふるさと勝山には訪れていない状況が続いていますが、一方で18年しか住んでいなかったのに現在の今あるのは、もう亡くなった両親をはじめ、勝山の皆さんのおかげだという思いは常に抱いています。その思いが私の場合ふるさとを定義していいのではと感じています。

東京若越クラブに参加させてもらっているのは、やはり故郷に何か恩返しができないかとの思いからです。しかしながら私にとって福井県はふるさととはいえず、この原稿を考え始めてからふるさとは私にとって勝山しかないと確信するようになってきました。東京若越クラブの名称に見られるごとく、福井県は越前と若狭で構成されています。私は越前勝山に18年世話になりましたが、同じ越前の福井市も、ましてや若狭や敦賀には遠足に行った程度なので、勝山にしか愛着がありません。極端なことを言えば隣の大野市も、友人はいましたがふるさととは言えません。

こういった複雑な感情を背景に、改めて福井県の発展のために何かできることはないか、思いつくままに提案します。

福井は日本海に面し、美しい山々に恵まれており、九頭竜川をはじめ多くの清水に恵まれ自然環境は大変いい所です。私が勝山に世話になったのは50年前のことですので、交通や通信も整備されておらず、まして団塊の世代なので、今の若者とはまったく違った環境で育っています。しかしながら我々世代の者も今の若者も故郷を離れていきます。推定ですが、私の中学校・高校の同級生で地元に残っているのは3割以下ではないかと思います。

人口減少は福井県のみの課題ではなく地方共通の問題です。仕事で日本各地を訪問しますがよく似た状況で、特に田舎の農家の空き家が目立つことがよくあります。こういった状況を勘案すると、最大の課題は人口減少をいかに止めるかにあると思います。先般私用で福井市内のホテルに滞在する機会に恵まれ、少し近くを探索しましたが、大変整備されていて住みやすく、東京に比べ物価も安いように感じられました。

それで福井県が人口減少に陥っているのは市の中心以外のところの問題ではと思い立ち、郊外や村部に住み続けられるようにするにはどうしたらいいのかという観点から考えてみました。

第一には、老若男女を問わず移動を容易にする、すなわち通勤・通学、買い物、友人の訪問、病院通いなど日常生活に必要な移動を容易にする。第二としては、コミュニケーションを大切にし、孤立孤独を防ぐ仕組みを構築する。第三としては、安定した収入を維持できるようにすること。

どれも大変難しい課題ですが、第一については公共機関で、自動運転、無人運転の車でライドシェアにて随時必要なときに利用できるようにする。職場でも学校でも、時間や距離、方向など気にせず乗れる仕組みをつくり、学校に行くにも1時間以上かかる場合でも車中でゆっくり勉強できるなど。乗り合いだが1人でも好きなところに気軽に行けるシステム。これは技術的には近々実現すると思いますが、このための道路整理や拡幅工事などを先んじて実行する必要はあります。

第二のコミュニケーションは、いろいろなことを想定して、互いに連絡し合うＩｏＴを駆使した仕組みの設置。いちいち電話をしなくても情報を共有する仕組み。具体的には最近監視カメラが普及してきましたが、顔認証や音響センサーを活用して、いつでもどこでも知り合いと話ができる仕組みの開発です。第三の経済面での対応はいろいろな補助金で、中小企業でも個人経営でも生きていける仕組みを確立することです。

このためにたとえば出生地で、小学校、中学校、高校と世話になった年数によって、故郷を離れた人も今支払っている住民税の一部などを故郷に送る仕組みを法制化する。言い換えればふるさと納税の効率的運用と義務化。当然のことながら、大学などの協力を得て、それらのお金で新商品の開発、特産品の育成などをも推進する。

要約すると、地方にあって、地方の中心地から遠くても、いろいろな便利さや生活の質が維持できるシステムの開発、人と人との繋がりを重視する工夫、故郷を離れた人々から税金を世話になった年数に応じて還元するシステムの法制化が有効なのではと考えました。

これらの実現は簡単ではないですが、住む人が少なくなって村や街が廃墟化するのを避けるためには、まず人が将来とも安心して住めるようにする。学校を含めて地方とて教育、文化、芸術、スポーツが同様に得られるチャンスをつくる。施設は県に限られた数しかなくても容易に移動できれば大きな改善になります。まず人口の流失が止められれば、雰囲気は少しずつよくなると思われます。

最初にも述べましたが、福井は自然に恵まれ水も空気も綺麗な所で、いずれ帰りたい人は多いはずです。

文章を書くのは得意な分野ではありませんが、今回挑戦してみて、いろいろなことを考える機会を得たことは私にとっても多くのメリットでありました。福井県の今後の発展を祈念して筆をおきます。

PROFILE

さらさわ・しゅういち　1971年大阪大学基礎工学部卒業、同年セントラル硝子株式会社入社。２０００年米国子会社社長。2002年取締役、2006年常務執行役員、2007年代表取締役社長執行役員、2017年代表取締役会長。創業以来、初の生え抜き社長で、米国自動車ガラス分野を中心に海外での勤務は15年以上にわたる。

新福井県民歌を作曲して

指揮者
コスタリカ国立交響楽団桂冠指揮者
金城学院大学教授
小松長生
Komatsu Chosei

去る２０１８年9月29日、平成最後となる国体、「福井しあわせ元気国体」の開会式で、自作を天覧指揮する機会を頂戴した。２０１４年２月に作曲依頼を受け同年12月に新曲披露の運びとなったが、作曲にあたっての最初で最大のチャレンジは、三好達治氏の歌詞を理解し共感する、さらには三好氏が思念するものを音で体現することであった。格調高い五七調で書かれ、万葉集にまで遡る語彙《ごい》が散りばめられた歌詞は、一行ごとに情景と心象が変わる。音楽も、行ごとにスタイルとオーケストレーションを変えた。第一番で例示したい。

長江は野に横たはり（九頭竜川は野に横たわり）
小太鼓が拍を刻む勇壮な行進曲風。青雲の志も表現する。
青海は岬にうたふ（碧い荒海は、岬に波を砕けさせ音楽を奏でる）
「青海はー」と、日本海の荒海の美しさに感嘆している三好氏が居る。感動が長い音で持続されるなか、打楽器群が今度は、「ぴしり」と波が岩を打つ音を表現する。
国どころ越前若狭（生まれ故郷の越前若狭）
前半ヴァイオリンは休み、金管群が故郷への感謝と憧憬を聖歌風に荘厳に奏でる。「越前若狭」では、ヴァイオリンが唱和し、祈りから熱い思いへと変貌してゆく。
たたなはる山しうるわし（立て掛けた畳が重なり合うように連なった山々が麗しい）
熱い思いと故郷の大自然への感動は最高潮に達するため、勇壮に駆け上がる金管群と持続するメロディーを担う弦楽器を含めた総奏で情熱的に締め括る。

三好達治氏が三国で居を構えた場所は三国海水浴場を見下ろす高台で、日々変化する荒磯、泰然とした九頭竜川、そして澄み切った青空のもとの奥越の山々をすべて愛でることのできる処だった。三好達治氏は、本当に感動できる心の持ち主だと私は感じた。そして、語彙の解釈の先にある感動をどうやって音にしてゆくかが私に託された仕事であると思った。

新県民歌を作曲できたことは、音楽家冥利に尽きる。

私にできる「提言」とは、三好達治氏の歌詞に私が作曲した過程、さらには謳《うた》われている福井の素晴らしさに感動した私の気持ちを読者諸賢にも共有してもらえることとさせていただければ幸甚である。

PROFILE

こまつ・ちょうせい　福井県坂井市三国町崎出身。雄島小学校、宝永小学校、進明中学校、藤島高校、東京大学美学芸術学科、イーストマン音楽院大学院指揮科卒業。エクソン指揮者コンクール優勝。ボルティモア響准指揮者、カナダKW響音楽監督、東京フィル正指揮者等を経て、現在コスタリカ国立交響楽団桂冠指揮者及び、セントラル愛知交響楽団名誉指揮者。金城学院大学教授。音楽藝術学博士。モントリオール響、モスクワ放送響、ソウルフィルなど、ベルリン、アムステルダム、プラハ、キエフ、ジュネーブ、香港ほかで指揮。2018年９月自作の新福井県民歌を福井国体開会式で天覧指揮。

福井県民歌　歌詞（意訳付き）

一	長江《ちょうこう》は　野《の》に横たわり	（九頭竜川の大河の恵みが越前の野を潤している）
	青海《あおうみ》は岬にうたふ	（若狭の青々とした海と岬が織り成す風景は一遍の歌のようだ）
	国どころ越前若狭《えちぜんわかさ》	（私たちのふるさと越前若狭）
	たたなはる山《やま》しうるはし	（連なっている山々も美しい）
二	秋の日の垂《た》り穂《ほ》豊かに	（秋の日の光を受けて、たわわに実った稲が頭を垂れている）
	いや足《た》らふ海のいろくづ	（海ではたくさんの魚で満ち満ちている）
	機杼《はたおき》の音《おと》も幸《さち》はふ	（織機の音も響き渡り、産業も盛んだ）
	うまし国越前若狭《くにえちぜんわかさ》	（満ち足りた美しい国　越前若狭）
三	こゝにして新しき世は	（ここ福井県の新しい時代は）
	古き世に替《か》わりて興《おこ》る	（古い世の中に替わって興る）
	あなさやけ天《あま》つ日のもと	（ああ、鮮やかな日の光の下）
	新墾《にひはり》の道はるかなり	（新しく切り開いていく時代は遥かだ（遠く険しい））

特別インタビュー

地域金融機関からみた産業と市民生活のこれから

伊東忠昭

株式会社福井銀行
顧問
前取締役会長
元取締役兼代表執行役頭取

聞き手

山本時男

株式会社中央経済社ホールディングス
代表取締役最高顧問
東京若越クラブ幹事

◆福井県の産業の特色

山本　本日はお忙しいところありがとうございます。まずはじめに、福井県の産業全体を見渡して、その変遷と今後の見通しについてお話しいただけますか。

伊東　福井県の場合、県内の産業というといちばん最初に繊維だとか眼鏡だとかいわれますが、土木・建設業や機械産業も基幹産業の中の1つに入っています。これは歴史的に見ますと、九頭竜川が暴れ川であったため、坂井平野は湖状態であったことから三国のところで海に流出させる治水工事をするのにどうしても必要な業種だったようです。そこから土木がどんどん繁栄していって土木王国といわれるようになったのだと思いますが、時代の流れで仕事が少なくなってきて業者が県外へ進出していったというのが北陸地区全体の流れの中にあると思います。

一方、繊維産業や眼鏡産業はそもそもが労働集約型の産業ですので、人手が必要でした。福井県は農業が中心でしたが、農閑期は人手が余る状態であったため、そういうところで産業育成をしていったのが眼鏡であったり繊維であったりしたのだろうと思います。

山本　これらの産業は今後どうなっていくとお考えですか。

伊東　福井県の繊維産業はもともとは服地、衣料品が中心でしたが、昭和40年代に入ると、その生産拠点をどんどん海外に移していきました。現在は衣料品がどんどん海外に出て、国内では産業資材関連になっているところが多いという状況です。

眼鏡も同様に、違う産業に移ろうとしています。代表的なのは、眼鏡で培《つちか》った技術を医療機器などに応用するというものです。眼鏡のチタンの材料や加工技術を用いて手術用のメスやはさみをつくる。刃物を先端につけるときなどにはレーザー溶接の技術も使えています。

山本　繊維産業は今、以前のような活気はなくなってしまって、やはり東南アジアや中国に行ったりしているわけですね。将来を考えると、繊維はこれまでのように福井の独占的な産業ではなくなってきているのかもしれませんね。

伊東　とはいえ、先進的な技術と発想力でいろいろな分野に進出してきた福井の力はかなり強いものがありますので、そういった動きの中で新しいものが生まれてくる可能性はあると思います。

◆交通について

山本　それから、大きく交通の問題として日本中の関心を集めている、高速道路網、高速鉄道網についてはどのようなことを考えていますか。

伊東　北陸新幹線の敦賀延伸まで4年を切りました。敦賀までのところは確実にやるのですが、そこから先、小浜経由で京都へ入って、京都から南部を通って大阪へ入るということは決まりました。今年から環境アセスメントをやるのだろうと思いますが、それによって路線を確定する作業、工事の線を確定する作業に移っていくのだろうと思います。

山本　少し横道にそれますが、前知事の西川さんと8年ほど前に対談をしたとき、東日本大震災の被災地、福島や仙台の産業を福井のほうに持ってくる方法はないのか、あるいは福井がそれを肩代わりする方法はないのかという話をしたことがあります。現実的には、福井だと高速道路を使っても東京から3時間半～4時間かかってしまうため、コストを考えると肩代わりすることは難しいかもしれない。そのかわり、海外、特に東南アジアやその他の東アジアとの関係については、福井はもっと乗り出してもいいのではないかと。その点はいかがですか。

伊東　もちろん、新幹線が大阪までつながることによって、東海道新幹線の代替網が完全に開通することになります。ただ、我々は新幹線だけを考えているわけではないのです。日本地図を逆さまにすると我々の目の前はアジアになるわけですね。新幹線の整備とともに敦賀港や金沢港など北陸の港を利用していろいろな交流ができるようになってくるので、港の整備をかなりやってきています。将来の観光ということを考えれば、今流行りのクルーズ客船ですが、敦賀港などはそれらが入りやすい港になっていますので、そういったところにも力を入れられるだろうと思います。

また、新幹線だけではなくて、福井から岐阜まで突き抜ける中部縦貫自動車道があります。今は大野から先、岐阜県の白鳥に向けて工事をしていますが、これも4年後くらいに開通させようとしています。中部縦貫自動車道は白鳥で東海北陸道につながって高山へ抜けて、高山から今度は松本へ抜けるのです。福井からはちょうど真横に走るようなイメージです。今の上越回りだと松本あたりへ行くのにはすごく時間がかかるのですが、これで行くと多分2時間くらいで行ってしまう。これが出来れば、東日本とのつながりも相当強くなると思います。

北陸道があって、舞鶴若狭道が出来て、中部縦貫自動車道が出来る。これだけ高速道路があちこちとつながっている地域は福井しかないのです。これを利用しない手はないです。これを利用してもらうことによって、例えば、港も使える、それから鉄道で両方行ける。大阪までは2時間弱になると思いますし、小浜と京都なんて十数分で行ってしまいますので。

山本　そうですね。本当に距離が近いですものね。

伊東　そうすると、京都府小浜市になるのではないかという話まで出ているくらい通勤圏内なのです。関西圏とのつながりはこれまで以上に強くなりますし、今まではどちらかというと東日本とは距離があったのですが、中部縦貫自動車道と北陸新幹線によって、人や物流の流れも変わってしまうと思っています。ですから、いろいろな産業、

例えば長野県でやっている精密機械なども、機械産業は福井県にもありますので、一緒にくっついてやることは十分できるだろうと思っています。

◆地域活性化について

山本　続いて、地域活性化の問題の中で主なものとしてどのようなものが思い浮かびますか。

伊東　人口減少や高齢化で地方がどんどん疲弊していくので活性化しなければいけないというのが原点なのだと思いますが、私が思っているのは、だんだん分散していってしまっている福井のすごい力をもう一度復活させたいということです。交通網が整備され、人の流れが変わってくる。一方で、新幹線が出来て人の流れは出来るけれど、モノの流れは出来ない。だからモノの流れをつくるためにいろいろな高速網が出来てきたし、逆に吸い寄せていく、港を整備すればそこにものが流れてくる、という流れを全部つくっていくことが大事だと思います。

もう一つは、これからの地域活性化のためにはやはりどうしてもインバウンドが必要になってきます。残念ながら福井はいま、海外からの宿泊客数が下から3番目で、すごく少ないのです。ですから、今度の新幹線をはじめ、今後整備されていくものをどういう形で海外の方に見せたらいいのか。金沢と京都に挟まれている地域なので、どうやって結びつけたら福井に来てもらえるかというのが、いちばん考えなければいけない部分だと思います。

北陸経済連合会は、東海道新幹線と北陸新幹線でゴールデンループと言っていますし、北陸全体では、名古屋から能登まで突き抜けた東海・北陸道を中心にした昇龍道プロジェクトみたいなこともやっています。そういうものが動いていますので、福井のものをどうやってその中に乗せていくかということだと思います。歴史的には福井はすごく財産が多いのですから。

◆3回連続幸福度日本一と国体の成功

山本　昨年の福井国体では、雨の中で太鼓を叩いている姿を見て、福井にこれだけの地力があったのかと驚きました。そのままオリンピックで使ってもいけるのではないかと思うくらいすごいものでした。やはりそれには3回連続幸福度日本一が関係しているのかもしれませんが、伊東さんは幸福度についてはどのようにお考えですか。

伊東　幸福度日本一と評価されている中身をどれだけ皆さんわかっていらっしゃるかということだと思います。あれは統計データの上位にいくつもあるからと思われがちなのですが、実はある方がそれを整理して文章にしていった。5~6年前になりますが、いちばん最初に日本一といわれたとき、何で日本一といわれるのだろうとデータを全部並べて解析した人がいるのです。結局、例えば3世代同居が多い、女性の就業率が高い、あるいは家が広いとか、これらは全部1位から3位までのところにいるのですが、何でそうなっているかというと、先ほど申し上げたように、繊維産業や眼鏡産業はやはり人手がいるので、どんどん人が欲しかったという土壌があります。家が広いので3世代で同居するほうが経済的ですし、年寄りが子どもの面倒を見てくれるので若い世代は働きに出やすい。子どもの教育は常にそばにいる祖父母が担当するので教育水準も高くなる、決して個人の所得は高くないのですが家族が3人、4人と働いているとトップクラスの世帯所得になるのです。生活自体にゆとりが出来てしまっている。車の所有率が日本一といわれているのも、公共交通網が整備されていないという実情以外に、みんなで働いていて所得があるから4台も5台も買えるといえます。さらに、土地が安いですから、自分の土地に駐車できる。こういったことが子どもの頃から当たり前の世界にいるので、それがありがたいとも幸福だとも思っていないのですが、他県から見るとものすごく幸福なのだと思います。

◆観光、伝統産業、食

山本　福井には、特色のある自然がいろいろあり、歴史的なものがあり、地場産業があります。

海を控えていて、食の文化も大変に多い。そのほか、再開発の狙いとしていくつか特色あるものもあります。それらについて簡単で結構ですから、ざっと一言ずつお話しいただきたいのですが。

伊東　観光とひと口にいってもいろいろな分け方があります。見て歩くものであったり、体験するものであったり、あるいは食べ歩くのもそうでしょうし、いろいろな目的があって観光されると思います。福井の場合、資源が多いといっているのは、例えば恐竜博物館や年縞博物館といった古代のもの、あるいは東尋坊や蘇洞門など、昔から長い年月をかけて自然界で成立した観光材、資源です。これらはどちらかというと人間が手を加えて出来たものではないのですが、人間が作り出してきた歴史的資源としては、例えば永平寺や平泉寺はすごく長い歴史を持っていて、日本の禅や白山信仰という思想を象徴するような建造物です。また、テレビＣＭでも有名になりましたが、朝倉氏遺跡が昔の姿をきちんと残せるような形に発掘されましたので、当時の街並みや生活様式のイメージができるようなつくりになってきています。そういったものをご覧いただくのもそうでしょうし、若狭のほうには国宝級の古い神社仏閣がたくさんあります。これもやはり本当に見る価値があると思うのです。要するに当時のお上に一番近い。京都に近いのです。だからそういう都を意識した文化がきちんとつくられているし、それがお寺などの流れにもあるのです。

山本　それに伴っていろいろな伝統産業も出来てきていますね。

伊東　いま、経済産業大臣の指定している伝統的工芸品として、越前和紙、越前漆器、越前打刃物、越前焼、越前たんす、若狭めのう細工、若狭塗、の7種類があります。これらは本当に古いものがずっと伝わって、今でも息づく本物の産業として残っていますので、やはりもっと若い人たちにご覧いただくような環境づくりが必要なのでしょうね。こういった伝統産業は体験型の観光で十分やれるのではないかと思います。

山本　「食」についてはどうですか。

伊東　カニや甘エビといった代表的なもののほか、ご存知かどうかわかりませんが、ガスエビというものがあります。これは甘エビよりももっと甘い。ただ、色も形もあまり良くなくて、足も早過ぎる。ですからあまり遠くへ持って行けなくて―今はもう技術が進んできたので動かしていますが、もともとは漁師が自分のところで食べていたものなのです。

それから、若狭のササガレイは毎年皇室献上されており、身の締りもよく甘いカレイです。その他、現在「越前がれい」というネーミングで売出し中のカレイは、ヒラメくらいの大きさがあります。そもそもカレイは割と足が早いのですが、現地ですぐ血抜きをしてしまい鮮度を生かしたまま豊洲などにも運ぶことに成功していて、東京でも高級なカレイとして認知度が上がってきています。

いま、いろいろな養殖を地元の業界と県立大学が一緒になってやっているのですが、トラウトサーモンを奥越の淡水のところでふ化させて、最後の仕上げで小浜の海へ持って行き、大きくして出荷するということをやっています。「福井サーモン」という名前でやっていますけれども、これも結構人気が出てきました。

また最近は、おろしそばだとかソースカツ丼は本当に有名になってしまって、SNSなどを通して名前の挙がっているお店はたいてい行列です。ヨーロッパ軒のソースカツ丼なんか毎日行列ですから、やはりすごいですね。

あとやはり自慢したいのはお酒ですね。これはもう最高だと思います。酒蔵が30くらい残っているのですが、皆さん本当に力を入れてやっていらっしゃいます。売上高を競争しているというのではなくて、技術の競争みたいなものが起きていて、特に福井の場合、大吟醸だとか、どちらかというとフルーティーなお酒が多いのですが、この高級路線で競っていらっしゃるので、多分他県から入ってこられるとびっくりされるのだろうなと。お客様と飲んでいると必ず、「あ、ここの酒はうまいな」とおっしゃっていただけます。黒龍さんとか梵さんとか一本義さんとか花垣さんとか、この辺は有名だと思うのですけれども、この他にも上げればキリがないくらいあります。

◆地域活性化のまとめ

伊東　いま、地域活性化という形で、新幹線の開業する駅周辺を中心に、いろいろな再開発が起きています。一方で先ほど申し上げた観光というのはいろいろな観光があっていいのだろうと思いますし、金沢の場合は徒歩圏内での観光資源なのですが、福井は歩いて回れるところが非常に少ない。そこで、これからいちばん重要なのは観光地と観光地や宿泊地をつなぐ2次交通をどうするかということと、大型のバスで運ぶのではなくて、皆さんのニーズに合って、いろいろな選択が可能になり、ちょっと行ってくる、あるいは帰ってきたらその周辺で街歩きであったり、食の観光が楽しめるという形にしていくべきだと思うのです。そうすると福井の中心地だけではなくて、ここところへ行ったらこんなものが見られるよ、あんなことができるよという観光資源が必ずありますから、そういう楽しみ方にしていくべきなのだろうということで、いろいろな2次交通もそうですし、宿泊施設もそうですし、大きいものだけでなく、中型、小型のものをどんどんつくっていくことで交流ができて、ほかの観光地とはまったく違った楽しみ方ができる。そんな観光が一番いいのだろうなと思っています。

山本　福井県民は何事も辛抱強いし、あるいは研究熱心なところもあります。地道に追究していくという気質を持っていますし、何よりもそういうものが重なっていって地域愛につながっていくということもあるので、これからのことを考えると非常に大きな発展を遂げる楽しみが見えると思うのです。そういう意味では伊東さんのやっていらっしゃるお仕事もあらゆる面に、産業も、市民の生活も、その他のあらゆるところに接触されていらっしゃるということなので、お仕事の意味合いはますます大きくなる一方だろうと思いますので、これから先もどうぞよろしくお願いいたします。本日はありがとうございました。

（２０１９年５月29日記す）

幼少の頃からの福井での自然体験づくり

株式会社福井カード 常務執行役員
株式会社福井銀行 前東京支店長兼東京事務所長
川上隆哉
Kawakami Takaya

東京に赴任したのは、平成28年9月。それから、福井を離れて生活し始めて2年以上が経過しました。福井では当行の企業理念〝地域産業の育成発展と地域に暮らす人々の豊かな生活を実現します〟を念頭に、私たちの会社が経済取引を基本にしながら、資金の手配はもちろん、福井の皆さまとあらゆる交流を通じて、共に学び、共に発展していくことを日々、目指していました。それから、ここ東京に赴任して県外から福井を見つめる十分な時間ができ、東京に暮らしている方々との交流を重ねる度に、生活のあらゆる場面で、皆さまの関心の持ち方がたくさんあることに新たに気づいてきました。外から福井を見つめ、東京から何ができるか、福井と東京の懸け橋としての役割を強く認識するようになってきました。

福井にはいろいろな魅力があります。先ほど述べました都会の方々のあらゆる生活の場面で、それぞれに見合った福井の魅力があると感じています。例えば、成人から見れば、少し贅沢をしたいと感じた時、食に対する魅力は格別のようです。美しい日本海を背景に、蟹をはじめとして、鯖、鰤、烏賊、甘えびと新鮮な魚たちが楽しみという会話をよく耳にします。加えて、社交の場では福井の地酒の人気は格別です。地方銀行界では会合でよく地酒を持ち寄りますが、最初に無くなるのはいつも福井の地酒です。この会合は参加者同士が初顔合わせとなることが多いのですが、地酒の力で簡単にみんなと打ち解けることができます。ここにへしこが加われば、鬼に金棒です。リフレッシュをしたいときは観光することもありましょうか、永平寺、東尋坊、小浜国宝巡りなど、訪れる先は枚挙にいとまがありません。また、子どもからすれば、恐竜王国であることや、海水浴など、取引先の京阪神出身の方からは、思い出として「小さい頃よく福井の海や山に行きました」という声がよく聞こえます。

これらの豊富な魅力を効果的に活用するために、私の幼少の頃の経験を踏まえて、少しの思いを込めて稚拙ながら提言したいと思います。

テーマは、〝幼少の頃からの福井での自然体験づくり〟です。

実は、私の父は福井県越前海岸、母は福島県奥会津の出身です。私の生まれは東京で小学校に入学する前年の8月に福井県越前町に移り住みました。故に幼稚園までは東京で暮らし、真夏の暑いときに奥会津へ、なぜか真冬の越前海岸へ遊びに行った思い出があります。奥会津の夏に母の実家の前を流れる小川で笹船を流して遊んだ楽しかった思い出は、今もしっかりと残っています。冬の米原駅のホームで雪が横殴りに吹いている寒い中、電車好きの私が、急行ゆのくにを父にだっこされながら待っていたことも懐かしい思い出になっています。なぜか、幼少の頃の楽しい、懐かしい思い出は、いつまでもいい思い出として残り、折に触れ会話となり、その土地への好感がいつまでも残ることになります。

そこで、都市圏以外に地縁、血縁を持たない子どもたちに、夏休み、冬休み、春休みの長期休暇などを利用し、福井での遊び、アドベンチャーを通じた遊び体験学習プログラムを積極的に推進してはいかがでしょうか。小学生を対象に、海、山などで自然の遊びを思いっきり体験してもらう。5～6人を1グループとして、福井の同じ子育て世代の父母がインストラクターになり、一緒に遊ぶ。また同世代の地元小学生も一緒に遊び体験学習を行うのもいいのではないでしょうか。遊びの内容は、釣りや川遊び、昭和の時代にしていたであろう竹鉄砲作りや、竹馬など都会では体験しにくい自然体験を主にプログラムします。宿泊は、郡部にある公益の宿泊施設、もしくは遊びを教えてくれるインストラクターの民家など。子どもにも食べやすい水ようかんやくずまんじゅうなど福井のたべものを食べてもらい、福井をしっかり体験してもらう。都会の子どもたちには初めての体験となり印象深い思い出としてほしいものです。

こうして体験した子どもたちは、福井のことをしっかりと記憶に残し、好感度も向上してこれから成長していくことでしょう。偶然にもテレビ番組で福井が出てきたら、テレビを注目しながら過去の体験を話題にし、会話の仲間にも福井の良さを伝えてくれることでしょう。子どもの頃の体験はその後の人生に影響すると一般的にいわれています。小中学生の学力や子育てのしやすさ関連のランキングではいつも上位に福井県は位置するのもこれらの自然体験のしやすさもあるのではないでしょうか。この体験を少しでも多く都市圏に住む子どもたちにしてもらい、福井を単に話題にするだけでなく、社会に出て、新しいものを作り出すときに役に立たせてほしいものです。かつ福井のプライオリティーを他県よりも高くしてくれることを期待します。それだけ幼い頃の体験は重要と感じています。福井への利益をもたらす即効性は強くはないものの、長い期間を経て、体験者以外への福井好感度アップの拡散、福井との交流者増加を期待したいものです。一年間に数十人程度の参加目標すら難しいかもしれませんが、地道に毎年行っていくことで、いずれ等比級数的に福井の知名度が高くなることでしょう。

潜在的な需要はある程度見込めるのではないかと予測します。以前、都内の保険会社内で〝福井県フェア〟を開催したときです。食品を中心に福井県ゆかりのものを販売し、大変盛況に行うことができました。あわせて、福井にお越しになることを推進しようとしていたところ、自然体験イベントのパンフレットにひときわ目を輝かせて聞き入っていた小学生の母親がいらっしゃいました。子どもに自然体験をさせてあげたいという願いを潜在的に持っている印象を受けました。都市圏（首都圏・関西圏・中京圏）に住む子育て世代は、子どもにいろいろなことを体験させたいという希望を持っていますが、都市圏ではなかなか体験させてあげられない残念な思いを抱いている方が多いと思います。首都圏の私立学校では、毎学年に修学旅行のような遠方研修をするところもあります。そのような私立学校、もしくは都市圏の地方公共団体と連携して、体験学習者数を確保していく策も考えられます。単に企画にとどまらず、それをいかに都市圏の方々に知らせていくか努力が必要ではありますが。日本のこれからの明るい未来を創っていく子どもたちが、福井をしっかり体験し、日本のみならずわがふるさと福井の発展に繋がるものと期待します。

PROFILE

かわかみ・たかや　1964（昭和39）年４月、福井出身の父と福島出身の母の元、長男として東京都に生まれる。幼稚園まで東京で過ごし、小学校から高校まで福井で暮らす。福井県立藤島高校を卒業し、浪人生活から再び首都圏で暮らす。慶應義塾大学経済学部を卒業した後、帰福のため1988（昭和63）年４月、株式会社福井銀行に入社。敦賀支店、大阪支店、武生支店、鯖江支店、岡本支店と県内外で勤務。本部では、経営企画グループ、監査グループで施策に関与、内部統制（業務目標の有効性・効率性の追求）の評価を通じて、施策立案、実行の知見を蓄積する。2016（平成28）年９月から東京支店長兼東京事務所長。幼少期・大学時代・現在と三度生活する東京にて客観的に福井を見つめる日々。令和元年７月から株式会社福井カード常務執行役員。よき記憶の詰まる福井、東京、福島への思いを胸に過ごしている。

遠回りだと思っても、まずは10年かけて仲間づくり・仕組みづくりを

NetReal株式会社 代表取締役社長
イエロー会 ファウンダー
浅地紀幸
Asaji Noriyuki

新しいことを始めるには若者の力が大事だと思います。そのためには、若者に発言権を持たせてあげるようにしないといけないと思います。ましてや、控えめな県民性の福井の若者は、思っていたとしてもなかなか声は上げないでしょう。この若者の声を拾い上げ、発言力・実現力へと持っていくことを提言したいと思います。

本書では、県外在住福井出身者の方々が外から福井を見て、県内在住では気づかないであろう観点からの提言をされていると思います。しかしながら、控えめな県民性ゆえ大きな声になっていないだけで、県民の中にも問題意識・危機意識

を持たれている方は多くいらっしゃるのではないかと推察します。

私はこのような意識ある方々が結びついていく仕組みの構築の仕方を、実例をもとに提言したいと思います。

結びつき、仲間となり、多くの賛同者が集う団体になれば、発信力・実現力は増します。

控えめな県民が、意思を発し、団体として動いていけるようになるには時間はかかると思いますが、一度その仕組みを構築できれば、あとはすごい実現力で動き始めると思います。

私自身は、東京にて７名で始めた「イエロー会」（福井出身・所縁のある若手の会）を10年かけて６００名以上にし、衰退を始めていた東京福井県人会に合流させ、公私ともに助け合う情報網や、２か月に一度顔を合わせて情報交換をする仕組みを構築してきました。県人会の目的である互助の精神で公私ともに助け合っていくことも果たされてきていると思っています。

以下、そのイエロー会での10年の経験をもとに、意識ある方々に実例として提示します。

こういった会を運営するにあたっては、楽しい集まりであることを第一に考えなければなりません。とはいえ、楽しいことは人それぞれです。自身のビジネスに結びつく活動が楽しいと感じる人もいれば、ゴルフ仲間が出来る集まりに参加することが楽しいと感じる人もいます。

より多くのさまざまな楽しみを模索していくことが大切です。イエロー会では、バーベキュー大会、ゴルフ会、グルメ会、講師を呼んでの勉強会、スキー合宿など、毎回楽しい会を開催し、自分自身も楽しみを増やしていきました。

また、会の最終目的（10年先、20年先の目的）は明文化し、皆で楽しみながら目的に向かっていければ嬉しいということを共有することも大切です。

会の中心メンバーは30代が望ましいですが、仕事が大事な忙しい年代でもあります。イエロー会では、本業尊重の精神を皆が持てるようにし、すぐにビジネスに結びつけるのではなく、お互いが公私共にわかり合えてくる1年から3年かければ自然とビジネスにもつながるということも明文化しておきました。

意識ある方々にとって為になる、負担にならない団体となる外箱も必要です。この外箱は、ゆくゆくは法人格のある団体にすることが望ましいですが、まずは任意団体として勝手連から始めたら良いと思います。10年先、20年先を見越した団体づくりのためには、創設メンバーが楽しめる、役に立つと感じるだけでなく、次の世代に移譲しても同じように続けられるよう、金銭的・時間的負担の少ないものにしておかないといけません。

金銭的負担の少ない形として、イエロー会では年会費や月会費を取らず、会合で飲食をする際はその都度精算し、実費に５００円の会費を上乗せさせてもらう形を基本としました。新しいことをするエネルギーのある20代、30代を集めるためには、５００円の会費込みで３０００

円～5000円の飲食代でまとめていくことが重要だと思います。この500円はストックしていくと結構な金額となり、1人当たりの参加費が5000円を超えてしまいそうな場合の補助に使えるようになりますし、また、講師を呼んだ際の謝礼や場所代に充てることもできるようになります。

精神的負担のない形としては、名刺交換は何度でもOKということをルールとして明文化しました。以前名刺交換した相手の名前が思い出せないといった経験は誰にでもあるかと思いますが、ルールとして明文化しておけば、堂々と「名刺交換は何度でも大丈夫ですよね」と言いながら何度でもすることができます。これは、会を重ねて参加者も増えてくるようになると大変有効です。

それから、参加できるときだけすれば良いという任意参加を基本としました。そのためにも団体母数は多いほうが良く、会合には団体母数の2～3割の方が都合のつく時に参加してもらうという組立てで進めてきました。さらに、何とか都合をつけてでも参加したいと思うような魅力的な会合を年に1度くらいは企画しました。特に勉強会は、講師を実業界の方、文化界の方、政界の方という風に毎回変えていけば、多くの方をとらえる魅力的な企画になると思います。

連絡方法も時代とともに変わっていきます。若い人が面倒臭いと思わない連絡方法―フェイスブック、ライン、インスタグラムなど、を常に模索するようにしていました。

新しいことをしていくのは常に若者です。30代を中心に、20代がフォロワー、40代がアドバイザー、50代以上がオブザーバーという形が望ましいのではないかと思います。5年、10年経ってもこの構成が変わらないように、常に20代が世話役に入ってもらえるような魅力、楽しさを、本筋とは違うと思っても増やし続け（バーベキュー、ゴルフ、ボーリング、グルメ会など）、継続し、仲間を増やし続けるよう皆で努力していこう！と世話役一同が常に呼びかけていくことが大切です。

私は、意思ある方が皆と混ざって楽しく同じ釜の飯を食べるだけで、化学反応が起こっていくものだと思っています。

多くの人が集まるようになると情報発信力がついてきますし、福井県外に散らばっていった県民との情報流通、交流の機会も創出できます。

数年かかるとは思いますが、明文化されたことを将来の目的とした楽しい会に集まっていると、自然と目標が共有されていきます。

情報発信力と、さまざまな業界にいる方々との目標を共有したネットワークによる実現力が、福井を、そして日本を変えていくのだと思います。10年以上かかるとは思いますが、世話役の世代送りさえ仕組みとして機能するようになれば、大きな力、改革力となって動いていくものとなると思います。

東京では、東京若越クラブ、イエロー会、その他団体が機能し始めていると思います。ぜひ福井県内でも多くの有志団体が機能していくことを望みます。

PROFILE

あさぢ・のりゆき　1967年12月生まれ、福井県坂井郡金津町古町で育ち、藤島高校、早稲田大学商学部卒業後、ベンチャー企業勤務を経て、29歳の時に親の会社（細幅織物デザイン製造）の新規事業部門（インターネット事業部）立上げの形で独立。初年度より黒字で進んでいたため、30代で東京福井県人会理事・青年部部長、イエロー会ファウンダーと社外での社会貢献活動を開始、東京青年会議所にも所属。40代で東京若越クラブ幹事、ダイヤモンド経営者クラブ、JBC、東京日本橋ロータリークラブ等入会。50代に入る前に青年部部長やイエロー会筆頭世話役を若手に移譲し、その他団体は東京若越クラブ、ロータリー以外ほぼ卒業。現在は、ロータリーの精神である本業による社会貢献に重きを置き始めている。本業は、中小企業の売上げアップ支援を行うクラウドビジネスで、現在会員数26,000社超、毎年2,000社以上のペースで増加中。

特別インタビュー

五木ひろし氏

「ふるさと美浜での決意」

いつき・ひろし　１９４８年３月14日生まれ、福井県三方郡美浜町出身。昭和40年コロムビアレコードよりデビュー。その後「全日本歌謡選手権」でグランドチャンピオンに輝き、昭和46年「五木ひろし」として再々デビュー。数多くの賞を受賞し一躍ミリオンセラー歌手となり、ＮＨＫ紅白歌合戦48回連続出場のほか、数々の大記録を打ち立てている。また、近年各方面からの評価が高まり紫綬褒章（平成19年）、旭日小綬章（平成30年）などを受章した。

聞き手　松尾 武

まつお・たけし　１９３９年生まれ。戦中、実家（祖父松尾伝蔵）の福井市内に疎開。福井大空襲に遭遇後「旭小学校」に入学。その後東京へ。１９６１年ＮＨＫに入局。ドラマ番組の「大河ドラマ」等の制作・演出を担当。管理部門を経て、専務理事・放送総局長、ＮＨＫ出版社長を歴任。現在株式会社中央経済社ホールディングス取締役。東京若越クラブ会員。五木ひろしさんとは、奥様が女優時代（和由布子さん）「大河ドラマ」に出演を機に家族ぐるみでの親交を深める。

賞から勲章へ

松尾　昨年の秋の叙勲で旭日小綬章《きょくじつしょうじゅしょう》を、２００４年に日生劇場のライブコンサートで芸術選奨文部科学大臣賞、２００７年には紫綬褒章《しじゅほうしょう》を受章され、他にも多くの賞を受賞されていますね。

五木　レコード大賞も含め歌手として賞に対しては、ＮＨＫ紅白歌合戦に出場するのと同じように大きな目標で、色々な賞を頂いてきました。

芸術選奨というのは想定の内に入っていませんでした。自分がやっている事に対して、国として見てくれている人がいるという事を有難く思うと同時に、日本の歌手として国に認めてもらえるような存在でありたい―もちろん大衆に支持されて認めてもらえたことがまず原点にあるのですが、という実感でした。

紫綬褒章も、ある日突然、受けて頂けますかという連絡が来ました。もちろん有難くお受けいたしますと返事をしました。伝達式で女房と初めて皇居に出向き、陛下にお目にかかるという経験をしたわけです。

それから、今度は旭日小綬章を受章することに。紫綬褒章は褒章なのですが今回は勲章です。勲章は原則として70歳以上が対象ということがわかり僕も70歳になったのかという実感でした。紫綬褒章の時と同じように女房と一緒に伝達式で皇居に出向くという流れだったのですが、ましてや平成30年ではないですか。秋の叙勲の時期に頂けたということは、平成の最後になるかもしれない、陛下のお顔を拝見していて、こういう形でお目にかかれるのは今回が最後なのだなと改めて思い、とても感激しながらその時間を過ごしました。しかも今回の叙勲は、別に自慢するわけではないのですが紅白に出場している現役の歌手で受章したのは僕が初めてなのです。

松尾　確かにそうですね。バリバリの現役ですから。

五木　これはある意味では誇りに思います。70歳になって勲章を頂いて、更にあと10年は頑張れという励ましの言葉でもあるんだと、強く感じました。

松尾　10年と言わず、更にその先まで…。

五木　僕はいつも思うのですが、この仕事は、見に来た人しかわからない事が多いではないかと。見に来た人たちが評価し、感動したり、喜んでくれたりという事があるわけです。何千回も劇場公演をやり、何千回もコンサートをやれば、体調の良い時もあれば悪い時もありますが、そこからは絶対逃げずに、自分の中で常に精いっぱいやってきたという自負はあります。我ながらよく頑張ったなと思います。

40代の決意

松尾　健康も大切な要素ですね。ところで五木さんは経歴を見ると、時代の変わり目に必ず一つの新しい展開をしている。旭日小綬章も平成最後の秋の叙勲で頂いた。昭和から平成に変わる時に、女優だった和由布子さんと結婚。新しい人生をスタートさせた。

和さんは、私が制作した「ＮＨＫの大河ドラマ」にご出演以降、いろいろと活躍が始まった時に、突然五木さんと結婚するという話が出てきた。それで女優をやめると。驚きました。当時（昭和63年）は、昭和天皇のご容体がニュースになり、歌舞音曲を伴うイベントや行事を自粛するムードが高まっていた時期で、五木さんも結婚式を延期されましたね。

五木　そうです。テレビ局を含めて大変豪華にやろうとしていましたが、世の中全体が自粛ムードになり、中止ではなく延期にしようと考えました。その時には女房が妊娠していましたので、子供が生まれてから改めて式と披露宴をしよう、と。10月5日に入籍して、明けて5月31日に式も含めて披露宴をやり、という形で昭和から始まり平成に続きました。

松尾　奥様との馴れ初めは共演ですか？

五木　芝居での共演です。演舞場の正月公演で『花と龍』と『吉良の仁吉』という芝居の二本立てだったのです。女房は、両方とも僕の相手役でした。『花と龍』で、最後に2人一緒になろうという事で手を繋いで花道を去っていく。いつの間にか、芝居と現実が繋がってしまったのですね。最後に手を繋いで花道を去っていくという芝居を毎日やっている中で、これは現実かな、と。それと同時に、僕はちょうど30代を終えて、まもなく40歳を迎える時だったのです。

30代は全ての面でパーフェクトと当時言っていたのです。さて、40代はどうしようかと考えていた時の出会いだったのですね。それで40代は結婚だと僕は決めた。変にマスコミに追われたくもなかったので、3月14日の僕の40歳の誕生日に婚約発表をしたのです。

松尾　わずか2カ月のお付き合いですね。

五木　はい。堂々とその後の結婚までの付き合いができる、逃げ隠れしないで堂々と婚約時代を過ごしたいという思いがあったので早く発表したのです。結婚するにあたって、女優を続けながら僕の奥さんになるというのは、本人も2つはできない、だから結婚するのだったら女優をやめます、と。僕はその気持ちがとても嬉しかったです。松尾さんが言われたように、僕も当時の彼女の状況をよく知っていましたので感謝しました。

松尾　五木さんに憧れているファンの方からは何かありませんでしたか？

五木　もし結婚することになった時には誰よりも早くファンの皆さんに報告しますと言い続けていたのですよ。ところが、ある日突然新聞に出て、ファンクラブにも何の発表もなく、いきなりだったものですから、実はファンの人たちにものすごく怒られたのです。

松尾 それは大変でしたね。

五木 それがちょうど大阪の公演の途中で発表して、それから2週間くらい公演が続いたのですが、客席の雰囲気が変わりまして、黄色い声援が一瞬シーンとなってしまったのです。だからファンとしては、すごく怒っている、でもめでたい事だ、と大変複雑な思いにさせてしまったのも事実です。その時に救ってくれたのが子供の誕生だったのです。だからその子供のために、結婚に対してファンの人たちはやがて、認めて祝福してくれたのです。

松尾 子供の誕生で、ファンの側からすれば割り切れ、そういう事実を認めたわけですね。

五木 そうです。でも、あの時は本当に今まで感じた事がないほどの凄いプレッシャーを感じて、40代で結婚して、父親になり、家族を持ち、さあどう頑張っていくか大勝負でした。それまでは順調に来ましたので、初めて自分の考え方、能力、努力すべて含めて、これは頑張らなければいけないという事で必死になって働き、必死になって歌った10年間でした。

松尾 その年の暮れに、もう賞レースには出ないと宣言していますね。どうしてですか？

五木 頂けるものは頂くという思いは変わらないです。それを拒否したわけではないです。ただ、あの時代、賞レースという変な流れが出来てしまったのです。手を挙げて、このレースに参加します、このレースで戦いますという雰囲気の賞制度になっていったのです。だから僕は敢えて自ら手を挙げて戦う事はもうしません、勝手に何かくれるなら別に、と。そうしたら、途端に、レコードは売れているにもかかわらず賞はくれませんでした。これはもう見事なものです。だから手を挙げて参加するという意思表示をしないと賞はもらえないものだという事を知りました。賞レースそのものが、大衆の思いとその中での考え方との誤差がかなり出てきたのですよね。それに対して一度自分の中ではけじめをつけたかったのです。

松尾　それは結婚が一つの節目としてあるのですか。それとも歌手としての流れの中で当然の決断ですか？

五木　結婚ということよりも歌手としての流れですね。僕の中では全てやり尽くした感もありましたし、それと同時にいつまでもそういう中で自分が戦っていく事に対して、果たしてそれは本当に正しい事かという自問自答もありながら、結果的にはそこから引いた方が良いという結論に達して、そうしたわけです。

松尾　難しい事を敢えて選択したのですね。

五木　戦っている自分自身と、そこから一歩引いて生きていくという考え方は、大人になったかどうかという事とは別に、自分の中の本当の意味での正当な戦い方をしてきた、だから正当な戦い方をしていくための手段として、そういうところから自分は引く、と。だって紅白に出る事も、賞をとる事も、これはファンの皆さんが一つになって、一緒になってそこへ向かって、

2019年御園座公演

僕だけが戦っているのではなく、スタッフもファンも一緒になって戦ったわけですからね。その戦いから降りるという事は、何を目標にしていったら良いだろうということがファンの中にもあったわけです。結果的にはそういう僕の生き方に対して相変わらず正当に応援し、正当にヒットもさせ、正当に存在感そのものをしっかり守ってくれて今日に至っているのです。今、70歳になって振り返ると、結果的に40代の10年間が僕にとっては一番重要な10年間でした。3人の子供の父親になり、いい父親でありたい、歌手としても頑張らなければいけない。そういう意味ではその10年間はよく戦ったなと自分でも思いますね。

松尾　今、人間「五木ひろし」を凄く感じました。お話を伺っていると、子供たちへの父親としての思いが全部仕事の充実に結び付いていますね。

五木　歌手であり父親でありという二役を必死になってやりましたから。それこそどんなスケジュールよりも優先して3人の子供たちの学校のスケジュールを入れた10年間でした。だから、父母が参加しなければいけないものに対しては、僕が最もよく参加したという事でした。それは学校でも未だに語り草になっています。

福井美浜・少年時代・歌手への決意

松尾　それでは、お子さんの話が出たところで、今度は五木さんの子供時代、福井、美浜に話を移させて頂きます。子供時代の思い出を。

五木　自分が親になって、いい父親でありたい、いい家庭でありたいとの思いは、僕自身の子供時代の家庭環境が良くなかったからです。いつも夫婦喧嘩をしている両親を見る、あるいはおやじは出て行ってしまう、子供が1人残される。一番多感な少年時代は、おふくろと2人だけの寂しい生活で、僕の唯一の楽しみは歌を聴いて覚える事だけでした。だから僕が中学時代に描いた、おふくろと2人だけがいる抽象的な絵が今でも残っている。

松尾　ピカソのような、囲炉裏の絵ですね。

五木　あれがそのものなのです。おふくろが目の前にいるけれども、お互いに暗い。でも、僕の中に1本赤い炎が燃え上がっている。それは、このおふくろを何とか楽にさせてやりたいという思いで、歌が好きだった僕が歌手というものに対する夢を持つ、そして歌手になる大きなきっかけをつくってくれたのが貧しい暗い環境だったのです。

松尾　でも、当時はラジオしかない時代でしょう。ラジオで歌を覚えるというのは、なかなか1回では歌詞がわからないし、無理でしょう。

五木　もう新しい歌となると書く準備をして、当時の歌謡曲は4行から5行くらいの詞で、歌っている方々もとても言葉を大切にされて歌っていましたから、言葉がよく聞き取れるのですよ。1番を走り書きして、1番の歌詞を書いて、その歌詞をもとに2番、3番を1番の歌詞で歌って、1回でメロディーを覚えるのです。

松尾　ラジオを聴いて歌の歌詞を書く。普通では考えられないですね。

五木　一番大好きな時間でしたから。学校から帰ると、ラジオをつけて、誰々の新曲が流れてくると、書く準備をして、前の歌だったら一緒に合わせて歌って、そういうことで覚えた歌がその時代にもう数百曲あったわけです。昭和30年くらいから昭和35・36年というのはそれが僕の唯一の幸せなひとときだったのです。

松尾　だからそこが才能ですね。天才というか、変わり者というか。普通の子供は表で遊び回っていましたからね。

五木　もちろん普通の遊びもやっていましたよ。でもやっぱり歌を覚えたいという気持ちが強かったです。中学校に入った頃は、自分の知っている歌を口ずさみながら歩いているうちに3時間たってしまったとか4時間たってしまったということがしょっちゅうありました。歌が止まらないのです。その当時でもう40～50曲あるわけです。そうするとフルコーラス歌いながら歩いていると、30曲、40曲歌っていると数時間たってしまうわけです。学校から家に帰るつもりなのに、通り過ぎてずっと遠くまで行ってしまって、気がついたら今どこにいるのだろう…という事が何度もありました。音楽や歌を聴いている時間が一番僕にとっては至福のひときでした。だから歌のおかげで僕は家が暗くても貧しくてもぐれなかったですよ。もうひたすら歌手になる夢だけを思い描いていましたから。

松尾　将来は歌で生きていきたいと、小学生の頃に既に思っていたのですか？

五木　多分小学校1～2年生で決めていたと思います。5～6歳で歌い始めて、小学校1～2年生のときには歌手になると決めていました。普通はいろいろ変わりますよね。車掌さんになりたいとか運転手になりたいとか。僕はひたすら歌手ですよ。中学校に入ったときにはサイン

の練習をしていました。だから早く都会に出たかった。ＮＨＫのど自慢がもし田舎でやってい
たら、僕は絶対出ていました。うちの近くにはたまたま来なかったのです。

松尾　残念でしたね。のど自慢に出演していたら生き方が変わっていたかもしれないですね。

五木　そうですね。だから一刻も早く音楽の世界に入りたいと思って、たまたま姉が京都に就職でいたので中学卒業と同時に京都に行きました。それで京都の音楽学院に入って、歌や音楽の勉強を色々していく中でスカウトされて上京して、上原げんと先生の門下生になるわけです。

松尾　その時に夜間高校に通ったのでは？

五木　僕が上京した時に、げんと先生に高校には行った方が良いと言われて、明治大学付属中野高校の夜間に行く事になったのです。なぜ夜間だったのかというと、もう働いていましたから。それと同時に、昼間の学校だと坊主にならなければいけないのです。当時、高校生は皆坊主頭だったのです。歌手はそれができないから夜間にしか行けなかったのです。学校に通っている時に、僕はコンクールで優勝してプロ歌手としてデビューしました。

松尾　それがちょうど東京オリンピックの年ですね。

五木　昭和39年です。とんとん拍子ですよ。思ったとおり、歌手になれると思い込んでいましたから。コンクールでも優勝しましたし、これはもう自分の思い描いたとおりだ、と。
コロムビアレコードと専属契約をしました。それで翌年にレコードデビューするのです。だ

から16歳でプロ歌手になり、17歳でレコードデビュー。自分の夢がすべて実現したわけです。ところが、やはりヒット曲に関してはそううまくいかない事を実際プロになって初めて経験するわけです。テレビに出演して、それこそすぐにスターになれると思っていました。ところがそうではないという事を、ましてや当時は、まだ5社か6社くらいしかレコード会社がないのに、年間500~600人の新人歌手が出る時代でしたから。

松尾　そういう中で生き抜くのは大変ですよね。

五木　毎年500人ということは、5年もたてば2500人いるわけですよね。そこからわずか数曲しかヒット曲は生まれないから、確率は低いですよね。

松尾　当時はテレビの創成期で、全てが膨れ上がってきた時代ですね。

五木　次から次へと新人が出て、一歩出遅れるとどんどん置いていかれてしまう。そうするともうレコード会社を替えてやり直す。そこでも駄目だったらまた替わり、とレコード会社を転々としていく中で仕事も無くなりました。やむを得ず弾き語りの仕事をしたりして。最終的には「10週勝ち抜き全日本歌謡選手権」に挑んで新たなチャンスを掴んだのです。わずか5年か6年の話ですけれどね。

松尾　でも、逆に言うと、そこの苦労がまた活きている。

五木　だからそれが、「五木ひろし」です。それがなかったら僕は今日まで来ていないと思う。

松尾　そのとおりだと思います。

五木　僕はよく言うのです。げんと先生は若くして亡くなられて、五木ひろしが誕生する。げんと先生はきっとこう思っていたのではないかな。「きみ、まだもうちょっと勉強しなければ駄目だよ、それにはいろいろな経験をした方が良いよ」と。変な話、ライオンの親が子供を谷底に落として這い上がって来るのを待つかのような、敢えて数年間のそういう試練も僕に与えてくれたのだと。あの時代を経験したからこそ、僕は数年で天と地の一番底辺も知っているわけですよ。一番下を知って、それこそトップまで上り詰めようという距離はすごい距離ですよ。底辺の人とトップの人との差というのは、もう天国と地獄の差です。また僕はよく思ったのですが、スターになる人は実は最初からスターになるのです。だから当時、苦労したスターはあまりいなかった。下積みの経験とか、売れない時代を何年も過ごしているとか、何回も芸名を変えてスターなんていう人はまずいなかったのです。

松尾　石原裕次郎さんは、いきなりスターですね。

五木　それがスターというものなのです。輝いているからいきなりスターになれるわけです。僕みたいなケースは稀なのです。

松尾　そう言われるとそうですね。下からの積み上げがあって、今がある、五木さんは。

五木　それは大変稀なケースで、結果的には稀なケースを作ったから、その後にそういう歌手たちが何人も育ちましたね。

「ふるさと」への思い

松尾　ではここで福井に話を戻して、マラソン大会についてお話を伺います。マラソン大会は、ご結婚なさった時に第1回目をやっていますね。

五木　そうです。結婚した時の記念として町がそういう企画を持ってきたのです。当時の町長から、結婚の記念としてこういうことをやりたいと。それが『美浜・五木ひろしふるさとマラソン』。そこからスタートして、もう30年たったわけです。ふるさとと僕との関係は全ておふくろなのです。おふくろが存在する、おふくろが居るという事は、僕にとってみればそれがふるさとなのです。毎年、田舎に居るお

ふくろにも会えるし、帰省もできるし、墓参りもできる。そういう事を含めてふるさととの繋がりはおふくろを通してずっと持ってきたものなのです。

松尾　そこにお母さまの存在がある。

五木　もちろん。おふくろの存在が僕のふるさととの全てなのですよ。ですからマラソン大会を続けていた時に、おふくろが他界した。その時に僕はマラソン大会をやめようと思ったのです。おふくろが亡くなったことが僕にとっては辛すぎる。でも、僕の一番上の姉がおふくろの面倒をずっと見ていて、姉が今度はおふくろのかわりに実家を守ってくれることになり、おふくろから姉にバトンタッチしたのです。それから姉が続けていましたが、3年前に姉も亡くなりました。本当に実家はもう誰もいません。お墓参りに行くだけしかない田舎なのです。でも、そういう時に、あと数年で30回の記念の節目を迎えるということもあって、結局続けてきました。町長が今年で代わるので、これから何年続くかはわかりません。『美浜・五木ひろしふるさとマラソン』―そういう個人名がついているマラソン大会はごく少ないのです。だからこれはずっと残していきたいという町の思いはあるようです。

松尾　『九頭竜川』についてもお話を伺いたいのですが。

五木　おととしの紅白でも歌いましたが、どうしても紅白で歌いたかったのです。『九頭竜川』は自分のふるさととの歌ですから。『長良川艶歌』や『千曲川』は僕とは歌で繋がったご縁ですから、実際は直接的なご縁はないわけです。『夜明けのブルース』にしても愛媛県松山市の歌ですし。でも、『九頭竜川』は僕のふるさとの歌で、僕が紅白で歌うことをふるさとの皆も期待してくれていますから、歌わないわけにはいかない。だから何とかこの『九頭竜川』をと、しかもカラオケでも多くの人に歌われていましたから、そういうことで分かってくれて、歌えたのです。

松尾　福井出身の五木さんだからこそで、紅白が盛り上げると。

五木　今までそんなに自分のふるさとへの思いを語ったことはなかったのですが、これに関しては自分のふるさとの歌だから何としても歌わせてほしいと言って。

松尾　『九頭竜川』を聴いていると何となく五木さんが浮かんできます。五木さんの人生を表現していると理解していますが、歌う人は自分の人生と思っているかも。

五木　あれは作詞した下地亜記子さんがもうご自分の命をわかっていたのですよ。紅白では聴いていないのです。その前に亡くなっているのです。

松尾　ということは、発売した時は?

五木　いらっしゃいました。ところが、紅白の少し前に亡くなられたのです。だからあの歌の詞はもちろん僕の思いもあるのですけれども、下地さんの人生の最後の詞だったのです。いわゆる遺作ですから、下地さんに対してもこの歌を歌わせてほしい、追悼させてほしいとお願いして歌ったのです。
松尾　五木さんの歌には人生を考えさせる作品が多いと思います。昨年発表した『ＶＩＶＡ・ＬＡ・ＶＩＤＡ！～生きてるっていいね！～』という作品も、新しいリズムで生きる喜びを歌っている。五木さんの人間としての幅の広さを感じさせますね。
五木　これも年齢ですよ。
松尾　『九頭竜川』の作曲は五木さんご自身で？
五木　そうです。やはり詞というのは、そういう作詞家の思いは伝わるのです。僕はその詞を見た時に、つくれとその詞から命令されているかのようにつくりました。何か詞に力があるのですよ。そんな思いで書いていますから。
松尾　この詞は他の人には作曲させたくないとか？
五木　いや、そういう意味ではなくて、これはもう歌にしなければいけない、と。僕の中で詞をずっと読んでいた時に半分メロディーが浮かびましたから。そのくらい下地さんの人生への思い、命の思い、それが含まれていたのです。
松尾　『生きてるっていいね！』にもありますね。今、スペイン語の勉強と聞いていますが。
五木　結構歌われていますので、この歌のスペイン語バージョンもつくりました。２月に配信はしたのですが、シングルとしては日本語とスペイン語のカップリングでリリースします。

秋の舞台は・・・

松尾　ではこれからの話で、今年10月の明治座公演は何を？

五木　明治座は「歌・舞・奏」をやります。僕の歌手生活55周年記念の公演です。３部構成なのですが、タイトルのごとく、歌があり、舞いがあり、演奏がある。舞いがあるということは日舞があったり、洋舞があったり。奏というのは演奏するということです。ピアノを弾いたり、ギターを弾いたり、三味線を弾いたり、色々なことをトータルして「歌・舞・奏」という名前なのですが、それをどう表現するかということと、これはＮＨＫでもやってもらっていた「歌う！ＳＨＯＷ学校」を第２部でやるのですよ。さらに第３部はスペシャルゲストが１人、日替わりで来ますので、その人たちの歌も含めて一緒にやるという３幕目の構成です。

松尾　新しい演奏楽器は何かあるのですか。

五木　17～18種類やりましたので、さらにプラスアルファできるかどうかですね。

松尾　歌っていて、突然演奏する。相当練習するのですか？

五木　相当というほど練習はしないです。お琴にしてもピアノにしても、練習期間はそんなに長くないですけれども、結局全部頭の中に入れますのでね。

松尾　そこがすごいね。楽器だからそう簡単に音が出るとは思いませんが。

五木　そうですね。特にフルートとか吹く楽器は、瞬間息を止める。大変です。でも、来年1月はまた時代劇をやりますし、動くことに関しては全然問題ないですね。

松尾　五木さんは歌手であると同時に役者であり演出家であり、プロデューサーでもある。このプロデューサーの役割が、時代を充分に捉えての作品だと思います。

五木　五木ひろしをプロデュースすることほど大変な事はなく、こいつにどういう歌を歌わせてやろうかとか楽しみながら考えるのですが、そうするとありとあらゆる音楽を聴かなければ駄目なのです。だからロックであろうと何であろうと、それこそ映画も見に行きます。常に何かを見て何かを吸収していれば、何かがふっと浮かぶのです。何かをぐっと絞った時にヒントが浮かぶ。だから僕はなるべく人のものを見るようにしています。

松尾　刺激を受けて感動し、それがヒントで作品が生まれる。

五木　好きなのですよ。僕は本当にそういう意味では仕事ということよりも、歌、音楽というもの自体がもうすべてなのですよ。好きだから苦にならない。そんな好きな音楽と人生で出会うということは、こんなに幸せなことはないと思います。自分で歌っていて、あ、こんなにうまく歌えたと自分で感動しますから。

松尾　いいなあ。自分の歌に自分で涙したら、こんないいことはない。

五木　そんな幸せなことはないですよ。あ、今日もいい声が出た、これは気持ちよかったなと、自分がそう思うわけですから、当然聴いている人も思ってくれるわけではないですか。その日々というのは。

松尾　毎日、勝負を挑んでいる。気を抜かない努力を重ねている。

五木　これがなかったら僕は生きていけないです。

松尾　五木さんの原点ですね、音楽は。さいごに、ふるさとへの思いと、芸能生活55周年を迎えて、いま音楽・歌手を志す若者にアドバイス・メッセージを一言…

五木　『九頭竜川』のように、ふるさとの歌に更なる挑戦ができれば、その時は頑張ります。昨年、福井産の新しいお米『いちほまれ』発売時にイメージキャラクターを務めました。今度、何かの機会があれば努力したいと思います。

松尾　よろしくお願いします。

五木　私は、物心ついたころから歌が好きで、歌うことが好きで、比較的早い段階で将来の夢を歌手と決めていました。16歳でデビューは叶いましたが、なかなか芽が出ず、苦労した時期がしばらく続きました。それでも、夢をあきらめず、必ず歌手として成功し、大きな舞台に立って多くの人に自分の歌を聴いてもらいたいという夢を願い続け、念願かなって歌手として成功を収めることができました。

夢は見るもの、叶えるもの。叶えるために、夢は見るもの。

願い続けていれば、いつか必ず夢は叶います。

歌にどこまで人生を賭けられるか。歌をどこまで愛せるか。

この年になって、振り返って言えることは、歌に人生を賭けてきてよかったな、と心から思います。

若い人たちにも、その思いを強く持って頑張ってほしいです。人生は一度しかありません。やり直しはききません。たとえ思ったような結果が出なくとも、その頑張りは必ず人生の糧になります。できるだけのことをやって、悔いのない人生を送ってください。

松尾 ありがとうございました。

（五木プロモーション事務所にて）

テクノロジーと歩む、創造的な未来をイメージする

GMOクラウド株式会社
代表取締役社長
青山　満
Aoyama Mitsuru

福井には18歳まで住んでいた。大学時代から東京に暮らしているが、おいしい食や水、豊かな自然に恵まれた愛すべき故郷。たびたび帰省もしているが、いまでも時間があれば海とそこに沈む夕陽を見たくなって、ふらりと三國まで行く。昔は単線の電車に乗って訪れていたその町は、今も昔も変わらない灰色の町だ。近ごろはせいこガニを楽しみに帰省するせいか、冬に差し掛かる日本海の印象と相まって、風情ある町の情景が灰色のイメージとして心に残るのだ。さらにそのイメージを助長するのは、人が減ったなぁ、という現実感だろうか。人口減少・高齢社会の本格到来や労働力不足、多くの地方自治体が抱えている問題は、福井

もまた例外ではない。

東京ではＩＴ事業の会社を経営している。１９９６年に現事業を立ち上げ、インターネットの成長と加速とともに歩んできた。最近では事業領域をＩｏＴ（モノのインターネット）、ＡＩ（人工知能）に広げている。世界はいま、第４次産業革命とも呼ばれ、人工知能やロボットといった機械が産業を大きく変革していく時代に入っているのだ。

福井でも数年前より「福井県ＩｏＴ推進ラボ」を立ち上げ、地域企業へのＩｏＴの導入やウェアラブル（着用できる機器）についての研究を支援していると聞いた。たとえば、小浜市ではサバの養殖にＩｏＴを取り入れ、水温と餌の量など、漁業者の経験や勘に頼っていたノウハウをデータ化し、蓄積したデータを活用している。高齢化社会のなかで、人が伝え郷土の食や産業を支え続けていくのは簡単なことではない。そこでテクノロジーを使って補うという発想だ。また、福井といえば、他県にも知られている眼鏡生産で有名な鯖江がある。メガネフレームの国内シェアが96％という鯖江市には、ウェアラブル開発を支援。スマート眼鏡の開発に取り組んだ際に、副次的に見つかったのは、眼鏡の生産効率向上の課題だったそうだ。新たな取り組みが、現場の課題やニーズを発見するというケースもある。

こうした好事例からも、あらゆる産業で急速な対応が叫ばれているＩｏＴだが、一方で同推進ラボがとったアンケート結果では、二の足を踏んでいる現場の空気感が見てとれた。導入に関する障壁として「関心はあるが、活用する方法がわからない」、「メリット、費用対効果がわからない」という意見が半数以上を占めている。何をやったらいいかがわからない、そのうえお金がかかるのではないか、心配が先に立つ。なぜこうなるのか。

一つは、ＩｏＴ分野にはわかりやすく形になっているものが少ないこと。もう一つは、これからの福井の未来がイメージできないことに原因があるのではないか。

当社でサービス化しているＡＩを使った「hakaru.ai（ハカルエーアイ）byGMO」というものがある。その名の通り「測る・ＡＩ」として、製造工場やビルの管理などで使われている、アナログメーターやデジタルメーター、回転式メーターの点検業務を、ＡＩの技術を使って自動化するというものだ。点検担当者がメーターを目視で読み取り、手書きで紙台帳に記録をし、数値をパソコンで転記して管理する従来の現場で、hakaru.aiを利用すれば、点検者の仕事はメーターをスマートフォンで写真に撮るだけになる。その画像をＡＩが解析、ウェブ上の台帳に

hakaru.ai（ハカルエーアイ）byGMO のサービス概念

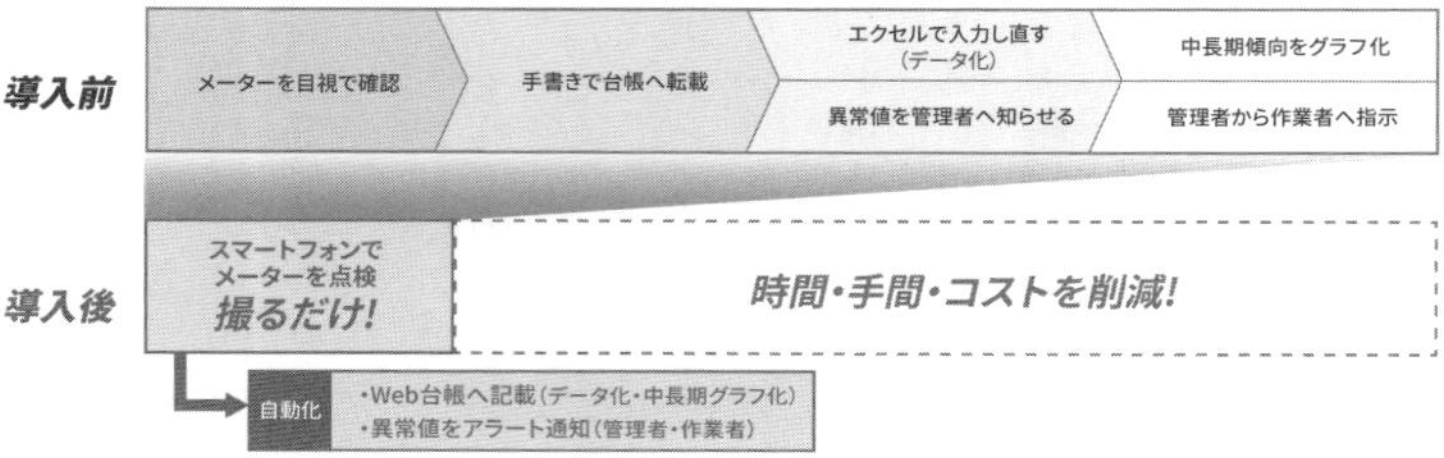

数値を自動的に書き込むことができる。

hakaru.aiのポイントは「メーター点検をラクにする」というコンセプトのもと、大きな初期投資なしに、現場の効率化を実現できるところにある。AIが補うのは、人間の作業負荷の一部だけだ。なにもテクノロジーを難しく考える必要はない。まずは、日常の仕事のなかにある課題を拾い上げることから始めてみてはいかがだろう。

ITの推進には、必ずしも専門家が県内にいる必要があるわけでもないが、最近は働き方改革でリモートワークなども実施されている。ぜひ県が率先してIT人材を呼び込む施策も進めてほしい。他県にはない思い切ったことを実現すれば必ず人材は集まってくる。

これからは変化の時代。現状がいつまで続くかは誰にもわからない。だからこそ、この先の人の暮らしがどう変わり、どのような未来が福井に用意されているのかを具体的に考えて、県民と共有してほしい。創造的な未来イメージにこそ、テクノロジーで人がゆたかに暮らせる、新しい福井を生み出す原動力があるのだから。

PROFILE
あおやま・みつる　1967年福井県福井市生まれ。大学卒業後、米国にてスノーボードメーカーを設立。自社ホームページを運営するなか、インターネットホスティングの将来性に魅力を感じホスティング事業を開始。1997年より株式会社アイル（現GMOクラウド株式会社）の代表取締役社長に就任し、インターネットを取り巻くセキュリティやソリューション事業を次々と展開。2011年よりクラウドサービスに本格参入。2014年東証一部上場。近年は、自社の強みを活かしAI・IoT事業へと挑戦の幅を広げている。

インバウンドを呼び込む
―歴史・ロマンの旅とアグリトゥーリズモ―

大和証券株式会社
顧問
安間匡明
Amma Masaaki

福井を訪ねる縁が始まってもう15年になる。神奈川の育ちの私だが、福井が好きだ。冬に県大の講義で訪れれば、解禁を待って三国で蟹も食べる。えちぜん鉄道に乗ると、晴れた日には車窓から福井平野に広がる田畑。いろんな色合いが滲《にじ》んできて美しい。風景に気持ちが寛《くつろ》ぎ、和《なご》やかになり、そのまま三国で風呂に入り休む。夏は地魚もいい。日本酒が好きだから、県内あちこちの居酒屋や酒蔵に何軒も廻った。小さな蔵は楽しみだ。どれも旨い。

老母を連れてきたこともある。あちこちと廻った。永平寺、一乗谷、丸岡城、吉崎御坊跡、真名川ダム、白山神社、雄島、東尋坊、越前松島、越前海岸、越前岬水仙ランド、恐竜博物館など。母は福井地元の人々との会話をとても楽しんだ。忘れていた日本史の痕《あと》も豊富にあって、ひとつひとつが面白い。越前大野城はまだなのでこれから楽しみだ。

ところが、福井は2017年の都道府県別の外国人訪問数調査ランキングで第45位（訪問率0.2パーセント）、島根や高知に次いで3番目に低かったと聞く。福井にはたくさんの魅力があるはずなのにどうしてなのだろう。

仕事で、外国人によく会う。フィリピンのある大臣は、日本が好きでいまや大都市以外に興味をお持ちのようだ。お会いするといつも私に日本人ならではのお勧めはどこだと聞かれる。最近では佐賀を楽しんでこられたと伺った。私たちが慣れ親しんでいる普通の農村・山村の風景や、有田焼、佐賀の料理と酒、そして地元の人々との会話を楽しまれたようだった。

アジアを含めほとんどの外国人は、歴史やその秘話が好きだ。日本史のなかに位置づけられる福井に外国人は引寄せられるはずだ。とすれば、例えば、5世紀まで遡り、越前育ちの大迹部皇子《おおどのみこと》（第26代の継体天皇）にも一役ご登場頂いてはどうか。最初の舞台は、いまの越前市味真野《あじまの》になるはずだ。その頃の皇室の祖先の系譜を簡単に説明し、朝鮮半島から持ち込まれた文化芸術の歴史や当時の百済《くだら》との関係などにも触れることができる。そして、10世紀初めの滅亡まで続いた渤海国との文化交流の歴史は敦賀にも残ると聞く。渤海と唐の関係改善後には、ほぼ詩文の交換のためだけに続いた200年にもわたる渤海と日本の交流の歴史がある。なんとおおらかな時代だろう。

外国人の多く、なかでも女性はラブストーリーが好きだ。継体天皇の若き日の恋人・照日前《てるひのまえ》にも登場してもらってはどうだろう。継体天皇が即位した大和の地で、照日前は、天皇の行列に出くわすものの、彼女が大事にしていた花籠は打ち落とされてしまう。照日前が若き日の皇子を思って謡い舞うさまは誰にとっても感動的なお話に違いない。照日前のイメージを理解してもらうために、上村松園《うえむらしょうえん》の『花筐《はながたみ》』（＝花籠の意）の絵（レプリカでも良い）を見てもらい、日本画と日本女性の素晴らしさを説明しよう。そこには、女性の美しさと恋に苛《さいな》まれた狂気がうごめいている。そして、次は『花筐』を書いた能の世界。世阿弥の登場だ。これを舞台か映像で再現できるはずだ。こんなふうにしてロマンのある歴史ドラマは描ける。

蟹や地魚を食べさせてあげたいなら、三国に行って、継体天皇が大きな湖から農地を切り開いた話で繋ぎ、三国神社に参ってもらおう。安島《あんとう》地区の雄島《おしま》には、継体天皇の母の祖先である磐衝別命《いわつきわけのみこと》を祀《まつ》る大湊神社もある。ロマンをさらに加えたければ、味真野に行く際に万葉集に触れよう。京都から流される中臣宅守《なかとみのやかもり》と京都で彼を思う狭野弟上娘子《さののおとがみのおとめ》にもご登場頂き、相聞歌についても解説する。福井の地で万葉の世界をロマンチックに語るのだ。

『花筐』は福井に原画がないが、本物の絵なら、県立美術館にある菱田春草の『落葉』も見落とせないので旅の途中に田原町までお連れしよう。これはできるだけ原画をお見せしたいところだ。福井の武家出身の岡倉天心が菱田春草を育てたと聞けば、この世のものとは思えないほど美しい『落葉』の絵もさらに印象深くなるだろう。もちろん、永平寺で岡倉天心の茶の湯の精神を学ぶ外国人向けの体験・説明会もいいと思う。

こうした歴史や言い伝えを題材に、古代の物語を含むストーリー性のある映画のビデオを作成する。1時間程度で、まずは英語・中国語・韓国語で作り、次に東南アジアの各国言語でもつくる。これには本物の日本画や能も登場する。解説者には、日本を研究している外国人研究者が登場して頂いたら良い。このビデオ視聴を起点にしたバスツアーやレンタカー利用者向けのお薦めマップを作り、それぞれの見学拠点要所には、現地でさらに詳しい秘話を語れるガイドを用意するのだ。もちろん、和菓子をお茶でもてなしたりしても良いが、必ず菓子の由来や市町村の歴史・産品を説明する。

もうひとつ。ヨーロッパで日本人に最も人気のある観光地であるイタリアから学べる気がする。具体的には、イタリアのアグリトゥーリズモ（英語ではアグリツーリズム）を日本風にアレンジするのだ。神戸夙川《しゅくがわ》学院大学の小磯学氏によれば、イタリアでは、１９６０年代半ば頃から始まったそうで、自然豊かな田園地帯の農家にじっくりと滞在して家主と語り合いながら、地元の料理を頂き、時に農家の作業を見学・体験することも含む贅沢な旅のことを言う。

BS日テレで『小さな村の物語　イタリア』という番組を週末に放映しているが、そこによく出てくるのでイメージがつかめるだろう。アグリトゥーリズモは、伝統的な食文化や食材を見直す「スローフード」運動や、地元産品を奨励し生活の質を求めてゆっくりと暮らす「チッタスロー」の運動とも密接なかかわりをもつとされている。これを日本人向けよりもむしろ外国人向けに福井でおこなってみてはどうだろう。とみつ金時、上庄里芋、越のルビー、らっきょう、若狭牛、越前がれいなどの地元食材をさまざまにアレンジして料理をふるまう。素朴な農家民宿のスタイルでも良い。また、宿泊施設をモダンにするために、古民家を改装したデラックス版も良いと思う。これなら、平野・山間のどこでも、自然のそのまま残る集落でもよい。地元の福井県民からしたら、何とも思わないような日常的な景色にも意外と外国人は魅せられることを私たちは案外気づいていない。そもそも外国人とは真の心のコミュニケーションが欠けていることが多いからだ。外国人旅行客の立場に身を置くと見える世界が違ってくるのだ。

3つめは、「渚泊《なぎさはく》」(漁港や漁村の滞在型旅行)だ。日経新聞によれば、引き網漁などの漁業体験、そして刺身・バーベキュー・煮つけ・あら汁などの料理をふんだんに取り入れた宿泊プラン、釣り人を釣りのあとそのまま帰さずに、水族館・海水浴場・温泉などでもてなすプランなどが熱海・直江津などで人気だという。鹿児島大学の佐野雅昭教授も、「海の観光は地域への経済効果が3倍近くと大きい」と指摘している。

ひとつ重要なのは、若い人たちがプロデューサーとして主役になり、顧客外国人との接点に入ることだ。お年寄りだけでは、外国人の世話はできない。間に入るコミュニケーションを支えることで、外国人も寛げるし、お年寄りも安心して世話ができる。

これ以外にも、福井は、外国人旅行客をもっと惹きつけられるプランがあると思う。現にそれだけのコンテンツがある。なぜなら福井にはずっと人が暮らしてきたからだ。やはり、「その土地にまつわる歴史」と「いま眼の前にいる人々の生の生活」だと思う。そして「伝統ある歴史」と「現在の生活」を繋げるあつらえが重要だ。そして、インバウンド観光客の大半はリピーターがターゲットだ。彼らは、東京はもちろん、大阪・京都・金沢だけでは満足できない。なぜなら、そこでは歴史的に著名な観光名所はあっても、自ら個人的に体験・実感することは意外とできない。混雑もある。ましてや、現代の日本人の生活に肌で触れる体験は簡単には手に入らない。

継体天皇が生まれたとされる滋賀県との連携もあってもいいと思う。滋賀は、訪問率27・5パーセントの京都府の観光インバウンドのおこぼれに与《あず》かっているように思われるかもしれない。かつては都もあった滋賀は京都に大きくは劣らないぐらいの多数の歴史的名所旧跡もあるからだ。だが、滋賀のインバウンド需要は未開拓で、訪問率は0.6パーセントにすぎない。滋賀から福井、福井から滋賀の流れを作っても良い。すると、大阪から金沢までがゴールデンルートして繋がれ、素通りリスクを回避できる。

外国人に日本の歴史のことをわかりやすく話すと本当に誰でもみな興味を示す。ただ、外国人は長い日本の歴史に詳しいわけではないので、史実を単純に並べて説明しても興味を惹かない。その出し方使い方が重要で、「ものがたり」にすることが大事だ。

数年前のある時、私は一枚の絵に無性に惹きつけられた。それが先に触れた『花筐《はながたみ》』の絵だ。作風が異色だった。松園の『序の舞』とは全く違う。いつしか何度も繰り返し見入っていた。狂気を漂わせていて、しかも、少し怪しく美しい、艶やかな着物をまとう若い女性。清らかさも兼ね備えているような雰囲気もある。足元にかれんに紅葉が描かれている。実はその時は、描かれた女性の物語を知らなかった。もちろん福井県の方なら誰でも知っているだろう。でも知らないひとは、丁寧に説明されたら、感動ものだ。外国人ならなおさらだろう。

私は、もともと散歩が好きで、特に山間の人里や、古くからあるような平地の集落を外から眺めるようにゆっくりと散策するのが好きだ。そこにこんもりと茂った神社や古墳、古池、小川があり、地元の人に会って話せればなお楽しい。知り合いの外国人も実は同じように感じると聞いている。

ターゲットとするのは、やはり、アジアからのお客様だ。中国・韓国・台湾・香港で訪日客のほぼ4分の3を占め、東南アジアを入れたら、85％を超えるのだから当然だ。そして、福井は、大阪・京都・金沢と競争するのではない。その旅を一通り終えて、さらに日本の歴史・文化・ロマンを深く知り・体験されたいお客様を十分に取り込むために、福井の潜在力を活かすのだ。そのためには、新たにモノ（名所）が必要なのではなく、既にある題材をもとに「ものがたり」をアレンジできる国際的な感覚をもち、特にアジア人に嗜好《しこう》を理解する一流のプロデューサーが必要だ。必要な人材は、福井出身者に限らない。ただ、最後に動かすことができるのはやはり福井の人。福井出身者なしのプロデュースはあり得ないことだけは明らかだ。福井の若い方々に期待している。

最後にもう一度データを見よう。2019年版観光白書によれば、訪日客は着実に三大都市圏を除く地方へ足を延ばしている。2018年には、地方訪問客は1800万人となり、三大都市圏のみを訪れる訪日客を約500万人上回った。地方での訪日客の消費額は2018年に1兆362億円となり、2015年比で58パーセント増となったらしい（日経報道）。地方で消費の上位には岐阜・大分・香川・広島もいる。彼らと競うのではなく、福井は、福井ならではの新しい独自の取り組みを示していけるはずだ。

PROFILE

あんま・まさあき　1960年大阪生まれ。神奈川県相模原市で小中高時代を過ごし京都大学卒業後、1982年日本輸出入銀行（現株式会社国際協力銀行）入行。英国留学、世界銀行理事室出向、大阪副支店長、経営企画部長、企画管理部門長等を経て、2017年取締役を退任。現在、大和証券株式会社顧問。2005年より福井県立大学にて講師・客員教授を務める。専門はプロジェクトファイナンス、インフラの官民連携（PPP）。

「日本のシリコンバレー」を目指せ
―教育県・福井のブランド化―

株式会社フジクラ
取締役社長
伊藤雅彦
Ito Masahiko

私は、実は高校卒業までの18年間しか福井県にはいなかった。しかし、その18年間は最も多感な時期で、人生に大きな影響を受けた。当社に入社し東京に出てきたが、私の友人や会社の関係者にいつも誇りを持って福井のことを語っている。福井県の県民性は私の自慢だ。人間が純朴、そして勤勉である。日本の中で幸福度がいちばん高いというデータもある。

また、福井は非常に教育に熱心な県で、小中学生全国体力調査で1位であるだけでなく、全国学力テストでも常に3位以内とのことである。東京のほうが刺激にあふれ学習の機会も豊富にありそうなものだが、福井のほうが学力は上である。基礎学力は非常に大事で、若い頃にどれだけ基礎学力を身につけているかでその後の生き方も変わってくる。これをなんとかブランド化できないものかと考えている。

ブランド化にあたってどういうアプローチがいいのか。例えば、今、私どもの会社フジクラでは「健康経営」を戦略の一つの軸に据えている。「社員が活き活きと働いている企業グループ」を目指し、心身の活性化および健康増進の取り組みを進めている。社員は心身ともに健康であればこそトップギアで走ることができ、決められた時間のなかで生産性を高め、成果を出すことができる。それが企業の生産性向上、収益改善につながる。

社員の健康診断のデータやアンケート調査の結果で非常に驚いたのは、いちばん肉体的に元気なはずの20代、30代の活性度が低いことだ。驚くかないちばん活性度が高いのは我々60代だった。60代の方の多くは退職してシニア雇用となり、自分たちの積み上げてきたキャリアを後輩に伝えていく。そしてそこに生きがいを見出す。また、若い時と違い、無茶なことはしなくなる。そうすると自然に活性度が高くなる。20代、30代というのは体が動くし無理もきく。私もその頃は徹夜で仕事をしていたが、それはそれでやりがいもあり楽しい時代だった。しかしやはり無理をすることが原因となって心身の健康を害し、また活性度が低くなる。それを取り除くことが社としての課題である。健康経営はフジクラのブランド化の一つと考えている。

一方、高齢化社会に直面するなかで、元気なまま最期を迎えられるかどうかは非常に大きな問題だ。現在本社がある江東区木場には、かつて深川工場があった。その跡地を再開発し、近隣住民はもとより多くの人々に楽しんでもらえるよう大型商業施設「深川ギャザリア」を建設し運営している。その中には、充実した医療・健康サービスを提供するクリニックやスポーツジムもある。「健康経営」を軸に、若い人の日々の生活パターンの改善に取り組んでいるが、これからやりたいのは、高齢の方々がここに来れば元気になる、活き活きする、健康になる、そういう街づくりをすることだ。実現すればこれもブランドになる。

この発想を教育県の福井に持ち込めないだろうか。福井の小中学生の学力・体力が日本の中で高いことは、全国に誇ることができるブランド力だ。ベースとなる基礎学力が高いか高くないかは生まれ育った環境に左右される。小中学校の間の、まさに人間の土台をつくる時期の教育は非常に重要であると思う。小中学校時代を福井で過ごすことで優れた人物に育つ。そうした「人物輩出県・福井」というブランドを提案したい。学力・体力が高いという客観的事実を誘引材料に広くアピールすれば、3年なり6年なり子どもたちを福井で育てようと思う人が出てくるかもしれない。そうなれば若年層が増え、教育県としてのブランド価値もさらに上がるはずだ。人材教育は基本中の基本。読み書きだけではなく人間的な倫理観、道徳も含めてしっかりと育ててくれる県だから、数年福井に預ければ、立派な人間になって帰って来る。そうした夢があっていいのではないか。教育ナンバーワンのブランドを使わない手はない。

もう一つ、人口10万人当たりの社長輩出の割合も福井は30年以上連続トップだ。メガネや繊維関連という地場産業の中で、ベンチャー的な素養を育てることができる県なのかもしれない。規模は小さいが、いろいろな事業を、一代で築き上げている方が多い。まさしくその方々はベンチャーの意欲を持った方々だ。

ベンチャー企業が育つベースには教育県・福井があり、かつ、その志を遂《と》げる気持ちが育つ環境がある。そう考えると、アメリカ西海岸のスタンフォード大学とシリコンバレーというような関係が福井でもできるのではないか、そうなればすごいことになる。多くのベンチャー企業が興《おこ》り、かつ、ベンチャー企業を守るコミュニティーがそこにある福井には「日本のシリコンバレー」になることができる素地が十分にあると思う。

私どもの会社では、福井工業高等専門学校出身の方々が多く活躍しているが、高専卒の方々は概して勤勉な印象だ。高専の教員のお話を伺っても勤勉さが一番の強みだとおっしゃる。そういう方々が私どものような一般企業で社会勉強をした上で、地元にリターンしてベンチャー企業を立ち上げることも十分に考えることができる。

福井イコール社長輩出ナンバーワン、学力・体力ナンバーワン、ここはぜひ強みにしていただきたい。インバウンドで福井に観光客を呼び込むことも、少子高齢化時代に対応した一つの手だとは思う。しかし、福井には観光だけでない、福井ならではの、福井だけにしかないユニークなセールスポイントがある。それをもっと活用するマインドがあってもいいのではないか。若い時に福井で教育を受けることで、高い学習意欲、あるいは優れた人間性を身につけることができる。そうしたところをもう一つの高尚なブランドとして活かしてほしい。

仕掛けをして回り始めれば、評判が評判を呼ぶはずだ。教育県としての体制があるのだから、体験学習のようなことを始めれば、口コミで広がるはずだ。「日本のシリコンバレー」になるためのハードルは高いだろうが、ベースとなる教育の部分がブランドとして定着してくれれば、いろいろな業界の方々からの関心は高まり、支援も当然出てくるはずで、その可能性は大きく広がっていくと思う。

（本稿はインタビューをもとに編集したものです。）

PROFILE

いとう・まさひこ　1957年福井県武生市（現越前市）生まれ。1976年福井県立武生高校卒業。1982年静岡大学大学院工学研究科無機合成化学専攻修了、同年藤倉電線株式会社（現株式会社フジクラ）入社。2014年常務執行役員就任を経て2016年より取締役社長就任。座右の銘は「和を以て貴しとなす」で、よく語り合い、互いにしっかりと理解を深め、納得して物事を進めることを大切にしている。「社員が財産である」ということを強く意識し目標に向けて全員でチームとなって邁進する経営を目指す。

もう一つのオンリー・ワンを
―恐竜博物館に続くFUKUIの魅力発信―

一般社団法人共同通信社
編集局長
井原康宏
Ibara Yasuhiro

北陸新幹線の開業準備が進むＪＲ福井駅。東口を車で出発し、北陸自動車道・福井北インター付近を経て、勝山街道を東へ。永平寺町役場（旧松岡町役場と言った方がなじみがある）前を通り、鳴鹿《なるこ》橋を渡ると、視界が開け、九頭竜川の滔々《とうとう》たる流れを一望にできる。九頭竜川を右手に見ながらさらに東へ。左手には浄法寺山が間近に迫る。福井市内から見る冬の浄法寺山は、白銀に輝き、神々しいばかりである。勝山市の市街地に入る手前を左折してしばらく行くと、銀色のドーム型の建物が目の前に飛び込んでくる。福井県立恐竜博物館だ。

世界有数の博物館として高い集客力を誇る。が、ＦＵＫＵＩの魅力を世界に発信するためには、もう一つの「オンリー・ワン」が欲しい。

◆恐竜のメッカ

1982年に勝山市北谷で中生代白亜紀前期のワニ類の化石が見つかり、その後の調査で恐竜をはじめ多数の脊椎動物の化石が発見された。その規模は日本で発見された恐竜化石の大部分を占め、KATSUYAMA（勝山）は「恐竜化石のメッカ」とも言える地になった。2000年7月に恐竜博物館がオープンし、今や年間90万人近い入場者を数える。北陸新幹線の敦賀延伸後は、年間100万人超も見込めるだろう。

恐竜の化石を展示する博物館は少なくない。化石の恐竜やマンモスが夜になると動き出す、映画『ナイトミュージアム』の舞台となったのは米ニューヨークのアメリカ自然史博物館だ。県立恐竜博物館は恐竜の化石の展示ではこの自然史博物館を大きく上回り、カナダ・アルバータ州のロイヤルティレル古生物学博物館、中国・四川省の自貢恐竜博物館と並んで、世界三大恐竜博物館と位置づけられる。

まさに日本国内のみならず、世界的に見てもオンリー・ワンの施設である。子どもの恐竜への関心は時代や国境を超えて変わらないものだろう。かつて人類と同じようにこの地球上に生息し、巨大隕石の衝突をきっかけに絶滅したという生命の不思議さへの興味は尽きない。人類も同じ運命をたどるのではないかという潜在的な不安は大人をも共感させる。消費者の指向が「もの」から「こと」へ移る時代にあって、太古の歴史を知り、思いをはせることのできる貴重な博物館である。

ＪＲ福井駅前は巨大な恐竜モニュメントが来訪者に強烈な印象を与える。駅構内には「恐竜」と並んで座って写真を撮れるベンチもある。地元の友人は「ちょっとやりすぎ」と顔をしかめるが、もっともっと恐竜を打ち出していいと思う。現在、ＪＲ福井―金沢間に恐竜（英語でダイナソー）をもじった特急ダイナスター号が1日3往復運行している。北陸新幹線延伸後は廃止になるだろうから、この際福井駅を「ダイナソー福井」駅と改称してもいい。外国人観光客を引き付けるためにも有効だろう。

しかし恐竜博物館だけでは、世界から人を呼ぶには物足りない。もう一つのオンリー・ワンを。それはやはり最大の福井の魅力である「食」だろう。

◆ブランド力

福井の食といえば、おろしそば、ソースかつ、焼き鯖寿司、小鯛の笹漬けなど数多くあるが、究極はカニ料理だろう。

2016年から2年間、名古屋で勤務したが、毎年冬になると名古屋から越前海岸へカニを食べに行くのを楽しみにしているという人にたくさん出会った。関西方面も同様だろう。北陸新幹線が延伸され、福井と首都圏が直結すれば、首都圏からも人を呼べる。

越前ガニは地元漁業者や漁協、自治体の努力で、ブランド化に成功した。「福井で越前ガニを食べる」は今や贅沢の一つといえよう。

そこで越前海岸に沿って走る、あわら市~南越前町の国道305号、南越前町~敦賀市内の国道8号を、世界に誇るカニ料理のメッカにすれば、もう一つのオンリー・ワンになるのではないか。もちろんカニ漁の解禁期である11月から3月まで限定ではあるが、だからこそ価値が高いとも言える。しかも巨大ホテルなどレジャー施設ではなく、今と同じような料理旅館や料理屋、民宿中心がいい。

併せて、カニの資源保護にも努力してほしいし、観光客が見学できる施設もあったらいい。

世界にはその国に行って食べてみたい料理がある。日本のお寿司もその一つだろう。北京に行ったら北京ダック、韓国ならプルコギ、台湾は小籠包、イタリアならパスタ。カニ料理で言えば、カニをチリソースで炒めたシンガポールのチリクラブも現地で食べたい料理の一つだ。日本海の冬限定の味覚である越前ガニはこれらに匹敵する魅力を持つと思う。

越前海岸はその景観が素晴らしい。福井市の実家に帰る度、両親と車で越前海岸を訪れる。海岸線の美しさだけでなく、夕陽が海に沈む雄大さ、温泉、カニに限らず豊富な魚料理、もみわかめはご飯が進む、魚のすり身をその場で揚げたかまぼこは絶品だ。福井市内は雪が深くても、越前海岸は少ない。北陸新幹線で東京から3時間程度。新大阪まで全線開業すれば、大阪から1時間もかからない。福井、南越、敦賀のいずれの駅からも越前海岸まで1時間以内で到達する。

福井の魅力は可能性にあふれている。

PROFILE

いはら・やすひろ　1960（昭和35）年10月、福井市生まれ。県立藤島高校、横浜国立大学卒業。1983年に一般社団法人共同通信社入社。神戸支局などを経て1991年から本社編集局政治部。自民党、首相官邸、外務省などを担当し、1998年12月から２年間、ワシントン支局。帰国後、政治部デスクなどを経て2010年から2012年まで政治部長。総務局長、名古屋支社長を経て、2018年10月から編集局長。

福井と海外をダイレクトに結ぶ

ピアニスト
大阪芸術大学演奏学科准教授
今川　裕代
Imagawa Hiroyo

◆留学経験を踏まえて

私は、仁愛女子高校音楽科在籍時に、アンドレ・マルシャン教授のレッスンを受講する機会があり「ドイツでピアノの勉強をしてみないか」とお誘いを受けたことを契機に、高校卒業後、ドイツへ留学しました。シュトゥットガルト国立音楽大学に4年間、オーストリアのザルツブルク・モーツァルテウム国立音楽大学院に4年間在籍し、大学院修了後もヨーロッパに留まり芸術家ビザを取得しフリーの演奏家として活動していました。その後日本での演奏機会も増え、ヨーロッパと日本で音楽活動を続け現在に至っています。

郷里である福井では、コンサートだけでなく、コンクールの審査員やアドバイザーとしても関わっています。また、若狭町にあるパレア若狭というホールの主催で、子どもたちに定期的にピアノの指導をして、ステージで共演するといったこともしています。

学校訪問もさせていただいており、若狭町内の小学校には年1回ほど訪問し、体育館でコンサートを開催し、ピアノの仕組みやクラシック音楽の魅力を伝えたり、いっしょに合唱をしたりといったことをしています。福井県の事業「ふるさと先生」では、昨秋に若狭高校と若狭東高校で授業をさせていただきました。

私自身の経験から、専門分野においては良い先生との出会いがいかに大切かということを実感しています。先生との出会いによってその後

コンサートに向けてレッスンを受ける受講生

が大きく変わります。もちろん地元にはすばらしい先生がたくさんいらっしゃいます。そこでの私の役割は私が海外で吸収したことを子どもたちに伝えることにあり、そうしたいという思いはヨーロッパで演奏活動をしているときよりずっと持ち続けておりました。地元でこういう機会をいただいていることを感謝するとともに本当に幸せな気持ちでおります。草の根の音楽活動は、音楽の裾野を拡げるとともに、早い時期から音楽の楽しさ、素晴らしさに触れる機会を持つことでもあります。これからも生まれ育った故郷、福井で音楽を通して貢献できればと考えております。

◆「世界と福井」の視点を持つこと

「東京と福井」を比較する話はよく聞きますが、私にはあまりその視点はなく、やはり「世界と福井」のほうが大事ではないかと思っています。

ドイツやオーストリアに住んでいたとき、現地の方のアジアやアジアの文化に対する関心の高さを感じていました。福井の漆塗りをお土産として持参すると大変感激されました。ヨーロッパの方々はクオリティの高いものに対する感覚、審美眼は非常に鋭いものがあります。現在、若者の間で日本ブームがひろがり、日本の食や文化に対する関心のみならず日本に行きたいという人が数多くいます。また、東京のような大都市だけではなく、自然や文化が多く残る地方への興味も非常に高いです。ヨーロッパの大学生は、日本のように4年間大学に通って卒業したらすぐに就職するという形をとらず、比較的長い間学生として過ごし、その後も就職するまでに1年間くらい海外などを放浪し、それから自分の人生の進路を決めるというゆったりとした人生を送っています。機会があれば観光だけではなくて半年間なり1年間なり滞在したいという方も多いと聞いております。また職務のある人も、年1か月ほどある休暇を利用して、家族を連れて新たな経験を積むアクティブな長期休暇を過ごす人が多いです。そういう方々が福井に来て、福井の地元の人たちと交流ができればよいと考えます。福井には、禅宗の永平寺があったり、越前打刃物、漆塗り、越前和紙など名所旧跡や伝統工芸品などがあったりと、日本好きな人たちが喜ぶような素晴らしい文化があります。学生だけでなく、例えばマイスター(編集注:ドイツ語圏の高等職業能力資格認定制度で、ドイツのほか、オーストリア、ベルギー、スイスにも同様の制度が存在する)の方たちにも来ていただいて、何か福井の文化を学び、彼らがヨーロッパでの専門分野を日本人に紹介すれば、素晴らしい交流になるのではないかと思います。それによって、福井県人だけでなく、日本国内からもそのような海外の技術を学びたいという人が多く福井へ足を運ぶかもしれません。

◆交流を長く続けていく

このような取り組みは、カルチャースクールのように単発的ではなく、もっと本格的・専門的に、そして継続していくことでさらにその先にひろがりのある展望が見えてくると思います。

行政がそのプラットフォームをつくることも重要ですが、例えば、越前打刃物の業界団体が中心となってドイツの同業者と交流や技術の交換をしたり、民間が積極的に動いていくことも考えられます。日本酒の醸造とドイツビールの醸造、福井の自動車部品メーカーとドイツの自動車メーカーなど、特にドイツは伝統産業や技術力の面で日本とよく似た環境にあると思いますので、さまざまな分野での展開ができそうです。

そういうことを続けて、長期的にいろいろなコネクションをつくっていくことで、海外の企業を誘致したり、福井の製品がもっと海外に出て行くようになったりと、ビジネスにもつながり、さらなる広がりをみせるのではないかと思います。また、そのような活動が、県外の企業や観光にも魅力的になれば、経済効果が高くなります。いずれにしても費用も人手もかかることですので、ビジネスの視点も忘れてはいけないと考えます。

それと同時に、文化面での交流も大切です。例えば、いま福井では県の文化振興事業団による育成事業として、県内の小学5年生全員が参加する「ふれあい文化子どもスクール　オーケストラと子どもたちのふれあいコンサート」や、「福井ジュニア弦楽アンサンブル・セミナー」といったプログラムがあります。こういった面でも、ヨーロッパから来た人たちを通して、欧米のユースオーケストラと共演するとか、そういったことにもつながると嬉しく思います。

これからは、「福井と東京」ではなくて、ダイレクトに海外とのつながりをつくっていく時代です。「ＦＵＫＵＩ」というブランドをつくり、国外で高まる日本への興味を福井へ導きこむチャンスをつかむことができると思います。福井県や市町村も、姉妹都市などの関係で交流がありますので、そういうつながりを契機として国と都市の交流が進んでいけばよいのではないかと思います。私も音楽家としての活動を通じて、福井と海外を結ぶ懸け橋になっていきたいと願っています。

（本稿はインタビューをもとに編集したものです。）

PROFILE

いまがわ・ひろよ　ピアニスト。大阪芸術大学演奏学科准教授、および東京音楽大学指揮科特別アドヴァイザー。シュトゥットガルト国立音楽大学、ザルツブルク・モーツァルテウム国立音楽大学院首席卒業。在学中より欧州各地で演奏活動を行う。数々の国際コンクール入賞後、N響、東京フィル、新日本フィル、ドルトムント・フィル、チェコ国立ブルノフィル等の共演をはじめ、ソロ、室内楽、アウトリーチなど、幅広く活動を展開。多彩な音色と繊細な抒情性、洗練された音楽性が内外で高く評価されている。

福井の将来は絶対に明るい5つの理由

WIPジャパン株式会社
代表取締役会長
上田 輝彦
Ueda Teruhiko

◆元々福井は日本の最先端地域だった

北陸地方は越国（こしのくに、高志・古志とも書く）と呼ばれ、越前国の首都が武生（現越前市）にあったことをご存知かと思います。越国は、現在の敦賀から越後（新潟）、山形県庄内地方にまで至る巨大な国で、加賀も能登も包括していました。「古志」「武生」という名は渡来人の名前という説もあり、武生には渡来中国人医師の町があったともいわれています。

福井は「ミニ中国（朝鮮）」であったという言い方もできそうです。なぜなら、当時の先進技術が今でも集約しているからです。武生近辺には今も30キロ圏内に、越前焼、越前和紙、越前漆器、越前打刃物などの産地が集積しており、絹織物も2～3世紀に中国大陸から伝わったとされています。

当時の大陸は戦争ばかりしていた時期であったため、かなりの数の人が海を渡って日本に亡命してきたことでしょう。こうした人たちが、いずれまた大陸に戻って国を再興しようと集まって力を蓄えていたのではないかと思います。そのため、医学、科学、宗教、文学、菓子作りなど、非常に多くの外来文化が伝承されています。そういう意味で、日本の最初の都会であったといえると思います。

他にも、白峰村（旧牛首村）には牛や馬の生首を神に捧げる祭りが大昔にあったようですが、これは大陸の風習でしょう。嶺北に日野川という川がありますが、昔は叔羅川（しくらがわ、しらきがわ）、「白鬼女川（しらきじょがわ、しらきめがわ）」と呼ばれていました。敦賀には白木という地名もあり、今庄には新羅神社が今でもあります。いずれも「新羅（しらぎ）」との関わりを感じさせる名前です。

◆福井のここがすごい！

「福井に魅力はありますか？」と問われると、地元の人の多くは、福井を非常に低く評価します。福井にいる福井人は、辺境意識が強く、自分たちは端っこにいる意識が強いことがその原因だと思います。しかし、福井人は福井の潜在力に気づいていないだけ。これが私の考えです。福井人が福井の潜在力に気づき、よく知り、磨いていけば、福井の将来は絶対に明るい、と私は思っています。以下、５つの視点で福井の「すごさ」をお話ししていきます。

(1) すごいぞ！ 福井の文化

私は東京に20年、大阪に12年、イギリスに2年、京都に1年、福井に18年住みましたが、東京、大阪、京都は「普通の日本」ではなく非常に特殊な地域であると感じています。「普通の日本」には、里山があって、大きな家に三世代が大家族で住んでいて、水田風景が広がり、昔ながらの米作を行っていて、共働きで皆で働く文化がある地域…、それはそのまま福井にあてはまります。

そして福井は仏教王国です。真宗十派のうち４つの大本山が福井にあり、お仏壇がこれほど大切にされる地域は珍しいと思います。結婚の際も、嫁入り道具をいっぱい持たされた花嫁行列が村を練り歩いて、村の人がそれを見物する。お嫁さんが来たときは一家総出でお餅やお菓子を屋根からまく。今は殆どなくなっていると思いますが、少なくとも私が子どもの頃はそういう風習が残っていました。

また、世界一の豪雪地帯でもあり、平野部でこれだけ雪が降るのは世界的にまれです。その中で最南端の福井は、四季が世界で最も豊かではないかと思っています。四季がこれだけくっきりしていて、水もおいしい。やはりこういうところに、私が思う伝統的な日本があると思っています。幸福度日本一の地域でもありますので、いわゆる保守本流・伝統的な古きよき日本の最大公約数が福井に凝縮されているといっても全く過言ではありません。

(2) すごいぞ！ 福井の歴史

邪馬台国＝越前説というものがあります。トンデモ説といわれることもありますが、意外と有力な説ではないかと個人的には思っています。もともと邪馬台国というのは、3世紀頃に卑弥呼という女王が概ね30の衛星国を従えて君臨していたと魏志倭人伝に記述された国名ですが、その魏志倭人伝（写本）には、「邪馬臺（台の旧字体）」ではなく「邪馬壹国」と記されています。「壹」は「壱」の旧字体で、「臺」とかなり似ています。「邪馬臺国」という記述になったのは5世紀に書かれた後漢書なので、この時点で書き間違いの可能性が高いと思われます。本来は魏志倭人伝の「邪馬壹国」であり、「壹（壱）」は「イー」「エー」と読んだのではないか、「ジャ・バ・イー」→「シャ・バ・イ」→「シャ・バ・エ」→「サバエ」（＝鯖江）のことではないかという説です。

同じく魏志倭人伝に、「投馬国から水行十日・陸行一月」という記述があります。この解釈をめぐっては、畿内説と越前説があって、畿内説が有力といわれています。畿内説というのは、「海で10日＋陸で1か月」という解釈です。投馬を出雲あたりと推定すると、敦賀あたりに10日で行き、陸でずっと南に向かって大和国に至るというのが畿内説。そうではなくて、「海で行くと10日、陸で行くと1か月」と解釈するのが越前説です。越前海岸は、ちょうど日本海の海流に乗ると非常に到達しやすい場所であることは皆さんもご存知でしょう。ロシア船籍のタンカー事故のときに、流出した重油が一斉に越前海岸に漂着しました。戦前には、旧日本海軍の特務艦「関東」が河野村に座礁したことがあります。軍艦でさえ越前海岸に漂着してしまうのです。

俗に越前富士と呼ばれている日野山は、海から見たときに、非常に良い目印になるそうです。継体天皇が武生に住んでおられた頃に、太陽と火の神を拝むために日野山に登ったという記録があります。日野山とは「陽の山」「火の山」であり、「陽の神子」「火の神子」だから「卑弥呼」ではないか、継体天皇は卑弥呼の子孫であり邪馬台国王統の後継であるから「継體（体）」という諡号が贈られたともいわれています。その頃、武生から見て太陽が昇る方向、大野に伊勢神宮が一時期鎮座していました。今でも大野には伊勢という地名が残っています。その後、継体天皇が奈良・明日香村に入った後、そこから見て太陽が昇る方向に伊勢神宮が移設されました。

他にも紹介したい話がいろいろとあるのですが、このあたりのことは調べてみると、興味深い話がたくさん出てきます。

(3) すごいぞ！　福井のネットワーク

姉妹都市・友好都市といわれても、皆さん、普段あまり意識はしていないと思いますが、実は福井はいろいろなネットワークを持っています。

まずは、福井県と中国・浙江省の友好提携が挙げられます。13世紀のはじめ、永平寺を開山した道元禅師は、浙江省の寧波市で禅の修行を行いました。また、浙江省出身の文豪魯迅は、福井出身の藤野厳九郎を生涯の師と敬愛し、『藤野先生』という作品を著しました。こうした関係もあり、約30年前に浙江省と友好提携協定を結びました。現在の浙江省は人口が約５４０0万人にまで増えています。さらに、ドイツのニーダーザクセン州ハールブルク郡と同州ヴィンゼン市の三者間で友好提携を結び、交流が行われています。

福井市は浙江省の杭州市と友好都市関係にあり交流を深めています。両者はそれぞれ県都と省都であり、繊維産業が盛んという共通点もあります。さらに、韓国の水原（スウォン）と友好都市関係、アメリカ・カリフォルニア州のフラトン市、ニュージャージー州のニューブランズウィック市とは姉妹都市関係にあります。水原（スウォン）はソウルから30キロくらい、フラトンはロサンゼルスから20キロくらい、ニューブランズウィックはニューヨークから40キロくらいと、巨大都市のすぐ近郊、敦賀・小浜間の距離より近い場所にあるという点で共通しています。

こういった姉妹都市・友好都市のネットワークをフル活用して、こうした巨大都市マーケットを福井産品の市場にしていくというのは、もっと考えていいのではないかと思います。

(4) すごいぞ！ 福井の起業マインド

ご存知のように、福井県は人口10万人当たりの社長輩出数が36年連続日本一で、越前詐欺という言葉があるように、非常に商売がうまい、商才に長けている人が多いという素地があります。福井出身で山善を興した山本猛夫さんをモデルにした『どてらい男（やつ）』というテレビドラマが昔ありました。世界最古の財閥である住友財閥の家祖・住友政友は、柴田勝家に仕えた武士の次男で、丸岡の生まれです。江戸時代の大野屋は、大野藩が財政赤字で大変だった頃に、特産物を全国に売ろうということで、藩営の取次店を全国37店舗、西洋式帆船の大野丸をつくって、北海道のものを大阪はじめ全国に売り歩いていました。大野屋が今残っていたら大変な商社になっていたと思います。松平春嶽公はアメリカ産のりんごの苗木を入手し江戸藩邸で植え付けをしました。後に、そのりんごの苗木が津軽の商人の手に渡り、青森はりんごの生産量日本一になっています。ちなみに春獄公は日本で初めて自転車に乗ったといわれ、その自転車を組み立てたのは福井藩士の佐々木権六です。このように、歴史的に見て福井には進取の気風があり、商売に関するさまざまなエピソードが残っています。

「実は福井の技」というサイトによると、福井の企業で世界ナンバーワンのシェアを持っているのが16社、国内ナンバーワンのシェアをもっているのが54社もあります。商売のうまさ、起業マインドの高さはこういった数字にも表れています。

(5) すごいぞ！　福井の物流

福井県は、本州のど真ん中に位置し、インバウンドに強い京都や金沢に近いという地理的な利点もある場所です。かつては北前船で関西・沖縄・北海道を往復しながらモノを販売していました。東京・新橋から敦賀港まで鉄道で来て、その後ウラジオストクに行き、ヨーロッパに行くというルートで、非常にたくさんの人やモノが行き交っていた時期もありますし、国際郵便の大半が敦賀港から出ていた時期もありました。

日本海というのは、半島や中国から出た海流がちょうどぶつかるような流れになっていて、昔の高速ルート、大陸からの玄関口であり、満州があった頃の物流の中心でもありました。今後、北朝鮮がもし最終的に開国すると、世界で最も労働コストの安い国が登場することになり、日本から相当な投資が入り、モノが日本海を渡って敦賀経由でどんどんと関西・中京・東京に入ってくることになるでしょう。日本海側の幕開けとなり、日本の物流も大きく変わります。

◆世界と日本に福井の魅力を届けると、ヒト・モノ・情報が集まり、おカネが集まる

以上、お話ししたように、福井は元々、ヒト・モノ・技術が海外から集まっていた地域です。しかし、福井の人はそのことをあまり知りませんし、福井の潜在力にあまり気づいていません。福井人が福井への評価を高くすること、福井に誇りを持つこと、辺境意識を捨てること、こうしたことが大事ですし、こうしたことを伝え教えることも大事だと思います。

歴史的な話もいろいろとしましたが、歴史というのは、古今東西、そもそも我田引水なのです。古代になればなるほど真実はわからず、正解はなく、どれが正しいかということでもありません。ただ、こうした説があるということを知って、活用できるものは活用し、福井にもっと多くの人が来るような工夫をするといいと思っています。

昔の寺子屋では、まずは漢数字を覚えさせ、次に自分の名前の由来や家系を教え、その次に郷土の地名の由来など一生懸命に教えていたといいます。自分の住む地域や先祖のことを知る

ことで、「お前のところすごいな」とお互いにいえる関係というのが、個人同士でも、地域同士でも、国同士でも大切だと思っています。

地元の人こそもっと福井を知るべきです。こういう説があるということだけでも知ってほしいと思います。それが、福井人が福井に対する評価を上げる一番の根本だと思っています。

メーテルリンクの青い鳥は実は身近にあって、貴重なものは実は地元にあるのです。世界と日本に福井の貴重な魅力をもっと届けませんか。

（本稿はインタビューをもとに編集したものです。）

PROFILE

うえだ・てるひこ　福井市・兼業農家出身。上智大学（法学部）在学中、欧州各国や中国等を跋渉、その後、住友銀行（大阪）、英国ケンブリッジ大学大学院留学（歴史学部）を経てWIP創業。オリンピック関連調査を端緒として、多言語および海外市場を対象にした事業のみに特化し現在に至る。「グローバルビジネスほど面白いものはない」が信条。WIPジャパン株式会社代表取締役会長、一般社団法人クールジャパン協議会（クールジャパンアワード）専務理事、東京福井県人会理事。

学術・サイエンスと観光の旅程モデル

公益財団法人腸内細菌学会 総務主幹
株式会社ヤクルト本社中央研究所 客員研究員
梅﨑良則
Umesaki Yoshinori

嶺北地区にも嶺南地区にも存在する科学的に価値ある自然遺産と郷土の食を基盤に、学術活動・サイエンスの体験と観光を組み合わせた旅程モデルを考案し、人々の生活を豊かにする県づくりをめざす。

私は今、現役を退き東京で暮らしています。生まれは大野市、小学校から高校まで三方町（現若狭町）で育ち、鯖江市は両親を最後に看取ったところです。たいして離れているわけではありませんが、この3か所はそれぞれ気候も方言も違い、福井県は面積的には小さいが北陸トンネルを境にずいぶん違うと子供心にもずっと感じていました。故郷を離れて長い時間がたち、その間も2つの地域は1つの行政体として発展してきましたが自身のこの思いはいまだ消えていません。しかし、近い将来、新幹線が若狭まで延伸すれば名実ともに一体感は高まるでしょう。

さて、将来の福井県を考えて何かの提言はないかとのことですが、それは多かれ少なかれ日本の大都市以外の地方を考えることなのかもしれません。自分が訪れた日本海側の地方でも、それなりに活気を感じる県はいくつかあり、金沢や松江などは歴史的な風土や建造物などからくる街の雰囲気が多くの訪問者を呼んでいる日本でも代表的な都市のように思います。福井も幕末の歴史においては見るべきものがありますがまだ多くの観光客を集めるところまではいっていないように感じています。一方、少しマニアックな面はありますが、恐竜のふるさととして恐竜を実感してもらう勝山の恐竜博物館は全日本クラスで、子供から大人まで幅広く人を集めることができるかもしれません。すでに福井駅前には恐竜の大きなオブジェがありその思いは皆さんに共通しているのでしょう。もっとも恐竜にしても日本各地で学術的に価値のある化石などが出てくるとそれぞれの町で同様のプロモーションがなされ、恐竜のふるさとを長く定着させておくのも並大抵なことではないでしょう。今、どこの県立大学でも地場産業や地域性に根差した教育と研究がなされていますが、インターネットをみると福井県立大学には生物資源研究科の中に古生物学専門種目が置かれており、教育から研究、さらに展示までをリードするための仕掛けは十分になされているように思います。福井を恐竜のメッカにするためには若い人材を育て、また何より研究から観光につながる大衆化に対応する仕事をできるだけ多く創出して、若い人たちに地元で活躍してもらうことが大切だと思います。地味な生物研究の中にあって恐竜研究は人気がある分野で、『ジュラシック・パーク』のような映画はグローバルに老若男女をとりこにします。サイエンスのみでなくサイエンスフィクションを取り入れることも効果的かもしれません。自身が長年の仕事とした腸内細菌学も医学と結びついて、今はかつて予想さえしなかった隆盛の中にあります。この分野をリードする公益財団法人腸内細菌学会の中谷林太郎元理事長（東京医科歯科大学名誉教授、故人）は大野市生まれで、同郷の先生の下で一緒に活動できることに不思議な縁を感じていました。話はそれましたが、恐竜のふるさとをより一般的な興味の対象として広げるには他の観光などとタイアップすることは魅力的と思います。すでに恐竜のふるさとは「恐竜渓谷ふくい勝山ジオパーク」として認定されていますが、個人的な趣味としては白山信仰の拠点であった平泉寺、さらに天空の城として人気の出てきた大野市の亀山城につなげ、サイエンスと歴史を一体化させた旅程を考えればより幅広く人々の関心を高めることができるように思います。日本だけでなく世界から観光客が押し寄せる時代になっており、近隣の白川郷などは大変な賑わいです。たとえば白川郷からホワイトロードで霊山である白山を経由して勝山、大野に抜ける旅程ラインができれば私などはまっさきに体験したいです。そこから一乗谷の朝倉遺跡を経て福井市へ、あるいはかつてのダム開発で水没した集落も多い真名川沿いに美濃に抜けることも可能です。今後交通がより整備され、このような多彩な興味を一つにしたような旅程ができれば多くの人の関心を引くように思います。

また先日テレビで若狭高校で開発したサバの缶詰が宇宙食として認定されたことを報じていましたが、県立大学水産学部が支援する若狭湾の海の幸を材料にした新しい食品産業開発をめざす小浜を起点にして、風光明媚な若狭湾のリアス式海岸線に沿って、三方五湖の縄文貝塚、世界標準地層となる年縞をもつ水月湖につながる旅程も魅力あるものです。子供の頃に遊んだ蓮川や水月湖（現若狭町）が今や学術的にも広く知られることになったことには大変驚きましたが、多くの方にもその価値を知ってもらいたいものです。この年縞発見に尽力された中川毅教授（現立命館大学）の著書によれば、縄文人の暮らしを支えたであろう蓮川の水系生物の豊さも三方湖で収束して、その先の水月湖では静かに地層が積み重なって年縞ができる一因になったようです。勝山での恐竜化石発掘と同じように、三方五湖での縄文遺跡や地層見学なども体験型の旅程ラインとして魅力あるものです。それぞれ単独で発信するよりもサイエンスや観光をセットにした旅程のテーマは魅力的です。すぐに訪問客の増加につながるかは別にして、このような学術研究を応援する県としてのアピール、そしてそれに関係した展示や案内までの人材を育成し、福井県ならではの発展を期待したいと思います。どの県でも県立大の学生は地元意識がことさら強いと私自身は感じていますが、地元の大学や高校でふるさとに根差した学術や観光と産業資源の担い手を育て、いずれビジネスにまで発展させてほしいと思います。余談ですが、学術発展に不可欠な学会や研究会は小規模のものもあまた存在しており、安価に運営できる大会施設を絶えず求めています。もし宿泊を含めてそのような施設が提供できて、専門家集団が大挙して訪れればいろいろな動きが出てくるかもしれません。科学はとてつもない速度で進展しており、福井の資源が活かされればと思います。

地元の方々は福井を活力のある県にしたいといろいろな検討をされてきたことと思います。これからは人の集まる県、すなわち投資されるような産業をもつか人生を楽しませてくれる文化的な県でなければ県の活力は生まれてこないでしょう。自分がふるさとを離れた頃より福井県は国のエネルギー供給を担ってきましたが、これからは福井の自然および人的資源を活かして、人々の豊かな生活に貢献するようなさらなる発展を期待しています。

PROFILE

うめさき・よしのり　1950年福井県大野市生まれ。1968年若狭高校卒業。1974年大阪大学発酵工学科修了（修士）、株式会社ヤクルト本社中央研究所入社。1987年農学博士（東北大学）。2008年同社審議役。2010年定年、同社特別研究員および麻布大学客員教授。2018年退職（現同社客員研究員）。〈活動等〉同社入社以来、腸内細菌叢に関する研究に従事し、2015年JIDF（国際酪農連盟）光岡賞受賞、2015～2018年日本細菌学会評議員、2014年～公益財団法人腸内細菌学会総務主幹。〈趣味〉山歩き・旅行。

鉄道と港の町の復活
―敦賀を福井の中心に―

監査法人アヴァンティア
シニアアドバイザー
江越　眞
Egoshi Makoto

東京・新橋から敦賀まで列車に乗り、敦賀港から船でウラジオストクへ、シベリア鉄道を経由してヨーロッパ各地へ至る。歴史をたどると敦賀は、明治から昭和初期におけるヨーロッパへの玄関口、世界に開かれた鉄道と港の町でした。

第二次世界大戦では、繰り返しアメリカ軍の空襲にさらされ、敦賀の市街地は壊滅的なダメージを受けます。その後、日本海側や東北地方などの貧しい地域に原発を受け入れてもらう代わりに交付金・補助金を支給するという国の政策により、敦賀も原発を受け入れます。これによって、もちろん戦災にあったことも非常に大きいのですが、結果的に伝統のある敦賀という町が失われていきます。そういうなかで敦賀の市民はだんだん自分のふるさとの良いところを忘れてしまい、いまに至っているということです。
そこで、敦賀を何とか復活させなければいけないという気持ちを私は人生の中で一貫して持っています。

敦賀高校を卒業して中央大学の夜間部に進学した私は、大学の就職部で偶々、「書生募集」の看板を目にします。なぜか引きつけられて、あまり深く考えずに就職部の窓口に行ったのですが、就職部長の先生から、そこが中央大学の大先輩で、飯野海運の中興の祖で海運業界のドンといわれる俣野健輔氏のお屋敷であることを知らされました。
こうして私は、俣野氏のお屋敷に書生として下宿することになり、ここでの経験がその後の政官財の人脈にも大きな影響を及ぼし、私の人生最大の曲がり角、ターニングポイントになりました。その後の人生の中で本当にいろいろなことをやってきましたが、同級生に港の関係者が多いことも含め、なぜか「船」、「港」、「海運」というものに吸い寄せられ、それらが心のなかに脈々と続いています。

地球温暖化の影響により北極海の氷が小さくなり、北極海航路の活用が現実味を帯びてきました。いま、世界が―ヨーロッパもアメリカもアジアも真剣にその可能性を検討し始めています。そうするとやはり日本海も注目されることになります。日本海時代は以前からいわれていましたが、大きな世界の動きの中で日本海を見れば、まさに敦賀にチャンスが来ているといえます。同時に、もう一つは鉄道です。２０２３年に北陸新幹線が敦賀まで延伸されます。これも鉄道の町というＤＮＡが脈々とあるのだと思います。

敦賀に住むいまの60代、50代、40代の方は、正直これらのことにあまり関心がないかもしれません。しかし、次の孫の時代を考えると、福井県全体で鉄道と港の町・敦賀を復活させる、はっきり言ってしまうと、福井県の中心を敦賀にもってくる、これは私の信念でもあります。役人主体ではなく、市民主体でやっていく。次の孫の時代にきちんとした形にできるように、私たちの世代が、人脈と知見を活かし、みんなで一緒になってインフラをつくってあげて、そしていまの大学生、高校生、中学生の代に引き継いでいく。むしろいまの若い人のほうがそういう方面にものすごく関心があるのではないかと思います。ＩＴのネットワークのなかで世界の情勢について、若いなりに、私たちの世代以上に情報収集をしていると思います。そうしたなかで、「自分たちが敦賀を、福井を背負っていかないとダメだ」とうすうす感じているのではないでしょうか。

私自身がそういったことに関与してきたなかで、特に印象に残っていることが2つあります。

一つは、英国船籍の外航クルーズ客船「ダイヤモンド・プリンセス」が敦賀港に初寄港したことです。外航クルーズ客船を敦賀港に持ってきたいと考えていた私は、日本のクルーズ業界の第一人者である木島榮子さんと福井県産業労働部長、産業労働部・企業誘致課参事、敦賀市副市長を東京・銀座で引き合わせ、その4年後の2017年9月に何とか実現させました。あのとき、約3000名の欧米の乗客が敦賀に降りて、永平寺や恐竜博物館などに行ったり、敦賀まつりを楽しんだりしましたが、いちばん良かったのは、敦賀の市民が、祖父母から話を聞いたり写真を見たりしていたであろう昔の敦賀の光景が現実になったことを目の当たりにできたことです。それが敦賀の市民に大変なインパクトを与えたし、ちょうどタイミング的に原発も縮小しているなかで、クルーズ客船の寄港が実現したということは、敦賀にとって良かったなと思います。

それからもう一つ。私は1978年以来、中国の財政部と交流を深め40年になります。昨年は、日中平和友好条約締結40年、中国の改革開放40年、私の中国との交流40年という年でした。特に大連は私にとって第二のふるさとともいえる都市で、歴代の市長とも友人関係にあります。私の40年来の畏友で大連出身の商務担当公使として日本に赴任していた呂《ろ》克倹《こくけん》さん（現・全国日本経済学会副会長）がいます。私は、2013年に彼をご夫婦で敦賀の港と永平寺に招待しました。彼は福井にも関心を持ってくれていましたので、非常に喜んでくれて、「私は日本に3回赴任し、日本のいろいろな都市を訪れたが、こんなに良い港があるなんて知らなかった」と言ってくれたのです。昨年11月にも北京で同郷の日本貿易振興機構（ジェトロ）北京事務所所長、堂ノ上武夫さんと一緒に会食した時も「敦賀の港は素晴らしい」と改めて称賛してもらいました

クルーズ客船の寄港を実現できた、そして敦賀の港を呂 克倹さんに見せることができた。この2つの体験をして、敦賀にはまだまだ可能性があるという自信を深めています。

いまの若い人たち、特に高校生には、希望を持って、自分から歴史を、敦賀の港や鉄道の歴史をとにかく勉強してほしい、その間に私たちがもう少し頑張って体制づくりをするから、と声をかけたい。これがいまの私の気持ちです。

（本稿はインタビューをもとに編集したものです。）

PROFILE

えごし・まこと　1943年東京生まれ。1968年監査法人トーマツ１期生として入社。1991年代表参与、2008年定年退職。2008年～2018年西村あさひ法律事務所顧問。2013年から現職。日本日中関係学会副会長。この間、中国業務（中国の外資導入政策、対中ODA業務サポート等）に40年。著書に『飛躍するチャイナ・イノベーション』（共著、中央経済社）がある。

「花筐《はながたみ》」を飾るエピソード

独立行政法人国際交流基金
顧問
小倉和夫
Ogura Kazuo

◆パリでの発見

フランスの首都パリの中心、大統領官邸や世界的に著名なファッション店が並ぶフォブール・サントノレ通り。その一角にある日本大使の公邸には、河合玉堂の名画をはじめ、かなりの美術品が飾られているが、そのなかに一見目立たない、木彫の人物像がある。一メートル程の高さの女性像で、手に花籠を持ち、しとやかな風情がただよっている。作者や由来を関係者に尋ねると、正式な記録はない由だが、その作品は「花筐」と呼ばれ、能楽の「花筐」の主人公照日の前に着想を得たものといわれる。能では主人公は「若女」や「深井」などの能面をつけているが、この女性像には面がなく、その面影にはどこか寂しげな気配が感じられる。

能「花筐」は、越前味真野におられた男大迹（発音は、日本書紀ではオオド、能ではオオアトベ）皇子が天皇の位を継ぐことになり、お側に仕えていた照日の前と別れるが、皇子を慕って心乱れた照日の前が、かつて皇子から贈られた花筐を持って旅する途次、皇子の行列と行き会い、皇子の供の者に花籠を打ち落とされ、それが故に皇子は、照日の前を認め、相伴って上京するという筋書きだ。

◆皇室との繋がり

男大迹皇子とは、後の継体天皇であり、その母、振媛（フルヒメ）は、日本書紀によれば、福井県三国の出身で、天皇家とも遠縁の美女で、男大迹皇子の父と結ばれて皇子をもうけたが、夫の死後、故郷越前の高向（現丸岡町）に帰り、皇子を養育したとされる。越前市の郊外には、味真野神社や花筐公園などもあり、また、味真野の北の今立町には継体天皇を祀る岡太神社もあることは知られているが、「花筐」の物語を、華麗に想起させるような行事や建物があるわけではない。また、能「花筐」が定期的に縁の地で上演されているとは聞いていない。

しかし、皇室とも縁のある能であれば、毎年、皇族の何方かをご招待して、能楽の夕べを催すことも研究すべきだろう。

◆竹人形と菊人形

また、花カゴは、越前の特産物として著名な竹細工とも関連するから、能の上演にあわせて、竹細工の展示会や人形展を行うことも出来よう（それに、「花筐」の物語は、季節が秋に設定されているので、越前菊人形に「花筐」の主人公を擬してもよいかもしれない）。

加えて、能「花筐」については、それをテーマとした上村松園の名画があり、また、松園には、このほか、草紙洗小町などいくつか能楽をテーマとした絵画がある。そうした美術品への誘いも企画して、「花筐祭」を年中行事とすることも考えられよう。

◆国際的結び付き

加えて、「花筐」には、中国漢代の美女で、若くして逝った李夫人を偲び、お香（反魂香）を焚いてその面影を呼び起こすという有名な故事が引用されている。この李夫人は、病にかかり、明日をもしれぬ身となった際、是非見舞いたいという皇帝の意志に逆らい、自分の衰えた姿をみせたくないと最後まで肯じなかった人であり、だからこそ、皇帝は、香の煙りのなかに、いまは亡き李夫人の影ないし「亡霊」を感じ取ったのだ。しかし、照日の前の物語と李夫人の逸話は、単に、美女に対する高貴な人物の哀惜の情という点で結び付いているだけではない。あの世に逝ってしまった李夫人と皇帝との「再会」も、遠い都へ行ってしまう皇子と残された照日の前の再会も、ともに、「次元の違う世界に引き離された人間」の再会である。それが、中国では反魂香、日本では花籠をいわば触媒として実現したといえる。花筐は、正に、出会いと再会のシンボルであり、中国と日本の友好交流のシンボルともなり得るものといえる。

◆能楽をこえた広がり

反魂香のエピソードは、歌舞伎では、石の手水鉢に必死の覚悟で描いた自画像が本当の絵のようにみえたという奇跡を縦糸とし、夫をはげます妻の情愛の強さを横糸とした近松の作品「傾城反魂香」（あるいは「吃又」）という物語りに使われている。また、ほぼ同じ筋書きで文楽でも「傾城反魂香」が演じられている。このように「花筐」の糸をたどるといくつもの演芸、美術との関連性が発見される。

それだけではない。能「花筐」では、反魂香を焚くことを皇帝に進言したのは神仙の道に通じた、道教の方士（謡曲では太子）李少となっており、反魂香のエピソードには、桃源郷や神仙の世界への傾倒がこめられている。

日本で一、二を争う幸福県の福井と、桃源郷の逸話を結び付けても不自然ではあるまい。

また、継体天皇にまつわる「広がり」もある。一つは、養蚕である。日本書紀によれば、継体天皇の皇姫は、（今も皇居にある桑畑を連想させる如く）手ずから蚕をかって蚕業を振興させたと言われており、桑畑と蚕にまつわる文化行事を、「花筐」のエピソードと連動させることもできる。

何といっても、地域振興と結び付いた文化行事は、ロマンがあり、持続性があり、国際性があり、かつ、多様な要素をもつものであり、かつまた、地域のPRをこえて、日本ひいては世界全体にも意味のあるものが望ましく、その点で、「花筐」を活用し、能楽、美術、工芸、国際交流、皇族の行幸など、多面的な意義をもつ「花筐祭」を定期的行事とすることは、検討に値するのではあるまいか。

PROFILE
おぐら・かずお　1938年東京生まれ。東京大学法学部卒業（法学士）、英国ケンブリッジ大学卒業（経済学士）。1962年外務省入省。大臣官房文化交流部長、経済局長などを経て駐ベトナム大使、駐韓国大使、駐フランス大使などを歴任。2003年独立行政法人国際交流基金理事長に就任し、現在は同基金の顧問、日本財団パラリンピックサポートセンター理事長、青山学院大学特別招聘教授。

円より縁

—円ではない新しい価値観を創る—

フェリカポケットマーケティング株式会社
代表取締役社長

納村哲二

Osamura Tetsuji

福井県が、全国47都道府県幸福度ランキング（一般財団法人日本総合研究所）において3回連続1位に輝いたということは、本当に素晴らしいことと思います。ただ、1位の中身を分野別に見てみると、教育と仕事では1位ですが、文化では33位、基本指標は19位、先行指標では7位です。将来的にも安泰というわけではないかもしれません。

幸福度調査には、客観的幸福度調査と主観的幸福度調査があります。日本総合研究所による調査は客観的幸福度調査であり、幸福を感じることに関わる可能性が高い指標、たとえば持ち家比率、正規雇用者比率、生活保護受給率など70の指標が採用されています。すなわち「幸せなはず」の指標です。

一方の主観的幸福度調査は、「幸福についてどう感じているか」を個人に直接調査するものです。政府による主観的幸福度調査について、あるレポート（※1）を引用すると、福井県の幸福度は内閣府の調査で15位、文部科学省では37位、経済産業省では40位となっています。

各調査は調査年度・調査方法も異なりますので、単純比較できるものではありませんが、「幸せなはず」と「幸せを実感している」ことの差は、示唆的ではないでしょうか。

「一億総中流」といわれた時代は、今は昔です。格差の広がりは深刻になるばかりです。今年（2019年）発表された国連の世界幸福度ランキングによると、日本は前年度からさらに4位落として世界58位です。GDP世界3位で、平和で治安も良く、教育レベルも高いわが国の幸福度が世界58位というのは、調査方法の差を引いても、残念な結果だと思います。

特筆すべきは、北欧が10位のうち5か国を占めていることです。消費税は10%どころではなく25%です。所得税なども高いですが、国民は政府や自治体を信用・信頼しているから納得しています。教育費は大学まで無料ですし、医療費も無料なように、国民の最低限の生活基盤は徹底的に「平等」です。人生の終焉を迎えるとき、貯金がなくても家族がいなくても、誰もが不安なく手厚い医療・介護を受けてベッドの上で死ねるのです。

生まれた家の収入などで将来の可能性に差が出ることがないような社会です。政治家のほとんどはボランティアですから、政治家を職業とする人は稀です。社会的課題は、特にその課題に関心が高い人たちが自ら政治に参加して、必要な法律や制度をつくったら、自分の本業に戻るのが普通な社会です。

重要なことは、北欧の幸福度の高さは、福祉や教育制度が充実しているからだけではないことです。そのヒントは、デンマーク語の「Ｈｙｇｇｅ（ヒュッゲ）」という言葉にあるといわれています。

ヒュッゲの意味は「自分が社会の一員としての責任を果たしていることで感じる居心地のよさ」ということだそうです。社会の一員としての責任を果たすことでの「誇り」に近いものであり、その誇りが幸福度の高さや地元への愛着にもつながっているのだと思います。

さて、本題の「ふるさと福井への提言」は、「幸福度を測る新しいものさしを創ること」です。北欧のヒュッゲを紹介させていただきましたが、幸福度ランキング1位の福井県だからこそ、その先陣を切ってはどうかということです。

妄想と思われる方も多いかと思いますが、私はライフワークとして取り組んでいます。

「円」という画一的価値観は、たくさん円を稼ぐための偏差値教育を生み、個性や長所を伸ばさず、全員を同じレールにのせるような社会になっています。「円を稼ぐのが苦手なひと＝貧乏」になっています。

たとえば、地道に長年地域貢献活動を継続している方々は、何かの対価を期待されているわけではないのでしょうが、円ではない「感謝のしるし」のような別の価値をさしあげることはいかがでしょうか？

このような動きは、少しずつですが世界的に始まっています。２０１５年の国連サミットで採択されたＳＤＧｓ（Sustainable Development Goals：持続可能な開発目標）に関する取り組みは、持続可能な世界を実現するための17のゴール・１６９のターゲットから構成され、地球上の誰一人として取り残さない（leave no one behind）ことを誓っています。このＳＤＧｓに資する活動をした個人や団体・企業を、ある価値をもって評価する試みがいくつかの自治体でも検討されています。（※２）

このように、社会や地域に貢献する活動を、制度的に「評価」する仕組みを構築し、その評価によって円とは異なる「新しい価値」を得ることを可能にします。その「新しい価値」は生活費の一部にも充てられるでしょうし、恵まれない方々への寄付もできるものを考えています。人を利己的活動ではなく、利他的活動で評価するといえるかもしれません。

円を稼ぐという経済活動とは異なり、社会の一員としての責任を果たすという社会的活動を評価し、「新しい価値」を創ることで、北欧のヒュッゲのような幸福を感じることができる社会を目指すことを提案します。

本稿のタイトルの「円より縁」は、資本主義経済活動の価値「円」とは異なる社会的活動の意義を「縁」と表現しました。その意味を限られた紙数で説明できるものではありませんが、福井県のみなさんが「幸福であることを心底感じているか？　または感じるにはどうしたらいいか？」を考えるヒントになれば幸いです。

（※1）東洋大学紀要・自然科学篇　第60号　93－112（2016年）「幸福度の都道府県格差の統計分析」鈴木孝弘・田辺和俊

（※2）内閣府　自治体SDGs
http://future-city.jp/sdgs/

PROFILE
おさむら・てつじ　1960年福井県武生市生まれ。武生高校、慶應義塾大学商学部卒業。1984年ソニー株式会社入社。1998年から８年間ソニーヨーロッパ駐在。2008年「ITを活かして地域活性化に貢献する」をミッションとする社内ベンチャーのフェリカポケットマーケティング株式会社を設立し、代表取締役社長に就任。著書に『地域通貨で実現する地方創生』（幻冬舎）がある。

福井の安くて豊富な電力を活かしデータセンターの誘致を

三井住友信託銀行株式会社
取締役副社長

北野幸広
Kitano Yukihiro

「地方創生」には金融庁も力を入れており、われわれ銀行としても地域のために何かできないか、ということで出身地である福井への提言を考えてみた。その一つが「データセンターの誘致」だ。

第5世代移動通信システム（5G）時代を迎えようとしているいま、クラウド環境での膨大なデータ処理のため、大規模な「データセンター」の建設が今後、急ピッチで進むと予想されている。

データセンターの立地条件としては、情報インフラが整備され、サポート部隊も駆け付けやすい場所ということで、企業や情報の集積地に近いことが求められている。もちろん、地震などの災害に強く強固な地盤を有する敷地の広い場所が条件となるのはいうまでもない。

しかし、首都圏や近畿圏などでは条件に合う適地が限界に来ているという。

一方、データセンターの中核となるサーバーは膨大な熱を発生することから、冷却のために大量の電力が必要で、運用のためのランニングコストを大きく押し上げる要因となっている。

情報インフラの集積地に近く、地盤が強固で敷地も広く、かつ電力が豊富で安いという三拍子そろったデータセンター向きの立地は極めて限られている。

そこで現在検討が進んでいるのは、データセンターをスタッフが常駐する都心型の施設と、データの保管を主目的とする遠隔地型の施設に二分する方式だ。遠隔地型はデータのバックアップセンター（ＢＣＰ）としての役割も期待されている。

福井は、大量の電力を供給でき、日本一電気代が安い。また、地震にも強い地盤を有する地域もある。この特性をフルに活かして大規模なデータセンターを誘致すべきではないだろうか。

福井の電気代の安さという利点は、古河スカイと住友軽金属が合併して出来たＵＡＣＪのアルミニウム工場・福井製造所（坂井市）がいい例だ。アルミ精錬には膨大な電気代がかかることから、電気代の安い福井を立地場所に選んだという。

さらに北欧では、冬季には電力だけでなく、雪を貯め冷却に使う。この点でも降雪量の多い福井は有利である。

首都圏や近畿圏の都心型データセンターと福井に置く遠隔地型データセンターに分離すれば、都心型は東京電力や関西電力、遠隔地型は北陸電力という形で供給電源が違うことにより安全性がより高まる利点もある。

遠隔地型といっても、必ずしもデータのバックアップ（ＢＣＰ）にだけ使われるものでもない。ＩＴ技術の発達により、遠隔地型でもメインのデータセンターとして運用することは可能だ。進出企業の考え方次第で運用の仕方は変わるだろう。

また、２０２３年には北陸新幹線が金沢から敦賀まで延伸し、関西圏とつながるのも遠い将来ではない。遠隔地型一辺倒から、都心型と融合した新たなデータセンターに生まれ変わる可能性があることも指摘しておきたい。

３・11の東日本大震災の際に、部品会社の一つが操業できなくなって、関連する企業の生産が止まってしまった。情報分野に限らずバックアップというのは、日本の気象環境上、ますます必要になってきており、エリア的には北陸・福井というのは補完に適した格好の場所といえるのではないか。

安くて豊富な電力供給を活かした試みの2つ目として、福井の内陸部で「海に依存しない養殖事業の展開」を提言したい。

いま、中国を中心として海魚の需要が高まったことで、日本の漁獲量の安定的な確保が難しくなり、魚価も急騰する傾向にある。対応策として沿岸部での養殖事業が福井でも行われているが、海の汚染や外来ウイルスの発生などで大量死も発生していると聞く。

あるベンチャー企業が開発した「閉鎖循環式陸上養殖システム」は、天然の海水や地下水を使用することなく、水道水を100パーセント循環させながら水産養殖を可能にしたという。

こうしたシステムを導入し、福井の安い電気を活用することで、コスト面で他地域より優位な養殖魚を生産していけるのではないか。脱原発の流れがある中、嶺南エリアの労働力を活用することもあわせて検討してみてはどうかと思う。

大手水産会社も最近、陸上養殖に取り組む気配がある。近海の豊富な海魚の育成、持続的な供給を担保する意味合いでも、福井の内陸部での養殖事業の展開にチャレンジしていく価値は十分にあるはずだ。

3つ目の提言は、福井県が「『実は福井』の技」としてウェブサイトで紹介しているように、福井には世界的にもシェアが上位の製品や、オンリーワンの技術を有する優秀な企業が数多く存在しており、こうした企業の応援、積極的な活用を進めるべきということだ。県は企業の販路開拓や大学などとの共同研究を応援しているようだが、残念ながらまだまだ露出が少ないと思われる。

参考になるのが、愛媛県の取組みだ。愛媛県は「愛のくに　えひめ営業本部」を立ち上げ、農林水産物をはじめとした優れた食品や「すご技」とされる県内企業の高い技術力に裏付けられた製品の販路拡大に取り組んできた。また、「売れる商品」づくりのサポート、県産品や県内企業の優れた技術力に関する情報発信などにより、「実需の創出」に努めているという。

福井でも県が先頭に立って「ふくい営業本部」を立ち上げ、県知事が本部長、県職員が営業部員となって「『実は福井』の技」の販路拡大や認知度アップに協力できる体制を作り上げることを期待したい。

さいごに、「外国人労働者の積極的な受入れ」を提案したい。テレビ番組で特集していたが、越前市では、福井村田製作所や信越化学工業武生工場などに勤務するブラジル人ら外国人労働者が相当増加しているという。

しかし、こうした労働者のお子さんたちの教育が、日本語の壁もあり十分に行き届いていないそうだ。もっと積極的に外国人労働者を福井に招き入れ、日本語学校を充実させることで、福井の活性化を図っていくべきではないかと考える。

福井らしさにこだわりたい方々には抵抗があるかもしれないが、村田製作所や信越化学工業といった企業で働く外国人労働者なら、優れた技能を習得している人たちであり、良い人材、人口が増えることにつながる。各地域の実情にうまく合わせ、外国人との共存共栄を図っていくことは可能だと思う。

（本稿はインタビューをもとに編集したものです。）

PROFILE

きたの・ゆきひろ　福井県越前市生まれ（1958年）。両親が武生市（現越前市）出身。育ちは京都市。高槻高校、神戸大学（経営学部）を経て、旧住友信託銀行株式会社（現三井住友信託銀行株式会社）に入社。受託資産企画部長、企画部長を経て、2009年常務執行役員、2015年専務執行役員、2017年より取締役副社長。武生には先祖の土地とお墓があり、年に1回、草刈りを兼ねて訪れている。

気候変動が加速する時代に どうしたら かけがえのない 故郷を守れるのか？

NHKエンタープライズ
エグゼクティブ・プロデューサー
堅達京子
Gendatsu Kyoko

◆かけがえのない故郷

よく、一番大切なものは、失ってみて初めてわかると言います。でも、もしそれが、かけがえのない〝故郷〟だったら、取り返しがつかないのではないでしょうか？

私は、NHKのディレクター、プロデューサーとして、この30年以上、様々なドキュメンタリーの制作に携わり、自らも現地で取材を続けてきました。テーマは様々ですが、いつも〝故郷〟という言葉を意識してきました。

最初に放送したNHKスペシャルのタイトルは「故郷　いのちの日々」。新潟県長岡市にある日本初の仏教ホスピス、ビハーラ病棟で末期がんの患者さんたちの最期の日々を撮影させていただきました。幼い日の記憶や風景、食事も含めた文化……死を前にひときわ強まる患者さんたちの故郷への思いを目の当たりにし、私自身も18歳まで過ごした福井のことを想いました。

改めて〝故郷〟を強く意識したのは、ボスニアやイスラエル、パレスチナといった民族紛争の地を取材した時です。そこには〝難民〟と呼ばれる人々がいて、故郷を追われ、鉄条網で故郷との間を区切られ、帰ることを阻まれていました。彼らが語ってくれたのは、故郷を失うことの辛さと、何としても帰りたいという、身悶《みもだ》えするほどの故郷への思いでした。

しかし、故郷を失った彼らの本当の苦しみなど、実は何一つわかっていなかったのだと思い知らされる出来事が起きました。東日本大震災の津波による原発事故です。故郷に立ち入ることができなくなってしまった福島県の帰還困難区域の人々を取材した私は、かつてＮＨＫが放送した新日本紀行などの映像を地元で上映しながら、福島の未来を語る番組を制作しました。そして、いまは映像の中でだけ生き生きと輝く〝失われた故郷〟を見て涙する地元の人々の気持ちに触れ、故郷というものが、いかにかけがえのないものなのか、皮膚感覚を持って心に深く刻むことになったのです。

◆温暖化で激変する故郷

前置きが長くなりましたが、こんなお話をするのは、今、私たちの〝故郷〟が、取り返しのつかない危機に直面しているからです。故郷とは、私たちすべてのふるさと〝地球〟のこと。そして、地球環境が激変することによって変わってしまうかもしれない、私のふるさと福井のことです。

２００７年、私は、国連の地球温暖化に関する報告書を取材し、ＩＰＣＣ（気候変動に関する政府間パネル）のパチャウリ議長へのインタビュー番組に携わりました。その時、科学者たちから、このままのペースで温暖化が進めば、日本の気候も激変し、世界は環境難民にあふれる取り返しのつかない状況に陥ると警告され、メディアとして本気でこの問題を伝えなければ後悔すると思いました。

あれから12年、ライフワークとして様々な番組を企画してきたのですが、最近、非常に気がかりなことが増えています。

国際社会は、２０１５年にパリ協定を結び、世界の平均気温の上昇を産業革命前に比べて２度未満に抑える、できれば1.5度を目指すことに合意しました。しかし、２０１８年秋に発表された最新の国連報告書によると、温暖化のスピードが予測を上回り、すでに世界の平均気温は産業革命前に比べて1度上昇してしまったこと、このままでは早ければ２０３０年にも、1.5度というわば〝持続可能な地球のためのガードレール〟を突破してしまう恐れがあるとわかったのです。

温暖化の問題を語るときは、２０５０年や２１００年といった遠い未来を提示することが多く、正直あまり自分事とは思わない方もいらっしゃいます。しかし２０３０年というのは、あとわずか11年、すぐそこにある未来です。科学者たちは、この10年こそが人類にとって正念場であり、ここで対応を誤ると、自然の脅威は人間がコントロールできないまでに高まり、大切な〝故郷〟を失うことになると警告しています。

では、ふるさと福井では、一体どんなことが起きてしまうのでしょうか？　1度上昇しただけの今でも、すでに、去年の西日本豪雨の被害に象徴されるように大雨や台風などの異常気象が頻発しています。福井も例外ではありません。大水害に見舞われ、故郷の姿が無残に変わってしまった人々の涙は、他人事ではありません。

熱波に襲われる確率も大幅に高まります。超高齢化が進んでいく中で、お年寄りには過酷な環境です。そして気候は過去の経験では予測しにくくなり、変動が大きくなります。極端な雪不足と極端な豪雪も起きます。備える方は、たまったものではありません。

海の恵みにあふれた福井にとって、海面上昇も深刻です。科学者たちは、このままでは北極や南極の氷が加速度的に融けて、2100年に1メートルを超える海面上昇が起きると指摘しています。徐々に海面が上昇を続けると、今世紀末、日本の砂浜の90パーセントは無くなってしまいます。高潮の脅威も迫り、沿岸部は今以上に災害に対して極めて脆弱《ぜいじゃく》な地域になってしまいます。さらに温暖化が進めば、海の環境も激変します。海洋酸性化によって牡蠣や福井のシンボル「越前がに」のように、殻をもつ生き物は生育に影響が出ます。陸でも異変が起きます。「コシヒカリ」や「いちほまれ」のような福井が誇るブランド米も高温障害など大きなダメージを受けるでしょう。数え上げたらきりがありません。

◆私たちに何ができるのか? SDGsへの挑戦

では、私たちは一体どうしたらいいのでしょうか?

まずは、〝持続可能な福井〟を目指すためのぶれない指針を「共通のものさし」として持つことです。2015年に国連が定めたSDGs(持続可能な開発目標)は、気候変動へのアクションをはじめ、2030年までに達成すべき世界共通の17のゴールを掲げています。どうしたらこの目標を実現できるのか、気候変動の分野では、再生可能エネルギーへの転換や、リサイクルやリユースといった循環経済の推進などが挙げられ、世界にはグッドプラクティス=いいお手本が溢れています。このＳＤＧｓの流れに、福井も積極的に加わるべきです。

私は今、ドイツのポツダム気候影響研究所の共同所長を務めるヨハン・ロックストローム博士の取材を続けているのですが、彼はとてもわかりやすくこのＳＤＧｓの概念を説明してくれます。もちろん〝持続可能な開発〟というくらいですから経済発展していくことは大切なのですが、大事なのは、私たちがそれぞれの故郷で、安心して豊かな文化を育み次世代に伝えていくことができるのは、あくまで〝安定した気候〟という地球からの自然の恵みがあればこそだということ。このベースが崩れてしまえば、経済発展も望めません。

地球温暖化の加速を食い止め、1.5度の上昇を避けるには、人間が出してきた二酸化炭素の排出を今世紀半ばにゼロにしていくという〝脱炭素〟社会を構築する以外に方策はありません。そのことに気づいた世界は、この数年でビジネスルールを激変させています。

２０１７年に放送したＮＨＫスペシャル「激変する世界ビジネス　〝脱炭素革命〟の衝撃」は、日本のビジネス界からも大きな反響をいただきました。２度目標を達成することそのものが大きなチャレンジなのですが、わずか数年で、さらに厳しい1.5度目標を実現しなければ、気候変動の暴走を食い止められない状況に突入している現状は、私にとっても衝撃です。

一層の脱炭素化を進めるため、ＥＵは、エネルギーだけでなく、経済そのものをプラスチックに代表される化石燃料文明から脱却させようとしています。サーキュラー・エコノミーと呼ばれる循環型の経済に変えるための厳しいグローバルスタンダードを作り上げようとしているのです。

はたして福井には、そこまでの強い危機感があるでしょうか？　もし、福井だけでビジネスや暮らしが完結している時代だったら、違う生き残り方もあるかもしれません。しかし、いまや世界のバリューチェーン、サプライチェーンは、グローバル化の加速でしっかりとつながりあっています。この世界のスタンダードを腹に落として理解し、先手を打っていかなければ、福井の産業の発展も望めません。

鯖江の眼鏡わく産業を例に考えてみましょう。もし世界が「使い捨てのプラスチック素材で作ったものは受け入れられない」というルールを作ったら、素材から見直す必要が出てくるでしょう。繊維産業でも同じ動きが起きています。注目すべきポイントは、そこから技術革新やシェアリングエコノミーといった新しいイノベーションが生まれ、それがさらなるビジネスチャンスにもつながっているということです。

電力産業を取り巻く環境も激変しています。世界の再生可能エネルギーの価格は驚くべきスピードで下落、火力発電や原子力発電の価格よりも安くなってきています。エネルギーも地産地消し、デジタルやＡＩ、ＩｏＴといった先端技術を組み合わせ、省エネでより豊かで安心なスマートな街づくりを目指すことが世界のトレンドです。福井がどんな産業を基軸に発展していくのかについても、〝持続可能〟という中長期的な視点で大きなグランドデザインを描いていくことが求められています。

◆次の世代に、幸せな故郷を受けわたそう

ピンチをチャンスに変えるしか、人類に生き残りの道はありません。

ポツダム気候影響研究所のロックストローム博士は、この10年のうちに、グリーンランドの氷床の融解が止まらなくなってしまう〝ティッピングポイント〟と呼ばれる臨界点を超えてしまう危険が迫っていると警告しています。そして、一旦こうした温暖化の悪循環が始まると、1000年以上先かもしれませんが、地球の海面上昇は60メートルにも達し、沿岸沿いの地域で築き上げてきた文明は永遠に失われることになってしまう。その引き金を我々の世代が引いてしまうことになる瀬戸際にいるのだと。

私が生まれ育った永平寺町松岡には、紀元3世紀から7世紀にかけて作られた古墳が貴重な歴史遺産として残されています。千数百年以上も前から、この土地で暮らしてきた先祖の営みを思うとき、もし千年後に、誰かの大切な故郷が水に沈んでしまい、語られることすらなくなってしまったら…と思うと胸が詰まります。

今ならまだ食い止めることができるのに、なぜ行動しないのか？

最近、スウェーデンの16歳の少女、グレタ・トゥーンベリさんが声をあげたことで、世界中で次の世代を担う１８０万人以上の子どもたちが気候変動への対策を求める行動を起こしています。みんな本気で故郷を守りたいのです。

私が敬愛する福井の人々に望むことは、世界とつながる大きな視野を持って、この地球に突きつけられた難題にともに知恵を出し合い、闘い、持続可能な福井を目指してほしいということです。そして、そのことは、決して我慢するだけの不自由な暮らしを強いるものではありません。大量生産・大量消費の文明と決別し、新しい文明に移行することで、より健康で幸せな未来を作り出すことが可能なのです。

幸福度も教育もトップランナーである福井だからこそ、自信を持って、この世界の課題に立ち向かっていきましょう。そして、本当にかけがえのないふるさとを、次の世代に、笑顔で受けわたしていけたらと心から願っています。

PROFILE

げんだつ・きょうこ　1965年、福井県永平寺町生まれ。藤島高校、早稲田大学、ソルボンヌ大学留学を経て、１９８８年、NHK入局。報道番組のディレクターとしてNHKスペシャルやクローズアップ現代を制作。2006年よりプロデューサー。NHK環境キャンペーンの責任者を務め、気候変動をテーマに数多くのドキュメンタリーを制作。2017年より現職。NHKスペシャル「激変する世界ビジネス〝脱炭素革命〟の衝撃」、2019年4月、BS1スペシャル「〝脱プラスチック〟への挑戦 持続可能な地球をめざして」を放送。

ふるさと福井への2つの提言

独立行政法人中小企業基盤整備機構
理事

堺井啓公
Sakai Yoshimasa

1 「幸福度ナンバーワン福井」を世界の人が訪れ、ヒントと満足を持ち帰ってもらえてリピートしてもらえる地域にする

発想の原点

幸福度ナンバーワンの地域には何か魅力があるはずだと人は思うが、日本人は、そのような地域は日本でたくさんあるし、実際にそこに足を運んでも何が見れるわけでもないとわかっているので、特に反応を示さないのが実情。しかし、外国人はそのように聞くと、何か秘訣や取り組みを学びたいと思い実際に現地を訪問したいと思う可能性が高い。

そこで、せっかく外国人が来たいというのならば、それをビジネスチャンスと捉えて、具体的に外国人の好きな体験サービスを通じて、存分に幸福度ナンバーワンの福井を楽しんでもらうようにすれば、さらに県民の所得や評判も上がることになるのではないか。

概　要

福井では県民生活のベースとなる生活環境が構築できている。住宅（水、下水、電気、ガス、通信）、交通インフラ、店舗、病院、教育が設備されている。そして就業環境も構築されている。付加価値を生み出し、その労働対価が得られる環境がそこにある。四季折々に海に山に平地にそこからの素晴らしい実りをもたらす。年間を通じて実りをもたらす工場、製作所もある。世界にはそんな満たされたところがどれだけあるのだろうか。いわば「理想郷」である福井。東京や京都の街並みを見るのに飽きた外国人は、日本での本物の体験を求めて、そして、ビジネスヒントになるものを求めて、日本の各地を訪ねたいと思うところ。外国人は評判を聞きつけると福井に来てその理想郷たる所以《ゆえん》を見て体験したいと思うだろう。福井にとっては外国人が来てサービスを消費したいと思ってくれるので大変なチャンス到来である。

福井に来れば、そこには何か知恵があるし、それに触れて「ヒントや美」を感じ、そうした生活体験ができれば、大喜びであり、多くの消費をする。それこそ、実は世界の人が見たいし体験したいところ（外国人は体験を通じてビジネスのヒントを得たいと思い、それが詰まっているワンダーランド日本に来るのである）。

福井に来て外国人が満足体験するためには、そうした目的にかなう体験サービスを、異文化で育った人である外国人向けに新たな形で創造し提供することが必要になる（残念ながら今はそういう発想で対応してはいないと思われる）。

これからはこれを実施することにより、外国人目線で体験サービスをプロデュースできる人により、新しくサービス産業（体験サービス事業）がいくつも出来上がることになる。これは若者の活躍の場ともなるし、起業する若者も出てくるだろう。そして、外国人客が増えると人手が足りなくなるので、地域の働く余力のある人（高齢者、パートタイム就労女性）の活躍の場が生まれてくるだろう。

新しい体験サービスといっても、実は、既存の農業や漁業、製造業などの産業でその生産現場を「見せる化」することが早道となる。既存の産業では、消費者の顔の見えない外の市場で勝負しているところも多く、そこでは通常は激戦区であり、差別化のためにこちら側の顔も示せていない場合もある。自社商品を差別化して売上を上げるのもかなり大変である。通常はそういう売り方をするしかないが、もしも生産現場に来てもらった人に対して生産者が説明をしながら、そこで生産するものを見るとよくわかるし安心するし、直接繋がることによる愛着も沸いてくる。しかし通常はそういうことはできないし、自分が呼び込んでくることもなかなか難しい。そういう中では、地域に来てくれた客に自分の産業の現場に来てもらい、見せて感動してもらうというのができるとすばらしい。これを既存の産業の方が率先してグループを組んで取り組むことを勧めたい。

そのときには、多くは作ったものを記念として持ち帰りたいということになり、購買希望を受けて新製品開発がなされ、それで新たな需要に対する売上が上がるようになっていく。

各所で体験サービスが立ち上がってくると、各プレイヤーは地域で頑張るお互いのことを知り、そして、お互いを紹介し合うようになる。こうした状態は外から見ると地域愛にあふれた地域と見える。一見ライバルなのに、お互いにサービス内容を知っているし、紹介し合ってそれで地域の輪が強固になるし、ウィン＝ウィンになる。

そういう動きが出てきて初めて鉄道、電力、金融など公益事業の活用へと繋がっていく。

これらを現実のものとするには、既存の産業の方が動きを起こすことが重要であり、また、大きな方向性としてそうした体験サービスをまとめ上げて「外国人が福井に来たら楽しいことが体験できる」というものを作り上げるため、マーケティング感覚を持った人がアントレプレナーシップを発揮して、福井を世界に冠たる地域とするために全体をプロデュースしてビジネスを成立させるように持っていくことが必要になってくる。そういう目線で見られるのが外の方が適任であるということもいわれるが、社長輩出ナンバーワン県としての福井にはこれを成し遂げられる人が育つ土壌があるのではないかと期待するところである。

具体的取り組み

福井生活環境体験サービス提供プロジェクトを立ち上げて、外国人向け体験サービスの候補を各領域の中から多数ピックアップする。領域としては、伝統産品（日用品）領域、製造業（先端技術系など）領域、農業、漁業、畜産業、酒造業領域、飲食店領域、宿泊領域、ファッション（眼鏡、衣類）・美容領域、精神文化（寺社仏閣、祭り、伝統文化・伝統芸能）領域、自然景勝領域がいいと思われる。

それら各領域においてピックアップされたものを、外国人目線で満足を提供できるだろう目を持った方（プロデューサー）により、体験サービスとなるよう磨き上げ（「見せる化」）、そして、そのサービスをカレンダー上にどの時期に何月何日には何人までどのレベルの体験サービスを提供できるかを書き出す（「見える化」）。それらを統括して商品を作る会社を地元本社で立ち上げて、そこでこれらサービスが体験できる外国人向け3泊4日と7泊8日の2つのツアープログラムを組み、全体を自分の商品として売り出す。価格設定は例えば1日当たり1人10万円から100万円を見込む。高価なのはプライバシー確保や時間占有のための「貸し切り」

をしたり、通訳、ガイド、付添いコンシェルジュなど人の配置を厚くすることに対応する場合にそうなるようにする。

販売ルートは、外国人富裕層（欧州、米国、豪州、香港、台湾など）に直接届ける（コンシェルジュ会社への旅行先リストに登録）とともに、国内でも国際クレジット会社設置の旅行デスクでの販売や国内ランドオペレーターによる旅行商品への登録、日本の各地にＩＲ（カジノを含む統合リゾート）ができた暁の「地域観光手配デスク」での販売を見越す。大手旅行代理店のツアー商品への組み込みは外国人旅行客はあまり利用しないので原則行わない。

ビジネスになる富裕層対応（貸し切り、掛ける人を厚くする）から始めて、その下の層はその貸し切り度合いや人の厚さを緩めるという形で受入れをしていくことがよいと思われる。

◇2 人口は少ないが「最先端の商品・サービスが手に入る地域＝誰もが住みたいと思える地域」にする

発想の原点

自治体が県民が求める新しい製品・サービスを購入するという発想を取り入れれば、県民には最先端のものを提供できるのではないか。

概要

「暮らしやすい福井」の住民が積極的に取り入れたいと望む製品・サービスがあれば、売りに来るのを待つのではなく、こちらから獲得しにいく発想に立つことが必要だと思われる。

企業目線でいくと、福井のマーケットはこれくらいの人口規模でそんなに売れないから後回しにしようとなりがち。回ってくる頃には他でも売れたものしか来ないなど、最先端のものは永久にやって来ないことになる。このままだと幸福度が低下してしまう。そこで福井の人が欲しいと思うものを積極的に獲得する行動が大事になる。

逆に、幸福度ナンバーワンの福井で売れたものは全国にも売れるとなれば、最先端のものが福井に来る（テストマーケティングとして福井がいいとなる）ことにもっていけるのではないか。

そのためには、最先端の製品・サービスを公募し、県が審査してパスしたものについて、県が購入して県下で特別にユーザーテストをしてフィードバックする環境を作り、また、実際に多く販売できたという実績が作れる環境を作ることができればよい。

具体的には、自治体が県民のためにこういうものがあれば買いますよというものを公募して企業から応募のあったものを審査して大量購入する仕組みをつくり（企業からの自薦ももちろん可能とする）、その購入したものについては、住民が使えるように病院、保健所、学校、公民館など公共施設を通じて提供して、ユーザーテストをしてフィードバックをしたり、あるいは、県民に販売したりする。

このようにして企業が広く社会の役に立つと思って世に出す新製品を自治体が主導していち早く取り入れる体制を整備することが意義が大きいと思われる。そのために自治体に新しい部署「県民新製品購買センター」を置き、そこには民間の腕利きの人を置く。そして、世に対して「最先端製品の第一号は福井でテストをやりましょう。新規事業をする企業さんはぜひ福井に来てください。福井県はそうした企業を歓迎します」と標榜する。

具体的取り組み

どの分野で取り組むか、候補としては以下の2つのマーケット。

(1) ヘルスケア・健康市場（「ピンピンコロリ」マーケット）

福井認定商品・サービスを制定して、まとめて購入をし、地域に使えるように公共施設に供給して使えるようにしたり、あるいは、県民に卸す。個人によって効果が違うとされる製品・サービスもあるが、そうしたものを試して自分に合うものを見つけてそれを取り入れるということができる体制を築くようにする。

(2) 教育市場

ＩＴプログラミング習得教材など個々の力を伸ばす学習製品を積極的に買って個々の技術を鍛える環境を整える。ＩＴの技術があれば、構想したものが自分の手で実現できるという経験を個々人が積むことができる。子どもも、大人も利用できるようにしていく。こうした成功体験の習得が次への個人の能力の成長につながることからこれを積極的に進める地域となることを目指す。一芸に秀でるを皆で称え応援する地域。また、個人に次の世を作る役割を地域社会は期待していることを示すことで「自己肯定感」の中でも「地域社会的自己肯定感」が得られる地域を作り出すことを目指す。

PROFILE

さかい・よしまさ　1966年福井県大野市生まれ。京都大学法学部卒業。平成２年通商産業省入省。特許庁総務部総務課長補佐、外務省在フィリピン日本大使館一等書記官、宮城県産業経済部次長、経済産業省地域経済産業G産業クラスター推進室長、経済産業省製造産業局政策企画官、旭硝子株式会社（本社事業開拓室主幹（官民交流派遣））、経済産業省博覧会推進室長（BIE（世界博覧会事務局）日本政府代表 兼 ミラノ博日本政府副代表）、内閣官房内閣情報調査室内閣参事官、内閣府地方創生推進事務局　総括参事官などを経て、平成30年７月より中小企業基盤整備機構理事。

高い品質と技術力をビジネスとして活かすには
―福井の先進企業の事例をもとに―

弁護士・ニューヨーク州弁護士
西村あさひ法律事務所 パートナー
佐藤丈文
Sato Takefumi

私は東京で25年近くM&A（企業の合併・買収）等の企業法務専門の弁護士をしています。私の所属する法律事務所は600人以上の弁護士が所属しており、東京をはじめとして国内4拠点、海外はアジアを中心に11拠点を有し、主としてグローバルに活躍している日本企業に対して法的なサービスを提供しています。

弁護士は、ビジネスでは「裏方」にすぎませんが、経営者の方と関わる機会も少なくありませんので、そのような経験も踏まえ、福井企業に向けた提言をさせていただきたいと考えました。そこで、まずは東京でビジネスをされている方から福井企業の特徴についてお話を伺うことにしました。幸い、コンサルティングファームの立場から福井企業に対して成長戦略の立案等の支援をされている方と、メガバンクの立場から福井企業の支援をされた経験のある方からお話を伺う機会を得ました。お二方のお話をまとめると、福井企業には次のような特徴があるようです。

まず、福井企業の強みとして、高い品質（クオリティ）と技術力（テクノロジー）を挙げることができます。福井県は、「『実は福井』の技」というウェブサイトを開設していて（http://info.pref.fukui.jp/tisan/sangakukan/jitsuwafukui/index.html）、福井企業の優れたものづくりを紹介しています。それを見ると、高い技術力を有する企業が多数存在し、国内シェアや世界シェアが上位の企業も少なくないことがわかります。

他方、福井企業の課題として、自社製品の品質や技術力を自己分析することはあまり得意ではなく、そのため、その高い品質や技術力に気づけていない場合があるようです。また、自社製品の高い品質や技術力をビジネスとして活かす方法や、マーケットに対して直接アピール（マーケティング）する方法を見つけるのに苦労されている企業もあるようです。

では、どうしたら自社製品の品質や技術力を適切に評価し、その結果をビジネスに活かすことができるのか。手本となる福井企業に学ぶことが1つのアプローチになると考えられます。

例えば、医療用医薬品メーカーの小林化工株式会社（あわら市）は、高品質なジェネリック医薬品を国内で販売するだけでなく、アジアへの輸出などをグローバルに推進しています。また、同社は、全国に販売店や卸のビジネスパートナーを多数有しています。同社は、まさに自社製品の価値を認識し、それをマーケットに直接アピールするために、全国の主要都市に拠点を置き、ビジネスパートナーを作り、そして海外に向けたマーケティングにも積極的に取り組んでいます。

土木建築資材、不織布などを取り扱うソーシャルインフラ事業等を行う前田工繊株式会社（福井県坂井市／東京都港区）は、「繊維」と「土木」という異なる技術領域を融合した「ジオシンセティックス」という新技術を基盤に飛躍的な成長」をしています。特徴としては、イノベーションの源泉となる高い技術力のほか、事業領域の拡大に向けたM&Aの積極的な活用とグローバルな市場開拓の推進があげられます。また、銀行出身者等の外部人材を経営陣に加えるとともに、大手企業経営者を社外取締役として迎えるなど、その経営に外部の知見・経験を積極的に取り入れています。

三谷商事株式会社（福井市）は、バイオテクノロジーの分野で活躍する顕微鏡用画像解析ソフトウエアの販売本数で国内シェア1位です。また、グローバルな事業展開に取り組むとともに、成長戦略としてM&Aを積極的に活用しています。同社も外部の経営者を経営陣や社外取締役として登用しています。

これらの企業は、自社製品をマーケットに直接アピールする方策として、ビジネスパートナーや拠点を全国に擁《よう》し、さらに、グローバルなマーケット開拓などグローバルな事業展開に積極的に取り組んでいます。また、成長戦略としてＭ＆Ａを積極的に活用しています。しかし、これらの取り組みはやみくもに行っても成功しません。特に海外展開やＭ＆Ａはリスクが高い事業戦略です。ターゲットとなる海外市場や他社の事業に係る様々なリスクに関する情報を十分に収集し、外部専門家の助言も得ながら適切に分析し、その結果を踏まえて最終的に実行の是非を判断する必要がありますし、その実行後も拠点の管理やシナジーの実現など適切な管理が求められますが、これらは一般に容易ではありません。もちろん、自社において、これらを実行できる人材を育成することは重要ですが、海外展開等に関する経験が豊富な外部人材を役員その他幹部従業員に登用することも有効です。先にご紹介した企業はこのような点にも積極的に取り組まれているように思います。また、福井企業は伝統的にものづくりが中心であるためか、無形のものの価値を適切に評価して対価を支払うことが苦手であり、有益な情報を入手できなかったり、外部専門家を有効に活用できなかったりなど損をしている場合がある、という声もありました。この点についても、経験豊富な外部人材の登用が１つの解決策になり得ます。今後、わが国では元気なシニア層がますます増えますが、北陸新幹線により首都圏へのアクセスが改善すれば、首都圏等でグローバルなビジネス経験を積んだ方が第二の人生を選択する際に、食べ物が美味しく暮らしやすい福井県への移住を選択する可能性は十分あると思います。その意味では、今後、福井企業にとっては、有為な「人財」を獲得できるチャンスが訪れます。ぜひともこのような「人財」を積極的に活用することを検討していただきたいと思います。

以上、まとまりのない内容となりましたが、私自身も、将来は元気なシニアとして故郷で福井企業のサポートができる日が来ることを願いつつ、故郷へのエールとさせていただきます。

PROFILE
さとう・たけふみ　1989年福井県立藤島高等学校卒業。1993年東京大学法学部第一類卒業。1995年弁護士登録。2002年コロンビア大学ロースクール卒業（LL.M.）。2003年ニューヨーク州弁護士登録。2002年～2003年ニューヨークのデビボイス・アンド・プリンプトン法律事務所に勤務。2006年から一橋大学法科大学院非常勤講師（M&A）、2016年～2019年筑波大学法科大学院非常勤講師（会社法）。2005年～2009年カブドットコム証券株式会社社外取締役。

首都を福井に、嶺南に空港を

山王病院アイセンター
センター長

清水公也
Shimizu Kimiya

私は1950年に福井県鯖江市で生まれました。藤島高校を卒業後、北里大学医学部に進学し、医局と学位は東京大学医学部で過ごしました。

武蔵野赤十字病院（東京都武蔵野市）勤務時には、作家の吉行淳之介さんの手術を担当したことがあります。当時、白内障は、人工水晶体の手術はできなかったのですが、吉行さんから「病院を7カ所回ったがどの病院からも手術は行っていないと断られた。先生の手術の話を聞き、ぜひ手術をしていただきたい」と懇願されて、手術をしました。手術は成功。吉行さんは後に『人工水晶体』という本を書き、その中には私が実名で登場します。そして35歳で病院の眼科部長に就任しました。（編集注：眼科の治療・手術であげた数々の実績から、清水先生は「白内障手術の世界的権威」と呼ばれるようになりました。）

福井県出身なので、福井を何とか良くしたいという気持ちや思いはやはり強いです。福井のために何かできないか、と何度も考えてきました。でも、なかなかいいアイデアは浮かびませんでした。

私は眼科医。医者である自分ができることはないかと考えていた時に、眼鏡で応援できるのではないかと思いつきました。手術器具開発に眼鏡技術を使えないかと思ったのです。

当時、小浜市副市長だった網本恒治郎さんが、私に鯖江市の「シャルマン」という眼鏡メーカーの堀川馨会長を紹介してくれました。

鯖江は眼鏡の街です。眼鏡は小さな部品で出来ていますが、1個が数十銭しかしないという、いわば家内工業でした。眼鏡技術の付加価値を高めることはできないかと思ったのです。

眼鏡の部品はチタンで出来ています。チタン製の手術器具が出来ないかと考えました。チタンは軽くて、さびず、静電気を帯びないという、人間の体に優しい金属だからです。唯一の欠点は、加工が非常に難しい点にありました。

鯖江の眼鏡業界は、金属の溶接技術や小さな細工の技術には定評があります。安物とは違う、ワンランクもツーランクも上の付加価値の高い医療用器具を追究したわけです。

開発には7年ほどかかりました。技術はあったのですが、眼鏡業界はそれまで医療系器具の開発に携わったことがなかったため、なかなか理解してもらえず、開発に時間がかかったのです。

開発した器具は、手術用のクリップ鉗子《かんし》や手術用防護眼鏡、ハサミ、ピンセットなどで、シャルマンのパンフレットに掲載されています。

福井県の小中学生の体力や学力は日本のトップクラスにあります。なぜなのだろうとも考えました。

県内には優秀な若者が多い。しかし県内にめぼしい産業がない。そのため、優秀な人の多くは公務員、つまり学校の先生になる。先生が優秀だから指導レベルが高いので、子どもが優秀になるのだと私は思っています。県には、優秀な若い人が就職できる、若い人を受け入れる態勢（キャパシティー）をぜひ構築してほしいと思います。

次に問題だと思うのは、嶺北と嶺南が融合できていない点です。はっきり言うと仲が悪いですよね。これは嶺北と嶺南の歴史が違うせいかもしれません。

嶺南は原発を誘致したため、地場産業の水産加工や他の産業が駄目になってしまいました。原発に頼りすぎたのです。米軍基地頼りにして産業がおろそかになった沖縄県の構図と似ています。

観光面では嶺南のほうが有力だと思います。京都府の伊根の舟屋から天橋立、そして福井の若狭湾、三方五湖などが魅力的です。京都市から電車で小1時間と関西方面から近いのも強みです。

日本海側には大きな空港がほとんどないので、小浜市辺りの嶺南地区に空港を作ればいいのではないでしょうか。春江の空港は短いですし、石川県の小松空港に近すぎるので滑走路延長は得策ではありません。

そして嶺北と嶺南の双方の発展をバランスよく考えることのできる県知事が誕生してほしい。嶺北では恐竜博物館は成功していますが、恐竜ばかりでなくほかに何か出来ないかなと思います。中部縦貫自動車道が完成すれば中部圏との連絡が緊密になり、太い縦のラインが出来るでしょう。

嶺北と嶺南の融合が無理なのであれば、いっそ嶺北は石川県と合併、嶺南は京都府に入れてもらったほうがいいような気すらしますよ。

最近、首都直下型地震や南海トラフ巨大地震の発生が心配されています。日本の政治の中心である東京に地震が発生したら壊滅的な影響を受けるのは必至です。太平洋側は太平洋プレートやフィリピン海プレートが潜り込む構造的な地震発生地帯といえます。

何もかもを東京一極集中にするのではなく、首都機能を日本海側に移したほうがいい。首都は福井でもいいのではないでしょうか。米国のワシントンとニューヨークの関係と同じようにするのです。ちなみにワシントンとニューヨークの距離は約330キロ。東京と福井は約300キロ。緯度はほぼ同じですよ。

（本稿はインタビューをもとに編集したものです。）

PROFILE

しみず・きみや　山王病院アイセンターセンター長／国際医療福祉大学教授。北里大学名誉教授、日本眼科学会専門医／指導医／名誉会員、日本白内障屈折矯正手術学会名誉会員、日本眼科手術学会名誉会員、日本角膜学会名誉会員、アジア太平洋白内障・屈折手術学会（APACRS）理事、米国眼科学会生涯会員、社会福祉法人ねむの木学園理事、公益財団法人アイメイト協会理事。1976年北里大学医学部卒業、北里大学医学部眼科学教室入局。1978年東京大学医学部眼科学教室。1984年東京大学医学博士。1985年武蔵野赤十字病院眼科部長。1998年北里大学医学部眼科学教室主任教授。2016年山王病院アイセンターセンター長、国際医療福祉大学教授。

聴ける力

公認会計士
有限責任監査法人トーマツ パートナー
鈴木昌治
Suzuki Masaji

私は、幸福度日本一の福井県の出身ですが、現在は幸福度中位の埼玉県に住んでおり、もう35年になります。このたび「ふるさと福井への提言」という課題をいただきましたが、今回は、私の福井の想い出と、人とのコミュニケーションに関して思うところを述べたいと思います。

◆福井の想い出は、野球

私は、旧今立町西樫尾の出身です（1954年生まれ）。日野山を遠望できる地区です。中学（南越）、高校（武生）と野球部に入っていたため、福井の想い出は野球です。それも水を飲んだらいけない、「うさぎ跳び」で足腰を鍛えなさいという時代の野球です。また、私はピッチャーをしていたため、水泳はダメ、鉄棒もダメ。肩を冷やさないようにと、夏でも試合後でも肩当てサポーターと、今の野球とは逆のことを純粋に信じていました。練習は辛かったですが、遠征で名古屋や京都にも行け、同期9人で良い思い出が残っています。また、この野球経験が今の趣味のゴルフに少しは役立っているように思います。

◆社会人になってから福井の良さを知る

公認会計士試験に合格し、現在の有限責任監査法人トーマツ東京事務所に入りました。ある時、出張で他県出身の先輩会計士と福井に来ました。その夜に、「福井の美味しいお酒の飲める店はどこか」と尋ねられました。無理ですよね。「だるま屋」の屋上の遊園地は知っていますが、18歳までしか福井にいなかったのですから。その時、福井にも「片町」があることを知りました。また、その後、永平寺や東尋坊、若狭路にも改めて訪れ、感慨を深めています。

私の住まいは埼玉県の大宮駅に近いため、北陸新幹線が開通してからは、米原廻りではなく金沢廻りで帰郷しています。２０２３年に敦賀まで延伸され、私にとってはますます便利になります。美味しい福井料理や海産物を食べに帰る機会を増やしたいと思っています。私の福井時代にはなかった恐竜博物館は、東京でもとても評判が良いです。一見の価値があるところのようですね。

◆下宿のおばさんから教わった口の役割

私は、子どもの頃から生意気な（福井弁でいう「こっぺくさい」）人間でした。口数が多く、よく上から目線で話をしていました。このような私の言動を見て、大学（立命館）時代の下宿のおばさんがこう言いました。「口はものを食べるだけではないのですよ。腹に思っていることを止めるのも口なんですよ」。相手の話を聴くことの大切さ。この言葉を50年以上経った今でも覚えているということは、その後の私の人生に何らかの心理的影響を与えたように思います。

◆コミュニケーションとは、相手の話を良く聴くことが基本

現代の社会では、人口・雇用・労働問題、ＳＤＧｓ（持続可能な開発目標）への対応、デジタル・テクノロジーの進化やグローバル化の加速などにより、企業や組織が抱える課題やリスクが広範化・複雑化しています。しかし、このような時代においても（いや、このような時代

だからこそ）、人と人のコミュニケーションは重要な存在であるといえます。コミュニケーション能力があるかどうかは、人生に大きな影響を及ぼすと考えます。

このコミュニケーションですが、上手く話をすることにどうしても注目が行きがちです。しかしその基本は、相手の話を良く聴くことにあると考えます。すなわち、コミュニケーションが上手な人は、まずは相手の話を良く聴き、その後に自己の考えや経験などを適切に相手に伝えています。このように考えますと、コミュニケーション能力の高い人とは、相手が話をしやすい人、相手の話を聴ける人、すなわち、「話をする相手としての価値が認められる人」ということになると考えます。

◆公認会計士が行う「監査」も、聴くことが基本

私は公認会計士として、これまで42年間、企業の財務諸表の会計監査を主たる業務としてきました。「監査」は英語で「Audit」といいます。この「Audit」は、「Audio（オーディオ）」や「Audience（聴衆）」のように、「聴く」ということが起源となっています。よって、監査人「Auditor」とは、高い洞察力をもって相手の事業経営や財務会計などの悩みや意向を聴ける人、そして、相手の話に対して、自分の専門性や経験から的確なアドバイスや解決策を発信できる人という

ことができます。このように、真の監査人とは、人柄も含めた一人の人間としての総合性を基本に有している人だと思います。

近年、上場企業の会計不祥事を受けて、公認会計士には「市場の番人」としての役割の重要性が高まっています。ただ私は、公認会計士は、本来はアクティブでクリエイティブな職業であると考えます。企業が適切な財務情報を市場に提供するにあたって、公認会計士は「ホーム・ドクター」としての役割を担うことが本業だと考えます。日頃から患者の悩みを聴いて、適切な診断や治療・調剤を行うとともに、ある時には総合病院での手術を薦める。公認会計士の仕事の原点もこれと同様だと思います。

私の監査人としての生活も、周りの優秀な方々のおかげで大過なく、いよいよ終盤に来ています。これまで自分が、ひとの心に耳を傾けられる本当の「Auditor」であったか、企業の「ホーム・ドクター」としての役割を果たしてきたか、悩ましいところです。「I still have a goal.」。今からでも遅くない。周りの人から「Auditor」だと言われる人になりたいと思っています。

◆「耳順《じじゅん》」が座右の銘

論語に「耳順」という言葉があります。「六十にして耳順い（耳順）」、「七十にして心の欲する所に従ひて矩を踰えず（従心）」です。この「耳順」とは、「人の言うことを逆らわずに素直に聴くこと」という意味です。私も60歳になって4年が経ちました。この4年間、「耳順」の文字を手帳の最初に記載し、時折り見ています。ただ、まだ「耳順」の心境には達していません。次の「従心」の歳になるまでには、「耳順」の域に少しでも近づきたいと考えています。

PROFILE

すずき・まさじ　1954年旧今立町西樫尾（現在の越前市西樫尾町）生まれ。1973年武生高校卒業。1976年公認会計士第二次試験合格、等松・青木監査法人（現・有限責任監査法人トーマツ）入社。1977年立命館大学経営学部卒業。1980年公認会計士登録。1981年 Tohmatsu Awoki & Co.（ロスアンゼルス事務所）勤務（5年間）。1990年監査法人トーマツ パートナー就任（現）。2001年日本公認会計士協会常務理事。2013年同副会長。〔監査責任者としてのこれまでの主な担当会社〕銀行、鉄道会社、半導体関連製造会社、住宅建設会社、旅行会社、独立行政法人など。

福井県の顔を創造せよ!!

エグゼクティブ・プロデューサー
株式会社オーナーズ・プロモーション 代表取締役
千秋與四夫
Senshu Yoshio

望郷の　子守唄響く　米寿かな!

映画監督を志して、18歳の時に上京し、はや70年、今年(2019年)米寿(88歳)を迎えました。よくここまで生きてこれたものだと思います。在京時、いつも聞かれるのは、「ご出身はどちらですか?」と。「福井県です」と答えると必ず、「東北ですか? いや九州ですか?」と言われます。「北陸です」と言うと、「新潟、富山、石川…えーと福井は?」となります。認知度が大変低いのには、今も困惑しております。

映画監督になれなかった私ですが、時代の流れに乗れて、運よくテレビのプロデューサー兼演出家になれて、テレビの番組を約７０００本。企画したイベントが約１００本ぐらい製作させて頂きました。当時は殆ど生放送で、録画技術がなかった時代だったので、ＶＴＲとして残存していないのが残念です。しかし、映画界をはじめとする、演芸、音楽、スポーツと、あらゆる分野の方々と約７００人ほど関わりながら仕事をさせて頂きました。終生、私の財産であり、宝物です。お世話になった全ての方々に感謝の気持ちでいっぱいです。

ところで、鯖江という町で生まれて育った私にとっては、越前は嶺北と称して寒い所、若狭は嶺南と称して暖かい所というイメージが、未だに強い意識としてあります。同じ日本海に面していても、地勢学上、越前と若狭は、気候、風土、歴史、文化が全く異なります。北陸新幹線の敦賀までの開業が、越前と若狭の融合の絶好のチャンスかもしれません。

江戸時代後期から幕末にかけての、北前船海運の発達、三国湊の内田家、河野の右近家、敦賀の高嶋家や大和田家、小浜の古河家などの歴史や、実績を再開発するのも観光の目玉になるかもしれません。

福井県には素晴らしい匠の技や、豊富な海産物や農作物、そして伝統工芸品の数々。中小企業の高い技術力や、福井県の風土や、文化や、歴史に根ざした観光産業や、産業振興がいっぱいあります。「モッタイナイ」限りです。一日も早く、世の中に、福井県の認知度を高める必要があります。

とまれ！　そのためには福井県の顔を創造する必要があります。最近の例をあげれば大相撲五月場所で優勝した〝朝乃山〟や、バスケット界の選手、八村塁のアメリカＮＢＡへのスカウトの話題などで株を上げた富山県の場合があります。

スポーツでも、音楽でも、映画でも、演芸でも、アニメでも、ゲームでも、どの業界でもいいから、スーパースターを発掘することです。その為には、それぞれのジャンルのメジャーな一流の優秀な指導者（コーチ）の育成と、少なくとも3歳からの幼児教育の充実にあると思います。

福井県人の県民性、我慢強さ、粘り強さとか、無言実行型をバネにして、ロマンや夢や希望を持って明るく前向きに行くのは大事なことです。そうすれば、福井県にも奇跡が起こります。

PROFILE
せんしゅう・よしお　エグゼクティブ・プロデューサー。福井県鯖江市出身。日本大学芸術学部映画学科卒業。昭和28年～29年株式会社ニッポン放送。昭和29年～31年映画助監督。昭和31年～33年株式会社日放。昭和33年～62年４月株式会社フジテレビ。昭和62年４月株式会社オーナーズ・プロモーションを設立し代表取締役就任、現在に至る。フジテレビ時代には、「スター千一夜」「夜のヒットスタジオ」「オールナイトフジ」をはじめ約7,000本の番組等をプロデュース・演出、現在のテレビ番組の原型を確立した。

シニア大学院入試制度創設と将来の幸福度ナンバーワンの取り組み

株式会社一ツ橋アソシエーツ
代表取締役

竹内正実
Takeuchi Masami

私は大学院の博士前期課程を修了し、現在、博士後期課程で研究生活を送っている。２０１２年4月に、明治大学が創設した大学院商学研究科シニア入試を経て第1期生として入学し、大学が意図した「実践知」の「創造」と「伝承」を目標に、サラリーマン時代に経験した実務の中から普遍的な理論を抽出して、先行研究と関連付けて「物的流通における航空貨物の役割」を論文としてまとめている。

２００７年11月、55歳の時、会社事由で退職を余儀なくされた。大多数のサラリーマンは60歳定年で、そこから第二の人生を考えるのに対し、私の場合は55歳で第二の人生を考える必要に迫られた。

そんな折、2011年夏に、明治大学におけるシニア入試制度の記事が日刊紙2紙に掲載された。早速、入試説明会に参加した結果、従前のような働きながら夜間に学ぶものではなく、若者と一緒に昼間に学ぶものであることが判明した。そして、入学後には研究者となり、研究成果を修士論文にまとめることを求められた。

現在までに当制度によりシニア22名が入学し、博士前期課程修了後も博士後期課程に進学する者、他の研究科へ再度入学する者、聴講生として在学する者など、多様な道を歩んでいる。皆それぞれが、シニアとしての定年後の「居場所の確保」という意味で新しい領域を開発している。

大学院にシニア学生が在学するメリットは何であろうか。日本人学生、留学生、教員にとっては、シニア学生の実務経験は、学問を実践と関連付けてより深く把握できる点、大学にとっては、国籍を超えた老若男女が一緒に学べる大学院教育のあるべき姿を醸《かも》し出せる点があげられる。

このようなどちらかというとシニアとして特殊な経験を経てきている私が、「福井を元気に」に関して考えていることをいくつか述べてみたい。

「福井を元気に」を考えるとき、日本の将来の人口構成と「47都道府県幸福度ランキング」を参考にしながら、所感を述べてみたい。日本の将来の人口構成とは、「異次元の高齢化社会」

であり、「47都道府県幸福度ランキング」とは、ナンバーワンの福井県（**表1**）と関連させて見てみたい。

2017年に発表された将来人口統計（「人口推計」総務省）では、2018年3月1日に65歳以上人口が3500万人を超え、80歳以上人口が1000万人を超えた点、さらに、2040年から2050年にかけて65歳以上が4000万人に迫り、80歳以上が1600万人と予想され、65歳以上の人口が総人口の50％を超えるという事実に着目する必要がある。

福井県でも異次元の高齢化社会を迎えるにあたり、幸福度ランキングに関して将来にわたって高位を維持するべくプラットフォームが準備されているかという点について考えてみたい。ここでは、**表2**から分野別指標として教育を見てみたい。

幸福度ランキングに使用される分野別指標は、比較的若者・現役世代を評価するための指標が採用されている。

表1　幸福度ランキング2018年版における都道府県順位

		1位	2位	3位	4位	5位	福井
総合評価		福井	東京	長野	石川	富山	1位
基本指標		東京	愛知	山形	島根	滋賀	19位
分野別指標	健康分野	滋賀	山梨	富山	沖縄	石川	8位
	文化分野	東京	京都	大阪	愛知	大分	33位
	仕事分野	福井	愛知	山口	神奈川	富山	1位
	生活分野	富山	鳥取	島根	岐阜	福井	5位
	教育分野	福井	富山	秋田	石川	愛媛	1位

出所：福井県ホームページ　http://www.pref.fukui.jp/doc/furusato/ranking.html
評価指標数：基本指標５、分野別指標50、追加指標15の合計で70の指標
基本指標：人口増加率、一人あたり県民所得、国政選挙投票率、食料自給率、財政健全度

その中にあって、教育分野においては社会領域の貢献もあり、都道府県順位1位となり、これら指標による評価が福井県の総合評価を1位に押し上げている（基本指標は19位）。2040年～2050年に異次元の高齢化社会を迎えるにあたり、教育分野に関する指標の内容が高年齢者向けに変化することが想定されるが、福井県は依然としてランキング1位を保てるであろうか。つまり、シニアの生涯教育・リカレント教育に関する指標が追加指標として設定された時、シニアが学び続けられるプラットフォームの充実度が高位で評価されるであろうか。

福井県は教育分野ランキングでは、2012年から4回連続で1位を獲得した（2012、2014、2016、2018）。学校領域でも4回連続、社会領域では3回連続の1位で、義務教育

表2　福井県教育分野の各指標別順位（2018年）

分野	領域	現行指標		先行指標		
教育 総合1位 現行1位 先行1位	学校	学力	不登校児童生徒率	司書教諭発令率	大学進学率	教員一人あたり児童生徒数
	1位	1位	5位	12位	13位	21位
	社会	社会教育費	社会教育学級･講座数	学童保育設置率	余裕教室活用率	悩みやストレスがある者率
	1位	1位	1位	23位	1位	7位

出所：寺島実郎［監修］、一般財団法人日本総合研究所［編］、日本ユニシス株式会社・総合技術研究所［システム分析協力］『全47都道府県幸福度ランキング〈2018年版〉』（東洋経済新報社、2018年）p.101

現行指標：現状における経済・社会の安定度を示すものとしての想定

先行指標：将来あるべき姿の実現を見据えた未来の投資状況を示す

追加指標：変動する世の中への適切な適応のため

も生涯学習も、子どもから大人まで学び続ける環境が充実した日本一の教育県といえる。
このような福井県が示す教育分野における存在感あるプラットフォームをさらに伸長させるためには、今後福井県が取り組むべき個性的な教育政策が必要である。たとえば、福井県がすでに持っている教育に対するブランドをさらに発展させ、シニアが学びやすい福井県というブランドを構築したらどうだろうか。現在に至るまで、「シニアが研究活動をして何になるのか」などの厳しいご意見も多々あるが、一般的なシニア学生の能力を分析してみたい。現在の大学院に集うシニア学生は、記憶力は若者に劣るものの、情報収集能力、経験に基づく大局の洞察力・判断力には優れている。これらの実践知を社会に還元する必要がある。

福井県が他の県に勝る点は、「教育県としての良好なイメージと幸福度ナンバーワンのイメージ」などである。つまり、「高齢期をいかに知的武装しながら生活の質を向上させるか」を実験・実現する場所として福井県はふさわしい。そこでは何を研究活動の核としたらよいのであろうか。例えば寺島実郎さんが説く、シニアの社会参画を目標とした健康・心・お金の諸課題を核としたジェロントロジー「高齢化社会工学」を福井県として強力に推進してみてはどうだろうか（『ジェロントロジー宣言―「知の再武装」で100歳人生を生き抜く―』NHK出版、2018年）。現在までに福井県は東京大学とともに、医療・健康・福祉増進に関してはジェロントロジーの深化を図ってきているが、さらに知的好奇心を満たせるプラットフォームを福井県が提供することは、重要な高齢化対策であると思う。

そのためには、福井県の大学がいくつか連携して、大学院において「福井県版高齢化社会工学」のカリキュラムを作成し、若者、留学生、シニアが共同で研究できるプラットフォーム作りが求められるのである。なぜならジェロントロジーは高齢者のための知のあり方だけを考える学問ではなく、むしろ若者にとってこそ、より長い視界で人生を組み立てていくために必要な学問であると思われるからである。

前述のとおり異次元の高齢化が進捗する中で、定年退職後、シニアとして生きがいのある人生を送れるか否かが問われている。マクロで見ると人口が大都会と一部の県に継続的に流入してきている。私はここで福井県の人口流失を防止する方法について述べるつもりはない。人口流失に歯止めがかからなくても、少しでも多くの人が福井県に戻ってきて、生活の質を向上させるべき「知的武装」を実現できる高齢者のためのプラットフォームの構築を提案する。その起爆剤となるものが、福井県におけるシニアのための大学院研究活動の奨励と考える。そのためには「シニアが学びやすい大学院入試制度の創設」をお願いしたい。

最後に、シニアの教育領域を強化するための、福井県へのUターン、Iターンについて考えてみたい。従来のU・Iターンの目的は地元での再就職が主であったが、私は生涯教育を目指してU・Iターンするということを県として奨励してはどうかと考える。そのためには福井県の大学においてシニアが大学院で研究活動可能な教育環境の整備が必要となる。そこには都会における実務経験者と、福井県で学ぶシニア研究者とのコラボレーションによる地域の活性化が見えてくる。福井県で生まれて、学んで都会で就職して、シニアになったら福井県に戻りシニア学生として大学院で若者、留学生と一緒に、地元の産業界の発展のための研究活動をすることを疑似Uターンと名付ける。また、福井県に住んだことはないが、シニアになったら住居を福井県に移し、福井県の大学院で学ぶことを疑似Iターンと名付ける。高齢者による知的武装を目的としたU・Iターンにより、「高齢化社会工学」が盛んに研究され、ひいては福井県の産業の発展に寄与するというサイクルの確立が望まれる。

関東地区在住で郷土を愛する東京若越クラブの会員等のシニアが福井県で生涯教育を受けるための疑似U・Iターンが活況となることを切望する。手始めに「考福塾のシニア版」の創設も面白いのではないか（「考福塾」とは、福井県内の企業や団体で働く若者の中から、次世代を担う人材を育成することを目的とした、若者リーダー育成事業）。

PROFILE
たけうち・まさみ　東京生まれ、福井市に3歳まで居住。早稲田大学商学部卒業。2007年11月日本航空株式会社を会社事由で退職（海外駐在は通算12年、ロンドン、ニューヨーク、デンパサール）。2009年３月服部栄養専門学校卒業（調理師免許取得）、2010年８月東京都立中央・城北職業能力開発センター高年齢者校ホテル・レストランサービス科卒業。2014年4月、福井県出身の音楽家を応援するために株式会社一ツ橋アソシエーツを設立。2019年４月現在、明治大学大学院商学研究科博士後期課程３年在学。

女性も男性も、それぞれが活躍できる福井を
―価値観の多様性を認め合おう―

アリシア銀座法律事務所
代表弁護士
竹森現紗
Takemori Arisa

近年、「男女共同参画」という言葉を耳にする機会が多くあります。男女共同参画社会とは、「男女が、社会の対等な構成員として、自らの意思によって社会のあらゆる分野における活動に参画する機会が確保され、もって男女が均等に政治的、経済的、社会的及び文化的利益を享受《きょうじゅ》することができ、かつ、共に責任を担うべき社会」をいいます（男女共同参画社会基本法2条）。つまり、男性も女性も意欲に応じて、あらゆる分野で活躍できる社会が望まれているのです。

データ上で見ると、福井県では、共働き世帯の割合が全国1位で、女性の就業率も全国1位となっています（平成27年国勢調査　就業状態等基本集計　福井県

結果の概要)。このほか、女性の正規職員・従業員の割合、合計特殊出生率、三世帯同居率の割合も上位である一方、待機児童はほぼゼロとなっています。

このデータだけを見ると、福井県は、働く女性であっても子育てのサポートを受けやすい環境が整っており、女性が働きやすく子どもを産みやすい県のように見えます。

しかし、正規職員として働く女性の割合が高いにもかかわらず、男女間の賃金格差は全国平均より大きく、女性の管理職の比率や、県会議員、市町村議員に占める女性の割合はいずれも全国平均より低いというデータもあります。つまり、福井県は、女性の社会進出率は高いけれど、本当の意味での男女共同参画が進んでいるとはいえないのが現状だと思います。

もちろん、県や県内の各市町村でも、男女共同参画計画の策定に努めており、その策定状況は、全国平均よりも高い94・1パーセントとなっていますが、計画に実態が伴っていないところがあるのではないかと私は見ています。

例えば、福井市が職員に実施したアンケートでは、働く女性の約59パーセントが管理職にはなりたくないと答えました。また、その理由として「仕事と家庭の両立が困難」と答えた人の割合が約33パーセントいたのです。福井県は共働き世帯の割合が高く、男性も家事をするイメージがあるかもしれませんが、福井県の子どもがいる共働き世帯において、1日の家事や介護、育児等の家事関連に費やす平均時間は、男性が38分であるのに比べて女性は255分というデータもあります。まだまだ「女性は家庭を守るべきだ」という考えが根強くあり、男女とも意識改革が必要ではないかと思っています。

男性も家庭の中で積極的に家事関連に割く時間を作ったり、職場で育休をとることが当たり前になって初めて、男女が職場や家庭、地域で平等に責任を負い、やりたいことができる社会に変わっていくのではないでしょうか。男性も女性も、家庭や職場において性別による「こうあるべき」という役割ではなく、自分がやりたいこと、なりたいものをもっと自由に考え、主張してもいいと思います。

一方で、人生や家族のあり方は、人それぞれ異なるものです。先ほどのような話をすると、女性は専業主婦でいるより外に働きに出たほうがいいと推進しているかのように思われることもありますが、それは違います。自分自身の自由な意思で、また家族との自由な意思による話し合いの中で、自分は家庭に重きを置きたいという人がいて、それを望む家族がいれば、その生活もまた、肯定されるべきものだと思います。

私自身、職業柄「キャリアウーマン」と呼ばれることもありますが、親が共働きで小さい頃に寂しい思いをしたことや、料理など家のことをすることが好きなこともあって、ずっと専業主婦に憧れていました。結婚するときも、共働き前提ではなく、「家庭に入っていいよ」と言ってくれる人と結婚したいと思っていましたし、実際そう言ってくれる人と結婚しました。私たちは、結婚前に、経済的なことや家事負担などを話し合い、おおまかにですが、家庭を経済的に支えるのは夫で、家のことをするのは私というふうに、二人で話し合って家庭の中での主な役割分担を決めました。結局私は、仕事にやりがいを感じているので、結婚してからも働いていますが、独身時代と比べると、多少ですが仕事に費やす時間は少なくなり、その分家事に費やす時間が増えました。もしかするとこの先家族が増えれば、今以上に家庭に費やす時間が多くなるかもしれませんが、それも望ましいことだと思っています。

このように、人の好みや価値観はそれぞれ違いますので、家庭生活一つとっても、「理想の家庭」というのはそれぞれによって異なるでしょう。お互いが半分半分に働いて家事も半分半分にするのがいいという人たちもいれば、どちらか一方が働いてどちらか一方が家を守るというのがいいという人たちもいます。もちろんそれ以外のスタイルがあっても、お互いが対等に話し合って納得して決めたことであれば良いのではないでしょうか。そうした「価値観の多様性」を受け入れること自体が、極めて大切ではないかと思っています。

この点、福井では価値観の多様性がまだまだ根付いておらず、どちらかというと出る杭は打たれるというような風潮があり、いろいろな事柄に対して、「こうあるべきだ」という価値観が強い印象があります。難しいかもしれませんが、考え方の多様性、価値観の多様性を受け入れることが大切だと思います。

また少し私の話をさせていただきますが、私は小さいころから「いじめられっ子」でした。今思えばどうしてそんなことにこだわっていたのかわかりませんが、小学校のときは春夏秋冬1年中、半袖・半ズボンで学校に通っていましたし、髪の毛も切りたくないと言ってすごく長く伸ばし、変な髪型に結ったりしていたこともいじめの原因になったのかもしれません。当時は学校の先生に相談しても、「いじめられる本人にも原因がある」と言われるだけで、具体的にどうしたらいいかはわからず、ただただ辛かったことを思い出します。これも価値観の多様性が受け入れられていなかった例の一つかもしれません。しかし、今となれば、当時の自分が周囲と比べて変わった子だったということは十分理解できますし、変わったものを「変わったものだ」と捉えてしまう人間の心理も理解できるようになりました。とっさにそう思ってしまうことや、周囲と違うこと自体を変えることは難しいことなのかもしれません。

それと同じで、これまで「男性らしく」、「女性らしく」と言われて育った世代の方たちは、自分の価値観と違う生き方・考え方と出会ったときに「女性なのに」、「男性なのに」ととっさに思ってしまうことも自然なことなのかもしれません。しかし、とっさにそう感じてしまったとしても、自分と違う価値観を受け入れられる寛容性を持ち合わせること、相手の考え方を理解して受け入れようとすることが大切なのだと思います。

また、私が弁護士の道を選んだのは純粋に、困っている人を助けたかったからです。このような話をすると、女性の弁護士ということもあってか、「弱い女性の味方でいること」や「女性の権利を主張すること」を期待される風潮がありますが、私はこれにも違和感を覚えています。もちろん、男女平等は当たり前で、弱者をなくそうとする社会、弱者が守られる社会であってほしいと思いますし、その実現のために自分にできることには力を傾けたいと考えています。けれど、人は皆それぞれ生まれも育ちも違うものです。例えば生まれながら裕福な人もいますし、そうでない人もいます。社会としては格差や差別をなくしていかなければなりませんが、守られる側も、差別を受けている側だから、弱い立場だからといって何もしなくてもいいかというと、決してそうではないと思うのです。個人個人が今置かれた状況でどうやったらベストを尽くせるかを考えることも絶対に止めるべきではありません。それは男性であっても女性であっても同じことです。

私自身、裕福な家庭に育ったわけではなく、奨学金を借りて大学に通い、社会に出るときはお金もコネも何もありませんでした。でも、あきらめることなく、チャレンジし続けていれば、目標に近づくことができると信じてきました。もちろん、時には壁にぶつかることもあります。

私はこれまで生きてきて、「女性に生まれて損をした」と思ったことはあまりありませんでしたが、弁護士になって仕事をして、初めて、若い女性であるというだけでぞんざいに扱われたり、セクハラを受けたり、依頼者から女性弁護士には相談したくないといって敬遠されたり、

「男性だったら良かったのに」と思う場面に何度も遭遇しました。そんなときはもちろん落ち込みましたし、悩みましたが、どんなに悩んでも、男性になれるわけではありません。むしろ、男性と女性は違うのですから、その違いを活かして自分にできることを精一杯やるしかないと思って働くようになりました。そしてそれを続けていたら、自然とそういった場面に遭遇する機会は少なくなりました。また、自分が経験した分、依頼者の悩みをより親身に聞けるようになり、具体的なアドバイスもできるようになりました。

自分が置かれた環境が変えられなくても、自分の意志と努力で変えられることはある。私は今でもそう思っています。

自分と違う価値観や意見を受け入れられる寛容性を持つこと、そして、自分自身が意志をもって、それに向けて努力すること。この2つがあって初めて、男性も女性も意欲に応じて、あらゆる分野で活躍できる社会が実現できるのだと思います。

（本稿はインタビューをもとに編集したものです。）

PROFILE

たけもり・ありさ　アリシア銀座法律事務所 代表弁護士（第二東京弁護士会所属）。福井県三方郡美浜町出身。美浜中学校、敦賀気比高校を卒業後、慶應義塾大学総合政策学部に進学。在学中に弁護士を志し、同校を卒業後、金沢大学大学院法務研究科を修了。2008年弁護士登録。大手渉外事務所等での勤務を経て、2013年銀座にアリシア銀座法律事務所を開業。病院・企業法務、相続、離婚・男女問題を三本の柱として一般民事事件を中心に業務を行っている。

福井ブランド飛躍的上昇への特効薬！

株式会社ブランド総合研究所
代表取締役社長
田中章雄
Tanaka Akio

福井県の魅力度ランキングは40位前後と低迷している。北海道が10年連続1位、北関東の某県が6年連続最下位など、なにかとメディアに取り上げられる「地域ブランド調査」の主催者として、自らの地元・福井県がなかなか上位しないのは寂しい限りだ。

では、どうすれば福井のブランド力を飛躍的に上昇させることができるだろうか。ブランド力を高める近道は、インパクトのあるブランドシンボルを作ることに尽きる。そのシンボルとなるべきものには何があるだろうか。

福井県は江戸時代には御三家に次ぐ家として越前松平藩が繁栄し、明治以降は繊維などの地場産業が富をもたらした。

人口当たりの社長輩出数は長らく日本一を誇っており、幸福度ランキングや小中学生の学力テストでも常にトップを争っている。越前ガニやコシヒカリを知らない人はほとんどいないだろう。越前おろしそば、ソースカツ丼、焼鯖寿司、上庄里いもなど福井マニアには垂《すい》涎《ぜん》のネタも少なくない。しかし、残念ながらどれもインパクトに欠ける気がする（どれも私は個人的には好きだが）。

ところが福井には松平よりも継体天皇よりも古くに統治していたものがいる。そう、ジュラシック紀の王者、恐竜だ。勝山市の県立恐竜博物館は、質・量ともに日本最大規模の恐竜に関する展示を誇っていて、毎年１００万人近くが訪れる。福井県の人口より多い来場者というのだから驚きだ（まもなく累計入場者数も１０００万人を突破するらしい）。

中に入ると、生きているかの如く怒声を張り上げ、首を振って来場者に襲い掛かりそうな迫

福井県の魅力度の推移

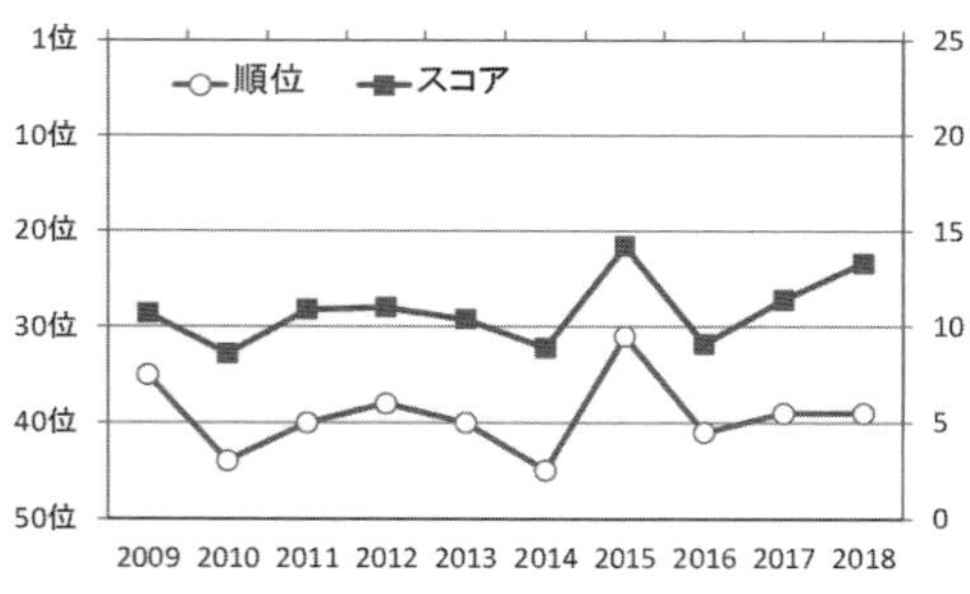

出典：地域ブランド調査（株式会社ブランド総合研究所）

力のあるやつもいる。それに、本物の恐竜の骨に抱きつくこともできる。ほんのりあたたかさを感じる恐竜の骨なんて、他のテーマパークにはないだろう。なにせ〝本物〟なのだから、とにかくすごい。空想や作り物ではない。

大阪にあるユニバーサル・スタジオ・ジャパン（USJ）のジュラシック・パークに負けるはずがない。あちらで楽しんだ後は、こっちで現実に出会うように呼び掛けてはどうか。どうせならUSJの最寄り駅であるユニバーサルシティ駅から勝山駅までの直通特別列車「Fダイナスター号」を走らせたらどうか。ラッピングはもちろん、乗務員は全員が恐竜の着ぐるみか、はじめ人間ゴン（！）の扮装をし、車内では恐竜の唐揚げと卵を販売するというのはどうだろう。ちなみに鳥の祖先は恐竜らしいから、車内では「チキンザウルスの唐揚げ」とでも呼ぶのがいい。

Fダイナスター号を迎える福井駅では恐竜のモニュメントが観光客を迎え入れ、駅舎に恐竜ラッピングを施すなど、「恐竜王国福井」を打ち出している。こっちは作り物しかないが、声を出し、動くモニュメントから白衣を着た恐竜まで様々なところで闊歩している。どうせならホテルや飲食店、百貨店などいたるところを恐竜だらけにしてしまおう。オリンピックで日本中が舞い上がっている期間のある一日だけは、県民全員が恐竜が印刷されたTシャツを着る日を作る。「福井に80万匹の恐竜が集結」とすれば、国内外から多くの観光客が一目見ようと押し寄せるだろう。

これくらい思い切ったことをすれば、福井県のイメージは一気に変わるだろう。それがブランド戦略なのだ。

◆紙の神は世界に誇れる!

さて、もうひとつ世界に売り込むべきものがある。それは和紙の神様・紙祖神《しそじん》である川上御前が祀《まつ》られている岡太神社だ。上宮(奥の院)には大瀧神社・岡太神社の本殿が並んで建ち、下宮(里宮)は両神社共有の本殿・拝殿が、スッと立ち並ぶ大木の中で凛とした姿で鎮座している。大木の枝の隙間を流れる風と鳥のさえずりのハーモニーの中、自分もその壮大で神聖な世界の一部に溶け込むような錯覚に陥る。

ハチの巣のような観光客の喧騒に埋もれる京都や金沢の神社では決して味わうことのできないこの厳格な世界。世界中のだれもが、ここに訪れたときにはただただ驚愕するに違いない。この素晴らしさをもっと観光資源として打ち出さないのが不思議としか言いようがない。

朝露の永平寺のたたずまいにも通じるところがあるが、除夜の鐘で有名な永平寺ほどの認知度がまだないだけに、ここを訪れた時の感動と驚愕は、間違いないだろう。

越前市にある大瀧神社・岡太神社は日本で唯一の紙の神様が祀られている神社

拝殿・本殿は国の重要文化財に指定されている

権現山の頂上に位置する奥の院に祀られた御神体をふもとの里宮にお迎えし、御神体を乗せた神輿が五箇の街中を練り歩く「神と紙の祭り」は１５００年の伝統があり、一見の価値はある。五箇と呼ばれる岡本川に沿って越前和紙の和紙業者が軒を並べる約６００メートルほどの街並みは、美しい日本の歴史風土百選に選ばれたほどいまも和紙の郷の風情が残っており、ぜひ歩いて散策してもらおう。

本物の恐竜に、凛とした大瀧神社・岡太神社。福井のことをあまり知らない外国人にこの２つを経験させ、インスタ映えする写真とともに彼らがその魅力を発信するようになれば、福井の魅力は世界中に轟き、福井が「一度は訪れたい魅力的なまち」として知られるようになるだろう。外国人に感化されやすい日本人は「福井ってすごいんだ」と思い始め、結果的には福井の魅力度ランキングは一気に上昇し、上位ランキング入りする…こんな日が来ることを切に願っている。

PROFILE
たなか・あきお　1959年福井県福井市生まれ。東京工業大学理学部卒業。株式会社日経BPで雑誌記者、新雑誌・新事業開発を約20年間担当。株式会社日本ブランド戦略研究所社長を経て、2005年に株式会社ブランド総合研究所を設立し、代表取締役社長に就任。2008年に地域ブランドおよび地域団体商標の普及・啓蒙活動により「知財功労賞経済産業大臣表彰」を受賞。2011年ギネス世界記録地域活性化委員会副委員長、2017年食農体験ネットワーク協議会代表、2019年一般社団法人日本フードバリアフリー協会代表理事就任。

福井の動物園を考える

葛西臨海水族園 前園長
多摩動物公園 元園長
恩賜上野動物園 元副園長
田畑直樹
Tabata Naoki

◆はじめに

1977年（昭和52年）4月、東京都職員となった私の最初の勤務先は、井の頭自然文化園という、三鷹市と武蔵野市にまたがる井の頭恩賜公園の中にある動物園でした。ここが40年を超える動物園人生の始まりでした。また、2004年（平成16年）4月、管理職として最初に赴任したのも井の頭自然文化園でした。都立の動物園（2008年から東京動物園協会という公益財団法人が指定管理者として管理・運営を任されています）はみなさんがよく知っている、恩賜上野動物園、多摩動物公園、葛西臨海水族園と井の頭自然文化園です。一時、伊豆大島公園動物園、都庁新宿本庁舎勤務はありましたが、40年以上にわたり４つの動物園・水族館で働いてきました。

こうした東京の動物園勤務での経験から故郷、福井の動物園について考えてみたいと思います。

◆動物園についてのおさらい

動物園とは

動物園とは？　みなさん考えてみたことありますか。大辞泉によると「世界各地から集めた種々の動物を飼育し、調査や保護、教育、娯楽などを目的に広く一般に見せる施設」と書かれています。また、博物館法では博物館の定義を「歴史、芸術、民俗、産業、自然科学に関する資料収集し、保管し展示して教育的配慮のもとに一般公開する施設」としています。多くの動物園は博物館法の中で博物館相当施

葛西臨海水族園のシンボルであるガラスドーム
※文中の写真はすべて公益財団法人東京動物園協会提供

設として扱われています。

自分流に定義すれば、動物園とは「主に野生動物を収集、飼育、展示して、保護、研究、教育、娯楽などを目的として一般に見せる施設」となるでしょうか。

動物園の歴史

日本で一番古い動物園は、恩賜上野動物園です。1882年（明治15年）農商務省博物局付属動物園として開園しています。つまり国立の動物園だったわけです。1924年（大正13年）関東大震災の翌年、東京市に下賜（動物園は宮内省に所属していました）されました。

二番目に古いのは京都市動物園で1903年（明治36年）開園、三番目が大阪市天王寺動物園で1915年（大正4年）開園になります。恩賜上野動物園も含めていずれの動物園も国内博覧会開催を契機として建設されています。

日本の動物園の開園時期には何回かの波があります。公益社団法人日本動物園水族館協会の加盟園館で開園年を調べてみるとピークが2度ほど出ています。一つ目は1950年代です。これは恩賜上野動物園が実施した移動動物園により触発されてブームが起きたと考えられます。もう一つは1970年代から1980年代にかけてです。これはサファリ形式の動物園、古い動物園のリニューアルによる新たな開園等、事情はいろいろあるようですが、やはり、経済成長の影響が大きいように思います。身近に楽しめる施設として動物園の需要があったのだと思います。

動物園と野生動物保全

動物園は様々な役割や機能を持っていますが、大きな役割の一つに野生動物保全があります。1970年代以降、人間活動が活発になるにつれて、限りある空間である地球に生息する野生動物はかつてないスピードで絶滅するようになっています。日本も例外ではありません。1960年代から始まった高度経済成長による自然環境の破壊により多くの野生動物が絶滅の危機に瀕しています。トキやコウノトリはその象徴でしょう。ここではかつて福井県の県鳥であったコウノトリを例に動物園とのかかわりを紹介します。

コウノトリは、かつては日本で普通に見ることのできる大型の鳥でした。しかし1950年代から急激にその数を減らし、1961年（昭

子育てをするコウノトリ（多摩動物公園）

和36年）兵庫県豊岡市でヒナが1羽ふ化、１９６４年（昭和39年）に小浜市で野生最後のヒナがふ化、そして１９６５年（昭和40年）から豊岡市で人工繁殖が試みられましたが、残念ながら１９７１年（昭和46年）に日本で繁殖する個体群は絶滅しました。多摩動物公園では翌年の１９７２年（昭和47年）から飼育下繁殖に向けて飼育を開始しています。しかし、１９８８年（昭和63年）の飼育下での日本初繁殖まで16年の月日がかかりました。原因はいろいろ考えられますが、少ない羽数での繁殖の試みでペア形成がうまくいかなかったことが一番に挙げられます（オス・メスの相性が合わないとけんかをして最悪、死亡することもありました）。

多摩動物公園では１９８８年以来、31年間連続してコウノトリの繁殖に成功しています。豊岡コウノトリ飼育場での初繁殖は１９８９年（平成元年）です。その後この両園が中心となり飼育下繁殖に取り組み、順調に飼育数を増やしていきました。１９９９年（平成11年）兵庫県立コウノトリ郷公園（前身は豊岡コウノトリ飼育場）が開園し野生復帰を視野に入れた活動が開始されました。２００５年（平成17年）5羽のコウノトリが試験的に放鳥され、２００７年（平成19年）野外において43年ぶりにヒナが誕生、46年ぶりに巣立ちをしました。

その後は、自治体においてもコウノトリ飼育が開始されています。コウノトリ郷公園の支援を受けた福井県と多摩動物公園の支援を受けた千葉県野田市です。飼育下におけるコウノトリは２００羽を超え、野生下の数は１４０羽を超えています。隣国の韓国でも野生復帰が図られ両国で放鳥されたコウノトリが行き来しています。

動物園と教育活動

動物園のもう一つの大きな役割が教育活動です。みなさんも遠足で一度は動物園を訪れたことがあるのではないでしょうか。私も記憶の中に足羽山のサルやツキノワグマが狭い檻に入っているのを見た記憶があり、また、お隣、石川県の金沢ヘルスセンターで見た大蛇やカバが記憶に残っています。

動物園での教育活動は大きく分けて、一般来園者への普及活動と学校と連携した活動があげられます。ここでは葛西臨海水族園での活動を例にして説明します。

一般来園者に向けのプログラムとしては、スタッフと一緒に生き物を観察するガイドツアーやスタッフが水槽の前で生き物の解説をする活動、マグロやペンギン、海鳥などの餌の時間にガイドを聞きながら観察することもできます。「潮だまり」でのウニやカニ、「タッチンフィーリン」ではサメやエイとふれあうことができます。ほかにも情報資料室ではスタッフがみなさんの質問に答えること、ワークシートや標本なども用意しています。大人限定の「大人ガイドツアー」も実施しています。

学校団体向けのプログラムは対象年齢と解説内容によって細かく分かれています。対象年齢は幼児、小学校1・2年、小学校3・4年、小学校5・6年、中学校、高校・一般、その他と7段階に分かれています。そして解説する内容は「磯の生き物」、「生き物の形とくらし」、「マグロ」、「食べる」など7つのプログラムが用意されています。例えば小学校3・4年生の「マグロ」では「マグロの形・マグロの泳ぎ」というテーマとなっています。餌を求めて外洋を泳ぎ続けてくらすクロマグロ。体のつくりや泳ぎを映像を使って観察し、外洋でのくらしとの関係を学びます。また、水槽での観察ポイントも紹介します。30～40分の講義で80名くらいまで対応できるプログラムとなっています。

これらの実施プログラムは多少の違いはあっても各園で広く展開しています。

動物園とエンターテインメント

長らく動物園は娯楽施設としての役割を果たしていました。第二次世界大戦後、まだまだ娯楽施設の少なかった都市では動物園が家族で訪れるちょうど良い施設だっ

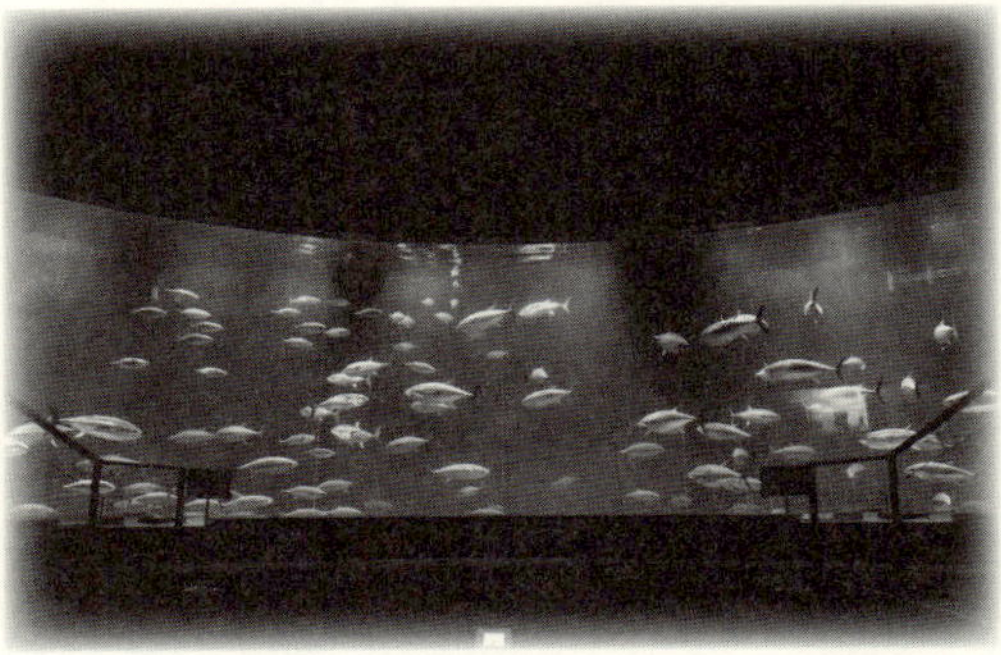

マグロ大水槽（葛西臨海水族園）

たのです（動物園は公立が多く入園料が安価です）。安心して子どもたちを遊ばせることができました。また、普段見ることが難しい、遠くアフリカやアジア、アメリカの動物を身近に見ることができました。

しかし、近年は映像技術、ＩＴ技術の発達で遠くの野生動物を瞬時にいつでも見ることができるようになってきました。しかし、本物に勝るものはないと考えています。

◆福井の動物園を考える

さて、いよいよ福井の動物園についてです。

現在、福井県には福井市足羽山公園遊園地と鯖江市西山動物園があります（越前松島水族館についてはここで触れないでおきます）。その沿革を見ると設立目的は大きく異なっています。足羽山公園遊園は上野や京都、大阪と同じように博覧会が開催されて開催期間中の展示動物が起源となっています。１９５２年（昭和27年）、復興博覧会（ここでの復興は福井地震からの復興でしょうか？）一会場として「福井市郷土博物館」が設置され、４月10日に開館しています。そこにはニホンザルやツキノワグマ、タヌキ、キジなどが飼育されていました。その後、施設名称が「福井市郷土自然科学博物館」「福井市自然史博物館」と改称されました。これとは別に1980年（昭和55年）足羽山公園遊園地が開園し、翌年に自然史博物館で飼育されていた動物も移され現在に至っています。

鯖江市西山動物園は市制30周年を記念して1985年（昭和60年）に開園しました。その記念として北京動物園より何回かに分けてレッサーパンダが来園しています。つまり、記念の動物交流により来園する動物を受け入れるために動物園を開園したといえます。来園したレッサーパンダはその後順調に繁殖し、多摩動物公園と並んで日本での繁殖基地的存在になっています。1989年（平成元年）にはレッサーパンダの国内での交流のために公益社団法人日本動物園水族館協会に加入しています。

福井県で野生動物に関係する施設といえばほかに、大野市六呂師高原にある自然保護センターでの傷病野生動物の保護施設、越前市にあるコウノトリ飼育施設などがあります。

本題に入ります。今日の動物園を取り巻く状況を考えるとき、保全活動や環境教育活動など求められる役割は益々重要になっています。しかし、一方で新しい動物園を作ろうとすると莫大なお金がかかります。初期投資に加え、入園料金の多少にかかわらず、動物を飼育することによる経常経費はコンスタントにかかります。収入が少ないから餌を減らすとか、飼育数を減らすことはできないのです。こうした理由により自治体が経営するには手に余ることも事実です。また、外国産の動物は言うに及ばず国内の動物も入手がどんどん困難になっています。現在、希少野生動物（これはイコール、人気動物だといっても過言ではありません）を野生下から入手することはほとんど不可能です。さらに、動物園生まれの個体でも、動物福祉の観点から野生の状態での生活を無視した飼育方法は許されなくなっています（群れ生活する種類は群れで、単独生活する種類は単独で、広い行動範囲を持つ種はそれなりに広く、など様々な制約が求められているのです）。教育活動で有効とされている「ふれあい活動」でも過度の接触は避けなければなりません。

そこで、提案ですが、現在ある動物園・施設間の連携により福井での動物園としての役割を果たしていくというのはどうでしょうか。

それぞれの動物園、施設がそれぞれの強みで連携して一つの動物園として活動していくことを提案したいと思います。「おさらい」でも言いましたが、現在の動物園の役割は野生動物の保全であり、その活動を通じての自然環境の保全です。小中学校、高校、大学などの学校教育、公民館などの社会教育施設などと連携した環境教育の普及にあります。

福井市足羽山遊園は幼稚園・保育園などの未就学児、小学校低学年を対象とした教育活動の拠点として機能させる。鯖江市西山動物園は希少野生動物であるレッサーパンダの飼育、繁殖に関しては全国でも名前が通っています。こうした強みを発揮して外国の野生動物の保全活動の拠点として機能する。また、それを通じて高等教育への活動を重視する。自然保護センターとコウノトリ飼育施設は国内の野生動物保全活動と身近な自然を伝える場として機能させる。問題は運営主体です。現在の組織は福井市、鯖江市、福井県とばらばらですが、ここは福井県が主体的に動いて新たな組織形態にするという可能性もあると思います。法律には詳しくないのですが、指定管理者制度、地方独立行政法人制度など方策はあるような気がします。

◆おわりに

平成が終わりを迎える時、私の動物園人生も終わりとなりました。この東京若越クラブを通じて、考福塾、ふるさと先生などの活動をさせていただいております。また、動物園勤務時からコウノトリの保全活動に携わり、これが縁となり「福井県コウノトリ定着推進委員会」のメンバーとして活動しております。少しは動物園での経験が活かせたと自負しております。これからも福井のためにお役に立てればと思います。

PROFILE
たばた・なおき　1953年福井（福井市本堂町）で生まれる。1976年北海道大学理学部生物学科動物学専攻卒業。1977年東京都に入る。井の頭自然文化園に配属。その後、恩賜上野動物園、大島公園動物園、葛西臨海水族園、多摩動物公園等に勤務。2004年井の頭自然文化園園長。2006年多摩動物公園飼育展示課長。2008年恩賜上野動物園副園長兼教育普及課長。2011年多摩動物公園園長。2014年葛西臨海水族園園長。2019年退職。

都会にいる福井に縁のある方々を人材としてビジネスで活用しよう

奥・片山・佐藤法律事務所
パートナー弁護士
土森俊秀
Tsuchimori Toshihide

1. 私は現在、東京において、主に企業活動に関連する法律事務を扱う弁護士として業務を行うとともに、日本弁護士連合会の中小企業法律支援センター事務局長として、中小企業の法的支援に関わっています。また、東京福井県人会の部会委員長（部会は青年部・婦人部を指します）を務めており、イエロー会という、福井に縁のある若者たちの会の運営に携わっています。

今回、「ふるさと福井への提言」というテーマをいただき、提言といった大それたことを言えるほどの見識はないものの、右記の活動を通してふるさと福井に思いを馳《は》せるところもあり、寄稿させていただきます。

2. 私の提言は、福井の企業が、都会にいる福井県に縁のある方々を、ＵターンやＩターンのような形だけでなく、副業としての受入や業務委託などの方法で、もっとビジネスで活用してはどうか、ということです。

(1) 人材活用の必要性が生じている背景

現在、デジタル化、グローバル化により、事業において求められる人材も変化・多様化してきています。例えば、顧客への営業方法として、これまでは営業担当者が見込客に一件一件営業をかけていくような、フルタイムの従業員でなければなかなかできない人海戦術的なスタイルであったものが、デジタル化により、自社ウェブサイトなどによるインターネットを通じた情報発信や、ＳＮＳでの情報発信による営業といったスタイルなども広まってきており、これに対応できる能力が必要とされたりします。また、事業によっては、グローバル化により否応なしに海外取引も進めていかなければならず、英語や中国語といった外国語能力や、海外取引の知識・経験が豊富な人材が必要になってきたりします。これらにおいて必要とされる能力は、既存の従業員が一から自分で勉強して習得するよりも、これらの能力を有している人材に、パートタイム的な形ででも継続的に会社の事業に参画してもらい、そのノウハウ等を会社内に広めていくほうが効率的な場合も多いと考えられます。

また、近年は、製造業分野における系列構造が解体されていくに伴い、中小企業であってもオープンイノベーションの必要性が高まってきていますが、これにも見られるように、労働時間で勝負するような労働集約型の構造には限界があり、知識やアイデアなど、労働時間に必ずしも比例しない要素によって付加価値を生み出していく必要があります。これは人口減少に向かう社会において特に必要なことと考えます。イノベーションは、会社内の同質の者だけで考えるよりは、外部の新たな視点も取り入れることで生じることも多いと考えられます。

また、イノベーションといった大層なものではなくとも、都会の大企業での職務経験のある人を活用することで、効率的な働き方を取り入れることができたりもします。大企業で働いている人にとっては社内でごく普通に行っていることでも、地域の中小企業ではそれを取り入れることで大幅に生産性が上がる、という場合も多々あるのではないかと思います。ちょっとした例では、事業において利用している、メール、ワード、エクセルといった基本的なパソコンソフトも、現在一応は特段の不便を感じることなく使っていたとしても、外部の人がいろいろな場面での利用の仕方や、効率的な使用方法を実践し、社内に波及することで、生産性が向上することもあります。

さらに、都会には、福井県にゆかりのある人だけでも、いろいろな経歴の人が集まっており、その方々は、大学、職場、プライベートなどでの交流を通じて、福井ではなかなか接点を持つことができないネットワークをもっていたりします。先に述べたイエロー会の会員の中には、会社員以外にも、東京で自分で会社を立ち上げている起業家、演奏家、映画監督、プロカメラマン、士業などの個人事業主、フリーランスの方も多く、積極的にネットワークを作っておられます。福井の企業がそのような方々と一緒に仕事をすれば、そのようなネットワークを活用できる可能性もあります。

(2) 人材を活用できる機運の高まり

これまでも、人口減少の抑制という観点から、Uターン、Iターンをいかに増やすかが課題とされていましたが、生まれ育った地元に愛着はあるものの、やはりいきなり福井の企業に転職して都会を離れるというのは、家族の関係（特に配偶者が福井出身以外の場合）や、給与面等の関係で実現できないという方は多いと考えられます。

ただ、UターンやIターンでフルタイムの従業員として働くのでなくとも、これまで述べてきたような活用方法であれば、現在進められている働き方改革や、副業の推進などの流れの中で、ぜひ福井の企業の仕事をしたい、という人が出てくるのではないかと思います。大企業の中には、もっと活躍できるはずの能力を持った人が、能力を発揮できずに埋もれている場合もよくありますので、そのような人を副業の受入などで活用できると相当の戦力になる可能性があります。そして、情報通信等のインフラの整備により、仕事内容によっては、東京にいながら福井の仕事をすることも可能になってきています。

先日（令和元年5月15日）、経済産業省から発表された「グローカル成長戦略」報告書では、「地方の成長なくして、日本の成長なし」をスローガンとして、「人口制約下」においても成長を実現するためには、地方企業を世界市場に直結させビジネスの国際化を進めること、キャッチアップ型からフロントランナー型の成長への転換とダイナミズムのある経営を行うことが重要だと指摘した上で、諸施策がまとめられています。そのような経営に必要な人材の供給源の一つとして、都会にいる福井に縁のある人材を活用してはどうでしょうか。幸いにして、福井県は幸福度ナンバーワンといわれる魅力のある地域です。都会にいる福井に縁のある方の中には、福井に接点をもちたい、何かしら福井に貢献したい、いきなりは無理だけれども少しずつ福井との接点を深めていつかは福井に帰って仕事をしたい、といった思いを持った方もたくさんいらっしゃいます。その中には福井の企業がぜひとも活用したいようなリソースをもった方々もたくさんいらっしゃいますので、ぜひその活用を検討してみてはどうでしょうか。

PROFILE

つちもり・としひで　1972年福井県敦賀市生まれ。敦賀市立南小学校、敦賀市立気比中学校、洛南高校（京都）、東京大学法学部、米国ノースウェスタン大学ロースクール（LL.M.）各卒業。2001年弁護士登録。奥・片山・佐藤法律事務所パートナー弁護士。主に企業の顧問弁護士として、会社経営・企業取引に関連する法務全般を扱う。弁護士会活動として、日本弁護士連合会中小企業法律支援センター事務局長・中小企業の海外展開業務の法的支援に関するワーキンググループ委員等。

福井の先人の声に耳を傾け、遠くに思いをはせよ

―若い世代への提言―

青山学院大学
名誉教授
土山實男
Tsuchiyama Jitsuo

ちょうど50年前に武生高校を出て青山学院に入ったわたしは沖縄返還、米中和解、そして米ソ緊張緩和などが次々と起こった国際政治の面白さに取り憑かれて、後で述べる若泉敬氏に励まされ、ワシントンDCにある大学の大学院に留学して国際政治を学んだ。そうしているうち青山学院が全国の大学にさきがけて国際政治経済学部という国際学部をつくったので、母校に戻ることになり、国際政治を教えてはや三十数年になる。

国際政治のなかでも安全保障を専攻したから、大学で教壇に立つだけでなく、防衛省統合幕僚学校や海上自衛隊幹部学校でも危機管理や同盟を二十数年教えてきた。その間、サミュエル・ハンチント

ン教授が所長をつとめていたハーバード大学のJ・M・オーリン戦略研究所で研究員をしたり、青山学院では大学行政にもたずさわって大学の国際化に微力を尽したこともある。また、防衛大元校長の猪木正道氏が創設した民間のシンクタンク平和・安全保障研究所では若手の日米・安全保障研究者を育てるための日米パートナーシップ・プログラムのディレクターを長年まかされ、野村総合研究所の会長をした佐伯喜一氏が中心となり50年ほど前に設立した外交・防衛問題のための国際安全保障学会の運営にも、とくに昨年からは会長として関わっている。学会の最前線に立ってはいないものの、この数年は近代日本の外交戦略のリアリズムとペロポネソス戦争史を書いたツキュディデスの国際政治理論についての考えをまとめている。幕末に生まれた日本の国際政治リアリズムは早くも日清戦争の頃には弱まり始め、日露戦争や第一次世界大戦勃発後の中国への勢力拡大は、日本にリアリズムがあったからではなく、むしろリアリズムがなかった結果ではないかと考えている。また、なぜいまツキュディデスなのかと不思議に思う方がいるかもしれないが、現代の国際政治学者が言っていることは、たいがい2400年前にツキュディデスが考えていた。たとえば、ツキュディデスが言うアテネ帝国の崩壊は戦前の日本帝国の崩壊にも通じるところがある。つまり、アテネと同様、帝国日本も自分に何が出来るかを読み誤って自滅したのである。

もっとも、わたしが考えたり教えたりしてきたことは福井が生んだ偉人の仕事から見ればたかが知れたものである。世界の流れを読み日本を動かした人々のなかに越前・若狭の人は少なくない。たとえば幕末の越前福井藩主松平慶永《よしなが》（春嶽《しゅんがく》）と福井藩がその例である。田安家に生まれ11歳で福井藩主となった春嶽は、雄藩のなかでおそらくもっとも聡明な藩主のひとりだった。春嶽は的確に状況を認識し、正しい判断をした。彼はペリー来航から維新にかけて日本が直面した危機を幕府では乗り切れず、議会制による政治体制に変革するしかないと読んでいた。それゆえ春嶽は将軍家茂《いえさと》が21歳で大坂城で亡くなった直後、徳川から天皇への大政返上を次の将軍となる慶喜に勧告している。春嶽が信頼した勝海舟も幕府はもたないと考えていたし、春嶽の腹心だった橋本左内は幕藩体制に代わる統一国家構想をつくっていた。春嶽が熊本藩から福井に招聘した横井小楠にも議会政治を実現するための理念と計画があった。また彼らの変革論は海防論（こんにちの国防論）と結びついており、海国日本の海軍構想をもっていた。さらに、海舟の妻は傑出した戦略家・思想家である佐久間象山の妹だったから海舟は象山とのつながりがあったし、海舟は英国の俊英外交官アーネスト・サトウとの交流もあった。そして、彼らのあいだを情報とアイデアをもって回りネットワークをつくったのが坂本龍馬である。龍馬の情報には幕府や雄藩だけでなく海外の情報がふくまれていた。60年近く前に書かれたのにいまでも第一級の研究書として名高いマリウス・ジャンセンの『坂本龍馬と明治維新』は、龍馬が新政治体制の中心にすわるのは春嶽だと信じていたと書いている。

しかし、現実は彼らが考えたようにはならなかった。なぜなら最後の将軍慶喜は大事なところでぶれたし、孝明天皇の急死など偶然もあった。また、ここに名の挙がったものの多くが途中で命を落とした。左内は安政の大獄で斬刑となった。左内が慶喜を将軍にする運動をしたというのがその理由だが、本当のところは大老井伊直弼が左内を幕府の脅威と見たからだろう。左内を失ったことは春嶽にとって大きい痛手となっただけでなく近代日本の損失であった。だから、村田氏寿《うじひさ》だったか、左内の近くにいたもののなかには左内の将来を奪ったということだけでも直弼は桜田門外の変に倒れるに足る十分な理由があったというものがいた。そして龍馬も小楠も象山もみな暗殺された。他に福井藩には中根雪江や五箇条の御誓文の起草に関わった三岡八郎（由利公正）がいる。彼らの目や耳は福井藩の外だけでなく遠く日本の外にも向けられていた。

幕末当時、国論は欧州列強の力を斥けようとする尊皇攘夷派と世界に国を開こうとする開国派（開明派）に二分されていたが、春嶽に連なる人々はみな後者に属していた。そして開明派の考えを支え育てたものが洋学、つまり当時の蘭学である。蘭学の始まりは幕末から100年ほど前の『ターヘル・アナトミア』の翻訳書『解体新書』に遡る。その翻訳をした杉田玄白らは明和8年（1771年）3月、死体の腑分け（解剖）に立ち合って、「身体の真理」を弁《わきま》えて医をなすべきことを知った。つまり、宗教などからではなく、人体がどうなっているのかを見て考える医学からリアリズムが生まれ、やがて藩や国の「治療」をする際にもリアリズムで考えるようになった。蘭学の祖となった玄白は小浜藩の藩医の家に江戸で生まれ、幼年期の5、6年を小浜で過ごしている。玄白から約100年後の左内も福井藩の藩医の家に生まれ、緒方洪庵の適々《てきてき》斎塾に蘭方医を学んでいる。

ここで話を幕末維新からさらに100年後の日本に戻したい。当時、日本の最重要課題は沖縄返還だった。「沖縄が帰らなければ戦後は終わらない」と佐藤栄作首相は沖縄で言ったが、米国にあった沖縄の施政権を日本に返させることが時の国家的目標だった。その焦点は「核抜き、本土並み」で返還ができるかどうかだった。核抜きとは米国が沖縄の米軍基地に配備している核兵器を撤去させること、本土並みとは返還後の沖縄にも本土と同様に日米安保条約が適用されること、具体的には核撤去後の沖縄に再び米国が核を配備するに際して米国が同条約にいう事前協議にかけた場合、日本が米国にノーと言えるのかどうかという問題である。

この日米交渉は難航した。なぜならアジアの緊張が高かったからである。中ソ同盟が分裂し、中国は自前の核を持ち（64年）、両国関係は戦争をするまでに悪化した（69年）。その前年、北朝鮮は青瓦台襲撃のために特殊部隊を青瓦台近くにまで送り込んで約30名が射殺された。その2日後、北朝鮮は米国の電波情報収集艦プエブロ号を拿捕した。また69年4月に北は米情報探索機ＥＤ－１２１を撃墜して米側に31人の死者がでた。だが、米国はベトナム戦争の泥沼にはまり込んでいてこれらの危機に十分な対応ができなかった。そういう米国にとって、沖縄の米軍基地はベトナムだけでなく、中国に対しても、また朝鮮半島に対しても前線基地の役割を担っていた。ゆえに、沖縄には中国も射程に入る中距離核ミサイルメースB96基と約1300発の戦術核兵器が配備されていた。当時、韓国に数百発、ヨーロッパ全域で数千発の核が配備されていたのに照らすと、沖縄に配備されていた核の数は異常に多い。しかも、69年1月にスタートしたニクソン政権はそれ以前のどの政権と比べても盛んに対北朝鮮、対北ベトナム、対ソ、対中核恫喝外交を行なった政権である。

この日米交渉の一端を、福井師範を出て東大に入り防衛庁防衛研修所（現防衛省防衛研究所）所員から京都産業大学教授になって間もない若泉敬が佐藤栄作首相の密使として担った。まず沖縄返還に米政府をコミットさせるために、若泉は小笠原返還を決めた1967年11月の佐藤・ジョンソン会談に先立ってホワイトハウスに入って、W・W・ロストウ国家安全保障問題担当大統領補佐官と交渉し、「両3年内に」日米間で沖縄返還の決定を行なうという文言を日米共同声明に盛り込んだ。

それを受けて2年後の69年の日米交渉の焦点は、沖縄からの核の撤去と、核撤去後の米国の核再導入に際して日本が事前協議にどう対処するかにあった。米国は5月28日のNSDM13（国家安全保障会議メモランダム第13号）で、アジアの緊急事態に備えて核抜き後の沖縄に核を再導入する権利保持を条件に日本に沖縄を核抜きで返還することを決定した。もちろんこの決定は極秘である。しかし、事前協議の問題は国務・外務省間の交渉では日米のギャップを埋められなかった。そこで、ニクソン大統領と佐藤首相のあいだに、国家安全保障問題担当大統領補佐官H・キッシンジャーと佐藤が密使として送った若泉によるバックチャネルを開いて、この2人で緊急事態が起こった場合に事前協議にかけても日本はノーと言わないことを約束する秘密合意議事録をつくり、11月の首脳会談で両首脳だけが別室に入ってこの秘密合意議事録（2セット）に署名し、それぞれが1セットを受け取った。だがこの秘密合意議事録の扱いについて日米に違いがある。米側がずっとこの合意議事録を政府部内に保管しているのに対し、日本政府部内にこの文書はなく、佐藤首相が残した文書の中から10年前に発見された。そういう経緯もあり、日本外務省はこの秘密合意議事録は「密約」ではないとの立場をとっており、当時外務省条約局にいて後に外務事務次官になった栗山尚一は「あんなものは全く何の意味もない」と言ったし、若泉がこの密約をふくむ交渉記録『他策ナカリシヲ信ゼムト欲ス』を出版した時、あれは若泉の書いたフィクションだと言った名の知られた外務省出身の評論家がいた。果たして、あれは何の意味もなかったのか、フィクションだったのか。

沖縄返還交渉における若泉の役割についてわたしは『国際政治』第172号（日本国際政治学会編、2013年）に論文を発表している。佐藤首相と若泉が沖縄を日本に返す（テイク）

ために米側に与えた（ギブ）のは、核の再導入に際し、事前協議にかけられた時日本はイエスという秘密の約束である。必要だが公にできなければ密約になる。密約は民主主義の世の中では一般の支持を得にくいが、戦後の日米外交には幾つか密約がある。たとえば60年の日米安保条約改定の際に日本の提案で在日米軍の配備・装備の変更と同軍が日本から戦闘作戦行動に出るときには事前協議にかけるという制度が設けられたが、そこでいう装備の変更（核兵器の導入）と戦闘作戦行動の際の事前協議の位置づけについてはタテマエとホンネの間に大きい溝があった。たとえば、朝鮮有事に際し在日米軍が朝鮮半島に向けて戦闘作戦行動に出るときは事前協議にかけられるというタテマエになっているが、当時の日米外交当局者によって作成された「朝鮮議事録」では事前協議にはかけないことになっていたのである。つまり、黒を白という密約があった。

69年の日米交渉において、米国がＮＳＤＭ13を撤回する決定をしない限り、同決定の条件を満たすことができなければ、すなわち米の核再導入の権利保持を保証できなければ、あのタイミングでの沖縄返還はなかっただろう。返還がなかった場合、その後ニクソン政権は米中和解、米ソ緊張緩和、そしてベトナム和平へと外交のコマを進めたから、日米関係だけが悪化したまま冷え込むという事態を生んだかもしれない。

ここに書いてきた越前・若狭の先人の考え方や生き方が、いまの福井の若い世代の生き方にすぐに役に立つとは思わないし、先人のように生きてほしいと言っているわけでもない。わたし自身、国際政治学者になろうと思って留学したわけではない。先に書いたように時の流れでそうなったのである。そういう意味では、しばらく前のＮＨＫの朝ドラのテーマソングが歌っていたように、人生は「紙ヒコーキ」のようなものかもしれない。ただ、人生が紙ヒコーキのようなものであるにしても、どこに飛んでいくかを決め、風に乗らなければならない。言い換えれば、自分がたてた問題の解決や与えられた課題を実現するためには、自分に何ができるかを判断し、自分の力、周りのサポート、持ち時間、問題に相手がいれば相手の出方などを計算し、時には思いもよらないことが起こることさえ考えて遠くの音にも耳を澄まさなければならない。それでも、自分の思い通りにいくことはめったにない。

そういう意味では、幕末に大きな足跡を残した春嶽でさえ薩長が進めた維新とそのやり方には不満があっただろう。ましてや沖縄返還交渉で密使をつとめた若泉は、沖縄返還が実現した後、あれで良かったのかどうか亡くなるまで苦悶したに違いない。若泉の墓はＪＲ鯖江駅から車で数分の山の中腹にあり、地球儀を模してつくられた墓石にはただ「志」とだけ書いてある。若泉はこの一字に彼一生の思いを込めたのだろう。そして、まさか斬刑に処せられるとは思っていなかった左内はさぞ悔しい思いをして死んだのではないか。この３人に比べると、杉田玄白の人生は後世のものが羨むようなものだったかもしれない。洋画家石川大浪の描いた傑作杉田玄白の寿像がよく知られている。その時玄白は80歳だったというからその4、5年後に亡くなるのだが、玄白の顔は満ち足りていて、優しい。だが、彼のするどいまなざしは幕末維新の世だけでなく、さらにもっと遠くを見通しているように見える。

春嶽や左内の時代には日本にとって世界は海の彼方にあった。だが、いまは日本は世界のただなかにあるし、インターネットの登場によって実空間とは違うサイバー空間ができて、世界そのものが変わっている。そういう世界の競争に米中ロ韓といったこれまでのパワーポリティクスが絡んでいる。また、東アジアには日本を筆頭に少子高齢化の危機が迫っている。平成の御代が幕を閉じ、多くの日本人が平成を平和で豊かな時代だったと感謝のきもちをもって振り

鯖江市にある若泉敬氏の墓

返っている。わたしもそのひとりだが、しかし、この間に日本が多くの面で遅れをとってしまったこともまた事実である。いずれこのツケが政府だけでなく企業、都市、地方、そして大学に回ってくる。そんなに時間はない。

ここに書いたことは何かにすぐ役立つ助言や提言ではないが、みなさん一人ひとりがこれからをどう生きるかについて思いをめぐらす時、いちど考えておいてもらいたいことである。ここに名を挙げた福井の先人たち、たとえば春嶽公がとった行動をたどってみて、自分だったらどうするかを思案してみてほしい。左内の『啓発録』や小楠の『国是三論』、玄白の『蘭学事始』、あるいは若泉の書いたものをご覧になると、必ずみなさんのこころにふれる何かが見つかるはずである。

PROFILE

つちやま・じつお　1950年福井県鯖江市生まれ。武生高校、青山学院大学法学部卒業。ジョージ・ワシントン大学エリオットスクール国際関係大学院、メリーランド州立大学大学院に留学、Ph.D.取得。国際政治専攻。1984年から青山学院大学国際政治経済学部で国際政治を教え、1993年から2019年３月まで同学部教授。この間、ハーバード大学J.M.オーリン戦略研究所客員研究員、青山学院大学国際政治経済学部長、青山学院大学副学長をつとめた。2018年から国際安全保障学会会長。現在、青山学院大学名誉教授。著書に『安全保障の国際政治学――焦りと傲り（第二版）』（有斐閣、2014年）、『グローバル・ガヴァナンス――政府なき統治』（共編、東京大学出版会、2001年）、『Japan in International Politics』（共編、Lynne Rienner, 2007）、『Institutionalizing Northeast Asia』（共編、United Nations University Press, 2008）、『日米同盟再考』（監修、亜紀書房、2010年）など。

福井県民は「説明力」を磨け

トータル飲料コンサルタント

友田晶子

Tomoda Akiko

30年前、まだ聞きなれない「ソムリエ」という資格を取得して以来、日本で働く「ソムリエ」ならば日本酒や焼酎など和酒を知らなければという想いから、すべての飲み物を扱う「トータル飲料コンサルタント」という肩書で仕事をしています。

私は高度経済成長期に福井市片町に生まれました。両親は当時東京でもまだ珍しかったピザハウスを経営。名前は「ニコラス」といいます。幼い頃から酒と食に囲まれて育ったせいか、将来は飲み物と食べ物に関わる仕事がしたいと思っていました。

東京にて学校卒業後、親戚の食品輸入会社に入社。果物、チーズ、オイルなどが専門でしたが、ワインを新たに始めることとなり、私は思いもよらずワイン担当に任命されたのです。ワインスクールなどで勉強し、１９８９年にソムリエの資格を取得。同年から１９９１年にかけて、ワインのメッカ、フランスのボルドーやブルゴーニュで畑や醸造の勉強をしました。

帰国後はワインコーディネーターとして、試飲会やワイン販促などさまざまなことを手掛けました。思い返せばバブル真っ盛り。仕事には事欠きませんでした。また当時、女性のソムリエはまだ少なく興味を持たれたのもたしかです。バブル後の１９９５年には田崎真也さんが日本人初の世界最優秀ソムリエコンクール優勝者となり、その後の赤ワイン健康ブームなど、何度かのワインブームの波があり、細々ながらもそのウェーブに乗りつつ仕事を続けて今に至ります。

ソムリエなのになぜ日本酒なのか。フランスにいた当時、日本酒や日本食、日本文化についてよく聞かれたのですが、これにまったくといっていいほど答えられない自分がいました。（ワインという）他人の文化を話すなら、まずは自分の文化を知らねばという焦りを感じ、帰国後、日本酒や茶道などを慌てて習い始めたのでした。

その中で、わが故郷福井には世界に誇れる地酒がたくさん存在していることを思い出したのです。私の体にも、魂にも、その根底には福井のお酒があると感じました。また、東京をはじめ全国各地に出向くたび、「福井は旨い酒がある処」と必ず言われ、そのたびにそれを誇りと感じる自分がいました。

仕事柄、「福井のお酒ってどんな味?」と聞かれることも多いです。その際に説明する、「地酒の味わいを決める3つの要素」をお伝えします。

①「水」：ミネラルが多い硬水と少ない軟水がありますが、硬水からはコクのある酒が、軟水からは柔らかい酒が生まれます。

②「気候風土」：寒冷地は淡麗な酒が、温暖地は濃醇な酒が生まれます。

③「郷土料理」：海に面し新鮮な魚介がとれる場所は酒も軽快でフレッシュ。山岳地方のように味噌や醤油を多用した保存食文化の場所は、酒もバランスをとって濃い酒が多い。

「米」と答えたくなりますが、米は移動できるので、地酒の確固たる個性の要素にはなりません。

「淡麗辛口《たんれいからくち》」は聞かれたことがあるでしょう。癖がなく水のごとくすいすい飲める味で、たとえば寒冷地で軟水で魚介の豊富な新潟県の酒がそれにあたります。反対に「濃醇旨口《のうじゅんうまくち》」は料理の味わいの濃い土地、たとえば、滋賀県、岐阜県の酒がそのタイプです。

福井県は雪国で寒冷地。水は軟水。料理は甘エビ、白身魚、蟹、おろしそばなど軽やかで新鮮で、出汁《だし》はきいているが淡い味わいの食文化。酒は一見軽快だが、新潟と違い、米の旨味と甘味がしっかりと感じられるので、「淡麗辛口」と「濃醇旨口」の両方のいいところを取って「淡麗旨口《たんれいうまくち》」の酒といえるのです。はい、多少ひいき目もありますね。

しかしこの「淡麗旨口」こそ重要なキーワード。「福井の宝、日本酒は、淡麗ながらも旨みのある味わい」「いっぺん飲んでみね」と言ってみてください。「淡いけど旨い？　ならば、越前ガニと一緒に福井の酒を飲んでみようか」となるはずです。

これ、福井県民が一緒になって、みんなで声を合わせ同じ方向を向いて言わないと意味がありません。新潟は「淡麗辛口」「魚沼産コシヒカリ」をみんなで一斉に声を上げたから全国に届いたのです。

越前蟹も同様です。福井にいれば蟹といえばズワイやセイコが当たり前ですが、私が住む東京では蟹というと北海道――毛ガニやタラバがメインです。いくら福井の蟹がいいといっても、ズワイをイメージできない人に勧めても無駄なのです。東京で越前蟹を売るならば、毛ガニやタラバとの違いから説明しなければならないのです。

そのうえで、越前蟹の魅力を私流に説明します。

① 越前ガニは3種。「ズワイ」「セイコ」「ズボ」（「ズボって何？」となればしめたもの）。

② 最良の餌場が港から近く、小さな港から、小さな船が何度も行き来することによって常

に新鮮な蟹が揚がる。ちなみに、他県の漁は大型船で一挙に獲るため時間もかかり鮮度が落ちる、場合によっては冷凍することさえある。

③ 早朝に出港し、その日の夕方に競りをし、そのまますぐに食卓に提供されるため極めつけに新鮮。

④ 「蟹見10年、茹で一生」の言葉どおり、蟹の善し悪しを見極めるには10年かかるが、茹でる技術は一生かかるほど難しい。つまり、長い漁の歴史、浜茹での技術の高さが他地方との大きな違いである。

だから福井に来て、浜茹での蟹を食べないと意味がないよ、それゆえに越前蟹は皇室献上なのであるよ、と力強く説明します。ときには茹でたてのズボガニをじゅるりと食べる演出も盛り込みます。ここまで説明すれば「ああ、今すぐ、食べたい。福井に行って、蟹、食べたい」と声が上がります。

地酒や食材の良さをアピールする際に大切なのは「説明力」です。「水がいい、米がうまい、空気がいい、人がいい」は日本全国どこでも同じなのです。

私は、ソムリエとしてワインや料理の「説明力」を磨いてきました。ラベルが読めない、金額の理由がわからないお客様に、産地の個性や造り手のストーリー、どのグラスで、温度は何度で飲むとおいしいのか、どの料理と組み合わせればいいのかを、お客様の懐具合とシチュエーションを洞察しながら、できるだけお客様にわかる言葉で、説得力を持って説明します。そうすることによってお客様は喜んで飲み食べ、幸せな気持ちでお支払いいただくのです。繰り返しますがソムリエの勝負は説明力です。福井のＰＲもこの説明力を取り入れるべきです。

ですが、決して難しいことではありません。今一度、福井の酒と食を見つめ直せば、よりよい説明ポイントが見つかります。そして、みんなで同じ方向を向いて一緒に声を上げるのです。

他地方とは一味も二味も違う福井の酒や食の魅力を、説得力ある「説明力」で、みなさま、ご一緒に伝えていく意識をぜひお持ちいただきたいと思います。もちろん、『福井ソムリエ』として、どこまでもお手伝いさせていただきます。

（本稿はインタビューをもとに編集したものです）

PROFILE
ともだ・あきこ　一般社団法人日本のSAKEとWINEを愛する女性の会（SAKE女）代表理事、トータル飲料コンサルタント、シニアソムリエ／日本酒きき酒師／焼酎きき酒師、ふくいの食アンバサダー／福井ブランド大使。米処酒処の福井県生まれ。酒類業界約30年のキャリアと女性らしい感性を活かし、セミナー・イベントの企画・開催、PR事業アドバイス、酒類売上向上支援コンサルティング、観光PR支援等を行う。『世界に誇る「国酒」日本酒』（ギャップ・ジャパン）ほか著書多数。

知力、体力、そして心力《こころりょく》の涵養《かんよう》を

和yawaragi塾
主宰
中川直美
Nakagawa Naomi

◆「心力《こころりょく》」とは何か

福井県の子どもたちは、学力も体力も全国トップクラスです。体力は断トツ。学力は昭和40年代から一貫して高く、教育は教師主導の伝統的スタイル。教員は勤勉で高い質を誇り、生徒も真面目で素直。授業の集中力や規律礼儀も模範的で、家庭もそれを支えているといわれています。(1)

家庭、学校、地域の繋がりなど、様々な環境の中で、これらの学力、体力が長きにわたり涵養されてきたことと思います。これは福井で生まれ育った私にとって大変誇らしいことです。

私は今こそ、これらの知力、体力に加

え、「心力」を育まなければならないと強く感じています。ここでの「心力」とは、生命を大切にする、善悪の判断、正直、誠実、相手を思いやる、感謝、和を尊《とうと》ぶ…等々、人の心の在り方としてもっとも大切なことを指しています。毛利元就の三矢の教えのように、二本では弱く、三本揃うことにより、より強くなるのです。なかでももっとも大切なものが「心力」だということは、多くの方々が感じているところではないでしょうか。

◆「心力」を育んできた日本の「心を分かち合う文化」

古来、日本では家庭や学校、そして地域の中で、子どもたちの「心力」を育んできました。元ニューヨーク・タイムズ東京支局長のヘンリー・S・ストークス氏は著書の中で「日本の共同体は、心を分かち合うことで成り立っている」と述べています。(2) 島国であり、農耕民族である日本は、戦い奪い合い利益を共有することで結ばれている西洋の文化とは大きく異なり、自然と共存して生きていく中で皆と分かち合うことを基本としています。この「和」の心こそが日本固有にして最大の長所であり、「心力」を育てる源泉でもあるのです。このことを忘れないよう、残していきたいものです。

「心を分かち合う文化」が根底にあって、心を表現するための作法が生まれます。そのひとつが「礼儀」です。私はライフワークとして、心を育むために「和文化と日本の礼儀作法」を伝える教養塾を主宰しています。日本では鎌倉時代から小笠原家と伊勢家、今川家が武家の礼法の基礎を作り、現在の礼儀作法やマナーの礎《いしずえ》になっています。

今日、礼儀作法というと、畳の縁を踏んではいけない、襖の開け閉め、箸の上げ下ろし、靴の脱ぎ方などの所作や形が重視されがちですが、もっとも大切なのは「心」です。相手を思いやる「心」があり、それが「形」と相まって初めて礼儀作法が成り立っているのです。このことを、多くの人に知っていただきたいと思っています。

「言葉」もまた然りで、「言葉づかいは心づかい」です。日本は「言霊の幸ふ国《さちほ》」、言霊の霊力によって幸せがもたらされている国といわれています。英語で「Thank you」というのは相手に感謝を表すだけの言葉ですが、日本語の「有り難う」は、「有ること難し」という意味であり、相手の先にある神様や仏様への感謝があります。また、「遠慮」という言葉は、消極的に使われがちですが、本来は遠きを慮《おもんぱか》る意で、周囲に対し先々まで考える積極的な心づかいが込められています。これは「慎み」の原点といわれます。言葉ひとつひとつの中に日本らしい深い意味があり、心が宿っているのです。

礼儀作法や言葉づかいなど「形」としての所作を整えることは、「心」を整えることにつながります。したがって、最初のうちは「形」から身につけていくことも大切です。しかし、その中にある「心」もあわせて伝えていかなければなりません。この「形」と「心」を伝承していくことによって、「心を分かち合う文化」もまた育まれていくのです。

◆「心力」を育む土壌が弱っている

これらの「心力」を滾々《こんこん》と涵養してきた土壌が、現代においては痩せ細ってきているのではないか。そう私は危惧しています。

福井県は「真宗王国」といわれる仏教県であり、幼いころから仏壇に手を合わせ、先祖に感謝することを日常的に行ってきています。ゆえに福井の方々は先祖を大切にする気持ち、その心が強い県民であると思います。しかし、こうした伝統が果たしていつまで維持されていくでしょうか。

これまでも地域の公民館や高齢者大学、生涯学習センターなどで心を伝える躾などの話をしますと、参加していただいているご年配の方々から「子どもがなかなか年寄りの話を聞いてくれない」、「親にそうした意識がないので年寄りが口を挟めない」というお悩みの声をよく聞きます。

また、いま私は、後進育成のために看護大学生の病院での実習指導に携わっています。看護者はその人の生活全体を見、整える役割があるのですが、二十歳くらいの子たちが家庭でどれくらいの躾を受けてきたのか、言動をみればとてもよくわかります。成人した人たちに対し、本来家庭で行われるべき躾を大学で教えないといけないのが現状です。また、相手の身になるということができない人もいます。これも、家庭での躾、親など大人の姿勢に大きく影響されることがわかります。家庭において自分のことが自分でできていない人に他人の生活を整えることなどできないのです。

松下幸之助さんは、著書の中で「日本の教育の一番の欠点は徳育が欠けているところ」、「家庭では躾を、学校では徳育を」と書かれています。[3]「心力」を涵養する土壌として「家庭」と「学校」、加えて「地域」の役割は大変重要です。そこに今こそ目を向け、その土壌を再び生き生きと蘇らせるべきではないでしょうか。

◆家庭での躾が「心力」を育む

「心力」を形づくる基礎となるのが、「家庭」における躾です。

「躾」という文字は、身を美しくすると書きます。古来、漢字は中国から伝えられましたが、「躾」という字は国字であり、日本独自の文字です。中国には子どもの「しつけ」という概念はありません。躾は、人としての在り方を育む素晴らしい日本の文化なのです。

躾を担っていくいちばんの主体は、家庭です。家庭は社会に出るための予行練習の場でもあり、社会に出て困らないための心の在り方と生活習慣を身につけねばなりません。

躾とは、主に情緒や意欲を育て、習慣化し身につけること。大きな意味での知性を育てることであるといわれ、「生活の知恵」から、人間の知性、品性が芽生えるともいわれます。

たとえば、食事です。いまは「食育」として特別な意味を持つように感じますが、本来は家庭で日常的に行われてきたことです。食事中の数多くの所作には、人間の知性、教養、品性が表れます。様々なものに神様が宿るとされ、感謝の気持ち、物を大切にする気持ちを学びます。箸は神様の依り代とされ、神人供食の尊さを教えます。

福井県でも核家族化が進み、二世帯、三世帯といっても同じ敷地の別棟に住むなど生活様式が変わってきている中で、家庭における躾の役割が薄れつつあると感じます。それでも福井は夫婦共働きの家庭が多いことから、お年寄りが子どもたちの面倒を見るのはいまでも普通です。おじいさん、おばあさんの影響力は大きいのです。

ご年配の方々がこれまで培《つちか》い身につけてきた「生活の知恵」を次世代に伝えていくことは、将来教養を持った人を育むための大きな力になるはずです。こうしたことをおじいさん、おばあさんにもっともっと意識していただき、また親の世代もそのことがいかに大切であるかを認識し、子どもたちの「心力」を育てていただきたいというのが大きな願いです。

◆学校での道徳教育も「心力」を育てることから

「学校」では、いじめなど子どもたちの心の問題は深刻です。その中で、道徳教育が始まって60年の節目となる2018年度から小学校では「道徳」が特別の教科となり、2019年度からは中学校でも教科化されます。道徳教育、すなわち「徳育」の重要性が見直されつつあるのです。

では、その中で何を伝えていけばよいのでしょうか。道徳教育の中でも、まず求められることは「心力」を育てるということだと思います。私は、東京若越クラブを通じ、県の事業である「ふるさと先生」の一人として、福井の高校生に日本の礼儀作法とその心を伝えています。お辞儀の実践を通し、単に頭を下げるのではなく心を下げるつもりでお辞儀をすること。最後まで相手に心を残す「残心」の大切さ。所作のひとつひとつに意味（思いやりの心）があり、礼儀作法の真髄は心であることを伝えます。とても素直に耳を傾けてくれる子どもたちと接するたびに、大人が教えなければ学べないことが数多くあることの責任を痛感しています。そして、そこには教える側の人間性も問われるのです。

◆福井に残していきたい、地域の風習と繋がり

「地域」については、福井県において脈々と受け継がれてきた風習と、それらを通じて営んできた地域の繋がりを受け継いでいってほしいと望みます。

真宗王国である福井（主に嶺北）には、昔から「報恩講《ほうおんこう》」という行事があります。報恩講のことを「ほんこさん」と呼び、子どもたちは当然のようにお年寄りに連れられお寺に行き、法話を聴き、お経を唱え、食事やお菓子等をいただきます。そこでは普通に正座をし、先祖に手を合わせ、感謝の心を教わります。私の幼いころは「まんまんちゃん」と言って、お月様にも手を合わせたものです。お寺がひとつのコミュニティーとなり、「心力」を育てる一端を担っていたと考えられますが、核家族化が進む中で、今はそのような風習も少なくなりました。

それでも地域の繋がりはいまもなお強いと感じます。保育所や学校の行き帰りの子どもたちの見守りは自主的に地域の大人たちが行っており、そこでは挨拶、感謝の言葉も日常的に聞かれます。「思いやりは思いやられてはじめて育つ」といいます。地域で子どもたちを支えることで、思いやりの心を育てる土壌は十分にあることを感じています。

稲作など農業が盛んな福井では、地域ごと、季節ごとに自然に感謝するその土地に根付いた行事が数多くありました。福井の子どもたちのためにも、それらを自然に日常に取り入れてい

くということについて、いま一度目を向けていただきたいと願っています。

◆福井から「心力」を育む文化を発信しよう

私たち大人が当たり前のように受けてきた躾や徳育、その土地に伝わる文化、伝統。それらは当たり前に存在するものではなく、伝えなければ伝わらないのです。そのことを強く意識し、家庭や学校、そして地域において伝えていくことが大切だと実感しています。そして、福井には十分に「心力」を育てる土壌の力強さがまだ残っていると信じています。

学力、体力は数字で測ることができますが、「心力」を測ることはできません。しかし、学力、体力ともに全国トップクラスの福井だからこそ、他県に先駆けて「心力」の育成に力を注いでいただきたいと願うのです。

諸外国に比べて礼儀正しいといわれる日本人。その中には、「心を分かち合う」精神が脈々と息づいています。家庭で、学校で、そして地域で「心力」を涵養し、日本の美しい文化を良い形で継承していく。その取り組みをふるさと福井がけん引していくことを切に願って止みません。

（本稿はインタビューをもとに編集したものです。）

〈出典〉

(1)『福井県の学力・体力がトップクラスの秘密』志水宏吉・前馬優策編著、中公新書ラクレ、2014年

(2)『英国人記者だからわかった日本が世界から尊敬されている本当の理由』ヘンリー・S・ストークス著、SB新書、2019年

(3)『親として大切なこと』松下幸之助著、PHP総合研究所、2010年

PROFILE

なかがわ・なおみ　和文化教養塾「和yawaragi塾」主宰。礼法・マナー講師（小笠原流礼法師範）・書道講師。福井県鯖江市出身。看護師として福井赤十字病院勤務。この間、日本赤十字社より宮内庁へ派遣。皇太后宮職、東宮職、三笠宮家と長年にわたり看護師長として皇族の方々の医療に従事。東日本大震災後は、福島県いわき市において、避難住民の健康支援を行う。現在は、「和yawaragi塾」を主宰し、日本古来の礼儀作法を通し真髄である思いやりの心を伝える傍ら、看護大学において後進の育成に携わる。

特別インタビュー

福井が誇れること

西川一誠氏

前福井県知事

聞き手

山本時男

株式会社中央経済社ホールディングス代表取締役最高顧問

東京若越クラブ幹事

山本　お忙しいところお時間をとっていただいてありがとうございます。本日は大きく3つのテーマについてお話を伺いたいという構想をもっています。

まずは「ふるさと納税」ですが、これは西川さん個人の所産みたいなもので、今までおやりになってきたこと、これからもますますおやりになるであろうことについてお話を伺いたいと思います。

2番目には、福井県が「幸福度ランキング」で3回連続日本一になったことには西川さんの絶大なる貢献があったと思いますが、この件をお話いただきたい。

それから3番目には、少しお祭りぎみのものになりますが、昨年の「福井しあわせ元気国体」。大変な雨の中での開会式でしたけれども、私はあの太鼓を聞きまして、これはオリンピックにも通用するくらいすばらしいものだと感じました。福井にあれだけの力があるとは思っていなかった。それで、福井国体について、雑談でも結構ですから、お話をいただきたいと思います。

西川　よろしくお願いいたします。

（聞き手）　山本時男

■「ふるさと納税制度」発想の原点

山本 それではまずはじめに、ふるさと納税についてお話を伺いたいのですが。

西川 平成16年に福井豪雨があり、大変なことでありましたけれども、福井が頑張っているからということで、災害のさなかに我々は匿名の寄附を頂いたのです—それは2枚の2億円の宝くじ当選券でしたけれども。

いざというときに自分の生まれ故郷やゆかりのあるところをお金で応援するというのは寄附の大前提ですが、そのときに思ったのは、日本には意外と寄附をするという習慣がないということです。そういう文化がこれからぜひ芽生えてほしいし、そのための方法が何かないかと思っておりました。

それから、私は大学卒業後、自治省—今の総務省に入りまして、管理職として最初に地方へ出たとき、大蔵省への出向という形で、昭和48年の夏から1年間、滋賀県の長浜税務署の署長をやらせていただいたのです。ちょうどオイルショックの年で、その年はまだ税収がたくさん入っていましたが、翌年から極端にがくっと落ちました。できるだけ税務調査をしないように、納税協力という形で、法人を中心に税金を納めていただくということでやっていましたが、税金というのはどうしても、無理やり取られる、取られっぱなし、非常に強制力が働く嫌なもの、という捉え方をされてしまう。どう使われたかもあまりチェックできない。そこを何かうまく工夫できないかという思いがずっとありました。

この2つの経験を経て、福井県知事になってからも、何か良い方法がないかとずっと考えておりました。その背景には、地方で生まれ育って、東京に行ってしまう人が多いという問題があります。別にそのことがすべて悪いわけではないのですが、東京に行ってしまうと、地元に滅多にお返しもできないですよね。税金は東京で納めますから。本人はまた将来地元に帰るかもしれないけれども、しばらくの間でも、税や寄附をうまく使って地元にお返しをする仕組みが出来ないかと、こういう思いがずっとありました。私は幸い税の知識もありましたので、寄附と租税制度を結びつけてふるさとに貢献するやり方がきっとできるだろうということで、いろいろ検討したということです。

アイデアはいろいろありましたが、やはり寄附と税額控除を結びつけた、ふるさと貢献の税制ということで日本経済新聞に投稿しまして、そういうシステムを考え出したわけです。そのときに、いろいろな方の関心を呼び、当時、菅義偉さんが――今は官房長官をされていますが、総務大臣でしたが、これはおもしろいとおっしゃってくださった。その前に、テレビの政治番組でもそういう話題が出て、評論家の竹村健一さんもおもしろいと評価してくださっていた。

ただ、こういう制度をつくるには、所得税・住民税の世界ですから、所得税法や地方税法を改正しなければなりませんし、委員会などもつくらなければなりません。
制度を設計するときに一番の問題は、ふるさとというのはどこにするのか、生まれ故郷だけなのか、ゆかりのあるところも含めるのか、あるいは、好きなところでいいのか、という点です。
使い方を限定してしまうと制度があまり広がらないということで、いろいろ弊害が出るかもしれないという予想はありました。ふるさとというのはもちろん生まれ故郷、生まれ育って、教育を受けて、お世話になって、両親がまだ生きているとか、おじいちゃんやおばあちゃんがいるとか、あるいは勤務したことがある地域が念頭にありましたが、それ以外にも、何となくあそこがいいと思うとか、あまり限定せずにスタートはまず本人の意思に委ねようということでやってきたわけです。

山本　結構ですね。

西川　おかげで、もう10年たちました。１年目の寄附金額は80億円くらいでしたが、今や３６００億円にまでなりました。10年で４０００億円近くになっているということで、大いに普及をしたと思います。しかし、４年前くらいから、返礼品の問題が出てきました。返礼品至上主義で、ふるさと納税をすると見返りがもらえるという発想が普及し出し、非常に問題になって、最近の泉佐野市（大阪府）のように、制度の趣旨をまったく尊重していない、しかもそれが地方ではなく大都市で起こっているという、二重の意味での問題となり、今回、法令で規制しようという動きがあるという状況です。

こういったことは、制度をつくった当時もある程度は想定していましたが、かなり極端になって、世の中が「何でもありの時代」になっているのは残念なことですね。これを法令で規制するということ、私は基本的に法令でそんなことをするべきではないとは思いますが、今度の場合は残念ながら、やむを得ない点があると感じています。ただ、いずれそういう法令はまた直してほしいとも思っています。国民の納税者意識や民度が上がらないと、社会貢献をするふるさと税制の意味はないというのが私自身の思いです。

山本　今の安倍内閣だからそうだというわけではないでしょうが、地方創生というううたい文句でもって、中央集権的ではない経済の発展もしなければいけないというのは、助成問題などと一緒になって大きく羽ばたこうとしているさなかですので、僕はこのふるさと納税は、地産地消的な発想だけでものを考えるのではなくて、どこの土地で生産されようと、極端に言うと海外で発生したものであろうと、あらゆることが広がっていくということで、地方が大きく充実していくと思ってきていましたので。

西川　おもしろいですね。また課題としては、ライフサイクルバランスというか、生まれ育った場所と働く場所が生涯の中で転々としていますから、それを意識面でも、あるいは租税面でも、バランスをとる必要があると思います。
安倍内閣の地方創生の交付金というのは1000億円、ふるさと納税は4000億円近く、返礼品を加味しても、3倍近いパワーがあるわけです。大したものですよね。そういう中での制度ですから、現状4パーセントくらいの利用者を1割くらいにすれば約1兆円になりますので、問題はある程度解決するのではないかと思います。

山本 私なんかは総務省の今度の手の入れ方、ふるさと納税規制なんていうのも、国民がこれに反発して、わっと広がっていってくれればいいなと、出版社の感覚から思っています。

西川 僕も大蔵省に出向したから言えますけど、財務省というのは日本全体の税金を一手引受けで責任も重く、統制というかコントロールをせざるを得ない気持ちもあると思いますね。ふるさと納税というと、国民が申告額を決めているような感じで、やや異質な原理が混じって気に入らないというか、申告納税制度に穴があいたような感じがするのかもしれません。

山本 それはしかし、とんでもない間違いだと私は思いますけれどもね。

西川 それは間違いで、東京サイドの見方というのは、いろいろと反省をしないといけないのかもしれませんね。
それから、返礼というのは、ものは考えようで、冠婚葬祭の例えになりますが、例えば香典を1万円出すと3000円ほどは戻る。気持ちを1万円にしたわけで、それに対して受け取られた方は３０００円のお返しをする。それだったら、はじめから７０００円でいいのではないかというのだけれども、物を差し上げ、それに対してお礼をするというのは、日本人の文化の表れだから、それは評価しないといけないわけでしょう。３割くらいはいいのであるのかなと。そんなところに目くじらを立ててもしようがないと思いますね。

それから、３６００億円の３割だと１０００億円以上の市場というか、地域の農産物はじめ、やはりふるさと納税でしか活かせないような産業がそれぞれの地域で育っていますね。我々はふるさと納税のネットワークを組んで、いろいろな大会などをやって表彰したり、良い事業やプロジェクトなどを応援していますが、それが育ってくるのは大したことだと思います。そういう地域振興の効果も返礼によって表れています。それは一種のうれしい誤算でしたね。

だから、ふるさと納税というのは潜在的なパワーがあっておもしろい。問題点があるという識者もいるかもしれませんが、これからもしぶとく生き残っていくのではないでしょうか。そして、やはり寄附の文化をもっと高めて、本来の寄附控除とか、そういうものが広がっていくことが大事だと思っています。

山本　寄附行為というのは、ある意味では、民主主義の抜本の問題ですからね。

西川　そうですね。それから、このふるさと納税制度は、今は寄附を使ってやっていますが、もっと究極の制度というのがありうるのです。それは最近のＡＩとか、いろいろなコンピューターを使ってやったらできると思いますが、例えば、東京で住民税を100万円納めている人がおられたとして、その1割とか2割、20万円くらいまでを、自分が住んでいる特別区ではなくて、福井県にそのまま税金として納めるという選択を、日本人がいろいろなところでするというのは一番究極のシステムだと思います。

寄附税制は寄附税制として別に発展させる。ふるさと納税制度は、それをミックスした、途中段階の税制かなと、かねがね思っている昨今です。

■幸福度をさらに高めていくために

山本 福井県というのは、言葉は適当でないかもしれませんが、どちらかというと貧弱な県というイメージが全国的に印象づけられてきていたのですが、今日の様子を見る限り、いかに福井県が大きく成長したか、成熟したかということについては、西川さんの絶大なる貢献があったからと思っているのです。

そういう意味で、これは結果的に、総合的に幸福度ランキングという見方をしたのでしょうけれども、そのポイントがいくつかおありになると思いますので、お話いただけますか。

西川 幸福度というのはなかなか難しいのですけれども、やはり政治の究極は、住民の皆さんが幸せかどうかということであり、これはデータとして客観化する必要があるだろうと思いました。

福井県は豊かだという印象はありましたが、これをいろいろな数値で、大都市とも共通、東京とも共通のデータで客観化するやり方があるだろうと思ったわけです。

当時、県立大学の坂本光司先生はじめいろいろな方も賛同してくださって、まず、福井県立大学でいろいろな研究をし、それが寺島実郎氏の日本総合研究所や慶應義塾大学の小林良彰先生の幸福度のいろいろな調査というか、システム化、指標化するということで、最終的には日本総合研究所の調査が最もスタンダードなものになって定着しているというのが実際だと思います。

福井県が日本一で、東京都が2位という結

果ですが、一方で、それではなぜ幸福な県から人が出ていくのかという話になる。だから、幸福であるという実感が県民にあるのかないのかという議論になるわけですね。ですから、それはまたそれぞれの地域の課題になります。特に福井県は1位で、石川県・富山県は4位・5位ですから、彼らは福井県が高いというのがかなり気になっていて、何とか超えなければならないと、非常に強い政治的なインセンティブが働くわけですね。だから、例えば学力を高めようとしたり、いろいろ努力されるわけです。では、それに対して福井県はどうするのかということですが、これは維持しなければなりませんが、実感がないという議論は福井県民はみんなでしがちですから、それをいかに実感させるかということになるわけです。また、良好な生活状態は当たり前に思ってしまうという矛盾もあります。

山本　都市部でいうと、埼玉は今回15位で、前回は21位のようですね。

西川　大都市も実質的に豊かになっているのだと思います。福井県としては、まず弱いところをカバーしなければいけません。福井で弱いところで東京が強いところが1分野だけあります。文化とか、国際化とか、そういうところですね。そこをいかに強くするかということが一つあると思います。それによって、相対的に強くなるだろうと思います。

もう一つは、これから新幹線とか中部縦貫道など交通条件をよくして、人の出入りを活発にするということですね。そうすることで、外からもいろいろなことを言われますので。例えば、福井のお米はうまいと言われると、東京よりはお米がうまいのだなと実感する。あるいは、お魚がうまいとか、学校での教育が良いということで、より共通認識はできますので、交通条件がこれから4年後くらいによくなるということは、幸福度がさらに上がる一大チャンスだと思いますし、国際化や文化の面でも、人や物の動きが活発になりますので、人を呼び込んだり、プロのスポーツチームをつくったり、いろいろなイベントなどが増えますので、いいのかなと思います。

また、東京の皆さんも、今は小松空港から来られるかもしれませんし、金沢までだとさっと新幹線で来られますし、リニアでも出来たらもっと便利になりますから、そういう意味で、本当に三大都市といずれも時間距離が総体的に短くなり、埼玉県みたいな地域になるかもしれないですね。そして、いいものが残る。そういう地域になるだろうと私は思います。

山本　そうですか。雑談で恐縮ですけれども、以前西川さんにここでお目にかかったときに、福井県が例えばこれから先、中国と交流をするのか、韓国と交流をするのかというお話をしたことがありました。私はその段階で、今から考えると全部見当違いだったのですが、それは北朝鮮ではないかと。特に、新潟県が万景峰号を使って、日本国内の、例えば中古車などを運び出していった。今はウラジオストクにいってしまったみたいですが、ロシアにはそんな力はありませんから、福井県が肩代わりしてもいいのだと思ったのです。

ともかく、アメリカとの交渉いかんによって、随分反日的なムードまで出てきてしまっていて大変残念なのですが、私は近隣の国との交流を考えると、福井県というのは北朝鮮にも近いですし、これから先は何とかして交流ができないかなという気持ちは今でも持ってはいるのです。

西川　国際化といっても、単にヨーロッパの人が来るということではなくて、もう基本的な日本海を中心とした地域構造が変わらないと、本当の意味での国際化というのはできないのではないかと思います。

山本さんのおっしゃることは非常に大事なことで、早晩、そういうことが可能になると思います。いつまでもいがみ合ったりなんてことをやってはいられないと思いますよ。

山本　なかなか長期的な問題ですから、簡単にはいきませんですが。

■国体で見せた福井の底力

山本　最後にもう一つ、昨年、国体を終え、天皇陛下の最後の国体のご来賓ということになって、雨の中でしたけれども、ビニールのハウスのほうへ移動されて、その中でご挨拶をなされて…、福井県というのは、私はしばらく見ないうちに大変力強い、あの太鼓もものすごいものので、オリンピックへ持っていっても通用するのではないかと思いました。幸福度の中の一つとしてそういったものも入っているのかもしれませんが、福井県のパワーはまだまだ秘めたものがあるなと思いました。

西川　そうですね。嵐迫る雨の中での開会式でしたけれども、天候に負けないで、観客と一心同体となって、しっかり笑顔と元気を発揮し、秩序を保ってなし終えたということには、いろいろな理由があると思います。

やはり福井県は、みんなで準備を真面目にやってきました。いい加減にやると、雨が降ってきたから室内でやればいいのではないかという気分になると思いますが、真面目に一生懸命やるものだから、雨が降っても絶対にやりたいんだという気持ちになる、幼稚園の子どもから70歳、80歳の人たちまでみんなが思う、そういうマインドがあるのではないかと私は強く感じました。

もう一つは、大会演技、出し物ですけれども、単にお国自慢みたいなことをやっているとあの雨に負けたと思いますが、パフォーマンスが、自分たちのためではなくて、全国からやって来られたアスリートたち・競技者を歓迎するという思考で、力強いパフォーマンスをやった。ああいうことをやったのは初めてなんですよ。

お国自慢だけだと、負けてしまうと思うけれども、負けなかったというのはそういうことかなと僕は内心思っていました。

山本　そう思います。ああ、福井というのはこれだけ底力が強くなってきたなと、かつて見られなかった福井県というのが強い底力を持ってきているなというのを感じたというのが一番でしたね。

西川　しっかりしたもてなしの精神が基本にありましたから雨の中でも耐えることができたのだと思います。やる人たちも耐えられたし、見る人たちも見ていることができた。それができたのは、あのパワーかなと思うのです。

山本　あれは雨が降ってよかったかもしれないですね。雨の中であれだけのことをやったというのは。

西川　それから、競技自体も、僕らは主催県としてのいろいろな準備をして、まったく東京と対等にやったわけではないのですよ。ホームアドバンテージはありますよ。でも、アドバンテージを土台にすれば、福井県でも勝てる。ほかの県では負けた。福井県は勝った。貴重な成功体験でした。

山本　おっしゃるとおりですね。幸福度という抽象的な話以外に、目の前であんなことがあった。

西川　目の前で東京を破ったというのは、幸福なんだというパワーを実感したということそのものだと思いますよ。

山本　底力ですね。

西川　障害者スポーツ大会との融合も、戦後、日本が敗れて、空襲でどんな町もみんな破壊されましたけれども、京都だけは大丈夫だったから第1回が京都大会で、それ以来、福井に2回回ってきましたけれども、国体史に73回目にして初めて障害者スポーツ大会との融合、会期も接近させ、あるいは国体期間中に車いすバスケットボール、テニス、式典なども障害者と一緒に両方やりましたので、いろいろな意味で融合というか、いろいろな境遇の人たちも互いに助け合って、励まし合って、これからみんなで福井で生活していこうという姿は来年の東京オリンピック・パラリンピックにもつながると思いますので、これもまた幸福度の次の姿かなと思います。

山本　そうですね。もうたしかに、幸福度というのは、そんなにやわらかいものばかりではなくて、力強さみたいなものも幸福度の一つの原点ですよ。あれは見直していいと思いましたね。

西川　そういうふうな感じを抱きます。国体や障スポといったイベントのときだけでなく、日常的に政治や行政を県民がよく理解される風土が出来ることが大事でしょうね。

山本　本日はお忙しいところありがとうございました。

西川　こちらこそありがとうございました。

（2019年3月13日記す）

福井県の豊かさに言及している2冊

第1冊　**豊かさの価値評価―新国富指標の構築**（馬奈木俊介編著）

第2冊　**持続可能なまちづくり―データで見る豊かさ**（馬奈木俊介ほか著）

馬奈木俊介（まなぎ・しゅんすけ）
九州大学大学院工学研究院都市システム工学講座教授、九州大学主幹教授・同都市研究センター長。
九州大学大学院工学研究科修士課程修了。米国ロードアイランド大学大学院博士課程修了（Ph.D.（経済学博士））。サウスカロライナ州立大学、横浜国立大学などを経て、現職。東京大学客員教授、経済産業研究所ファカルティフェロー、地球環境戦略研究機関フェローを兼任。学術誌 Economics of Disasters and Climate Change 編集長、IPCC 代表執筆者、IPBES 統括代表執筆者、国連「新国富報告書2018」代表。
専門：都市工学、経済学。

豊かさの価値評価—新国富指標の構築

国連が示した「新国富指標」はＧＤＰなどの経済指標では測れない豊かさ、持続可能性を計測できる。本書は新国富指標を用いて、日本の持続可能性を高めるための施策を提言する。

（Ａ５判・３６０頁／中央経済社刊）

持続可能なまちづくり—データで見る豊かさ

『豊かさの価値評価』の普及版。本書は、この新国富指標を地域・地方に適用し、豊かなまちづくりを提言する。

（四六判・２７２頁／中央経済社刊）

◆GDPの限界

国や地域の豊かさを測る指標といえば、GDP（国内総生産）が有名だと思います。一定期間に生産されたモノやサービスの総計で、経済的な豊かさを計測したものです。各国の経済政策上の指標として、これまで広く利用されてきました。

ただし、GDPが示しているのは、あくまでも経済的・物的な豊かさのみであることに注意が必要です。国や地域の豊かさには、経済的なもの以外にも、例えば、自然環境、教育、国民・住民の健康などたくさんあり、これらの合計が真の豊かさであるといえます。

ところが、GDPではこれらを計測することができません。つまり、GDPでは国や地域の真の豊かさを測ることができないわけです。

◆新国富指標

GDPで測れない真の豊かさと持続可能性を計測する指標として新たに開発されたのが本書で取り上げている「新国富指標」です。「新国富指標」は、2012年の国連「持続可能な開発会議」で提示されたものです。

著者である馬奈木俊介教授は、世界で高ランキングされている俊英であり、この「新国富指標」の開発にノーベル経済学賞受賞者の故ケネス・アロー教授と携わったメンバーの一人です。指標の開発に携わった当事者によるわかりやすい解説書が本書ということになります。

新国富指標そのものは、国連のプロジェクトであり、国際的な目標である「SDGs（持続可能な発展目標）」の成果を測るための指標です。これを日本の各地域の豊かさと持続可能性を測るために応用したのが馬奈木教授であり、その分析結果およびそれに伴う提言が本書の内容ということになります。

◆本書2冊について

『豊かさの価値評価』は、新国富指標の詳細な解説と実際に分析した各地域の統計結果、そしてそれに伴う政策的な提言が詳細に論じられています。

『持続可能なまちづくり』は、『豊かさの価値評価』の普及版という位置づけです。一般読者にも読みやすいように、分量を思いきって圧縮するとともに、記述もよりわかりやすくしております。また、『豊かさの価値評価』には記載されていない「ソーシャル・アントレプレナーシップ」の項目が新たに追加されていて、より実践的な内容となっています。

◆福井県について

さいごに、福井県と本書についてです。福井県は２０１６年に馬奈木教授の研究室と研究協力協定を結んでいて、福井県の豊かさと持続可能性を測定・分析してもらっています。そして、福井県は、「健康資本」の価値が全国の中でもかなり高いという分析結果が出ています。「健康資本」とは新国富指標の構成要素の一つであり、社会を構成する人々が若く、長生きでき、よく働けるかどうかを総合的に評価して計測したものです。この健康資本が全国的に見ても高いというのが福井県です。

つまり、「健康長寿」が福井県の豊かさの特徴であり、これを支えるインフラや伝統的な慣習（自然公園、医療・福祉ボランティア、神社仏閣、婦人会・子供会など）を伸ばすような施策が県の持続可能性を伸ばす一つの手段になりうるとの提言が考えられると思います。

〈参考文献〉
・馬奈木俊介・池田真也「プロジェクト評価の新潮流：新国富論による地域の真の豊かさ」『土木學會誌』第１０２巻、第九号、２０１７年

〈推薦者〉
山本　継
株式会社中央経済社ホールディングス
代表取締役会長

福井からアジアに、世界に！

OFFICE HIRATA
代表
平田邦夫
Hirata Kunio

1 はじめに

「平成」という一時代が終了し、「令和」という新たな年号に入った本年２０１９年に「ふるさと福井への提言」をというのもまさに時を得た企画である。

来年２０２０年は、いよいよ「東京オリンピック・パラリンピック」、さらには２０２５年「大阪万博」、まさに〝新しい時代〟を感じる。

日本も昭和から平成の時代にかけての重厚長大型産業から大きく変化し、「ＩＴ、ＩｏＴ、ＡＩ」が、最近の日常の生活の中で我々の世代にも実感できるくらいになってきている。

とはいっても、我々が食べるものは「世

界一美味しい日本の食材―米、肉、魚、季節の野菜」であり、これは不変、金属化合物が食物になるわけではない。ここ数年で日本食が世界中で評価されているのは喜ばしい限りであり、日本の食は素晴らしい、その中でも福井の食材は最高であることは言を俟《ま》たない。

一方、世界3番目の経済大国である日本は、同時に世界でもトップクラスの高齢化社会に突入しており、2040年には65歳以上の人口が35パーセント超となり、労働人口不足が深刻化、さらには社会保障給付増による国民負担の増加、その解決に向けた財政改革と日本人労働力とのバランスのとれた外国人労働力の移入等待ったなしの日本国としての課題を解決していかなければならない新時代でもある。

②故郷福井への思い

私の経歴が四十数年間、航空輸送及びその周辺事業であったこともあり、国内北から南まで六十数空港の自治体と幅広いお付き合いがあったが、すべて航空路線ネットワークとしてのお付き合いであり、「ふるさと福井」を顧みる時間は正直少なかったようだ。

唯一、故郷と向き合ったのは、2004~2005年頃であったと思うが「福井の経済振興の諮問委員会/観光誘客増」の委員を委嘱《いしょく》されて、半年余り県庁内での勉強会に参加、副知事を座長としてＪＲ、旅行会社、芦原温泉宿等の皆さんと議論した。今でもそのお付き合いは継続している。

その時の委員会の最終報告書の骨子は、「福井県単体ではなく近隣県と一緒に〝面〟としての観光スポットの整備と体験型も充実させて」等の提言であったことを覚えている。

ちょうどその時期に会社で事業計画・路線計画担当であったので、航空時刻表の小松空港の表記をＡＮＡも説得して、それまで「小松空港」との表記だったものを「小松空港（金沢・福井）」と改定することができて、わずかながら故郷に貢献できた。知事から感謝状まで頂いた。

一方で、委員会終了後、地元新聞社に「外からの観光客が増えるのは良いが、自然豊かなふるさと福井が傷まないか心配。緑・自然豊かなふるさとをそのままにしておいてほしい」と寄稿したのを覚えている。

今一度は、外国人旅行者向けのガイドブック『JAPAN – 100 HIDDEN TOWNS』の編集に携わり、２０１８年春にようやく発行、故郷福井からはいくつか魅力あるTOWNを掲載できた。この本は海外及び国内の丸善や紀伊國屋書店の洋書コーナーでの販売が主であるが、ＪＡＬ、ＡＮＡの空港ラウンジにも配備することができた。

最近は、東京若越クラブのお付き合いもあり、また、高齢の親父２人が県内介護施設でお世話になっていることから、以前よりは帰郷する回数も増えて故郷福井への関心は高まっている。

◇3◇ 提　言

今回、東京若越クラブメンバーの一人として、故郷福井への提言をとのことで喜んで引き受けたものの、当企画の狙いは福井のさらなるアピール、インバウンド旅客誘致といった提言を期待してのことであろうと思いながら、私がここ数年、若い人たちに言い続けていることを故郷福井の若い人たちにも訴えたいと思う。

それは「狭い日本ではなく、世界に目を向けて、世界で活躍する人材に」ということである。福井には、染色、研磨、工作機械、航空エンジン素材等世界に誇れる先端技術分野ですでに海外に進出している企業も多くあるが、展開先は成熟期の欧米だけでなく、これからは成長著しいアセアン諸国、中東アフリカ諸国等々にも展開・拡大のチャンスが大いにあると思う。

特に日本の有史以来深くつながっているアセアン諸国は、第二次世界大戦時の苦い思い出はあるも、日本としても、企業としても、一個人としても活躍する場が多くある。また、アセアン諸国の国民の親日感情、共通の仏教文化、老人を敬う儒教精神等価値観を共有できる背景がある。

アセアン諸国にとって日本は長兄的な存在であり、日本の戦後の経済成長をお手本にして発展してきた国々である。国民の平均年齢が20歳代の国が多く、その活力は現地に行けば肌で感じられる。

さらに、現日本政府は、国際政治的な背景もあろうが、ODA（政府開発援助）での有償・無償の援助、技術指導はじめ、アジア開発銀行等を介してのアセアンの発展途上国へのさまざまな援助システムが出来ており、日本の援助額は世界の先進国の中でもダントツである。

それは援助を受け入れる国側の日本への期待の大きさの現れでもある。

私は、その職歴柄、空港運営ノウハウ、機器輸出はじめ、「日本の安全で、健康的で、かつ高品質のMADE IN/BY JAPAN製品」をアジア諸国に供給してきたが、最近は、河川治水、上下水道、鉄道・地下鉄、港湾、空港、道路等の社会インフラへの援助はじめ、工業製品製造分野、農林水産分野での技術指導等まだまだ日本が、皆さんが、活躍できる分野がたくさんある。

福井は技術力、匠《たくみ》人材の宝庫。「ふるさと福井から飛び出せ、海外に」と檄《げき》を飛ばすのは今回の企画の主旨にあまりそぐわないかもしれないが、福井の企業のアジア諸国への進出展開にも大いにチャンスがあり、私個人としても少しでもお手伝いできればと思っている。

私は時折、大学等で若い皆さんに話をする機会があるが、「世界に目を向けて、世界に関心を持ってほしい」と毎回言っている。活躍すべきフィールドは、日本国内だけではない。欧米がすべてではない、アジア近隣諸国に活躍する場がまだまだある。

④ おわりに

昔小学校低学年の頃、地理の時間に地球儀を見せられて「小さな日本国」を知らされた。太陽系の惑星配列立体模型も一緒に見て、いかに宇宙が大きいか、無限大なのかも知った。

憂うべきかな、今、世界のあちこちで保護貿易的な動き、自国中心、排他的な動きの広がりを見せているが、こんなちっぽけな星で何をそんなに争っているのかと残念に思う。

私自らの体験からも、歴史的な事実からも、「ヒト・モノ・カネの動き」の経済原理は止められない。

若い人たちが、平板な地図でなく、今一度丸い地球儀を見て、自身の立ち位置をしっかり考えて、この美しい星を皆で守っていく「地球人」であってほしい、そんな「新時代」であってほしいと願っている。

PROFILE
ひらた・くにお　1951年生まれ、福井市出身。1975年京都大学法学部卒業。日本航空株式会社専務、株式会社JALUX代表取締役副社長、株式会社JAL-DFS会長、株式会社JALUX DUTYFREE VIETNAM会長歴任後、2018年より「OFFICE HIRATA」代表、経営コンサルティング業。海外在勤：ニューヨーク、ロンドン。社外役職：国際航空運送協会（IATA、ジュネーブ）理事、国際航空貨物航空会社委員会（BIAC、東京）会長、輸出入港湾関連情報処理センター株式会社（NACCS、東京）経営委員 等。

世界・日本のなかの福井
―次の30年間の発展シナリオ―

マネジテック・グループ株式会社
代表取締役
福島　毅
Fukushima Takeshi

平成元年の高校卒業と同時に福井を離れて以来、帰省するたびに街並みの変化を感じながら30年が経過しました。今年は令和元年。次の30年間に起こり得る変化を想像しながら、これからの福井の経済発展を考えてみたいと思います。

平成の30年間において、日本の各地域の人口や経済規模は、一部の大都市圏を除いてほぼ横ばい・微減傾向が

世界・日本のなかの福井

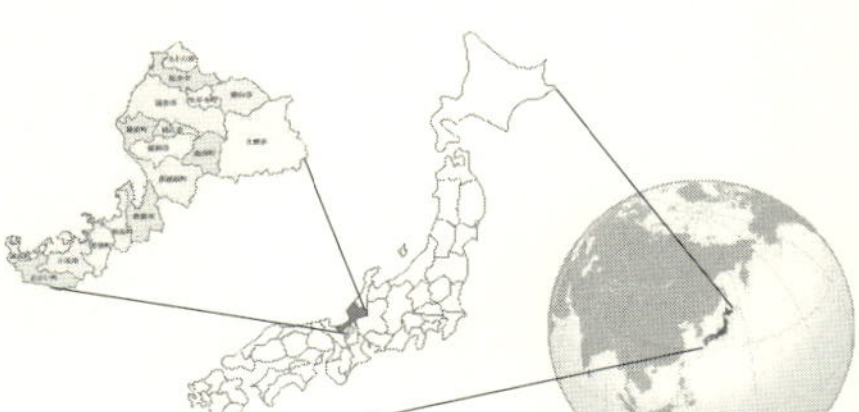

続きました。各地域では地元経済の発展に向けて地域産品のキャンペーン、観光資源の開発、Uターン就職の促進といったさまざまな努力がなされたものの、全国的なトレンドは変わらないまま現在に至っています。

例えば、東京の都心部には平成中頃からいわゆる地域アンテナショップが続々と出現しており、いまや全国各地の名産品が簡単に入手できます。各地域の視点からは「東京に出店しています！」と勢いが出ますが、東京の街並みのなかでは数多ある店の一つとして埋没しており、ただ存在するだけでは訴求力に欠けるのが実態です。東京への観光客の増加に伴って売上が伸びることもあるでしょうが、成果を出し続けるためには独自性のある方策を練らねばなりません。

福井は経済規模で見ると日本全体の0.6パーセントを占めています。全国47都道府県を経済規模が大きい順に並べると、大規模7都府県が全体の約半分を占めており、他の40道県が残りの半分にひしめいています（**図1**）。福井はそのなかで

図1：県内総生産ランキング（2015年）

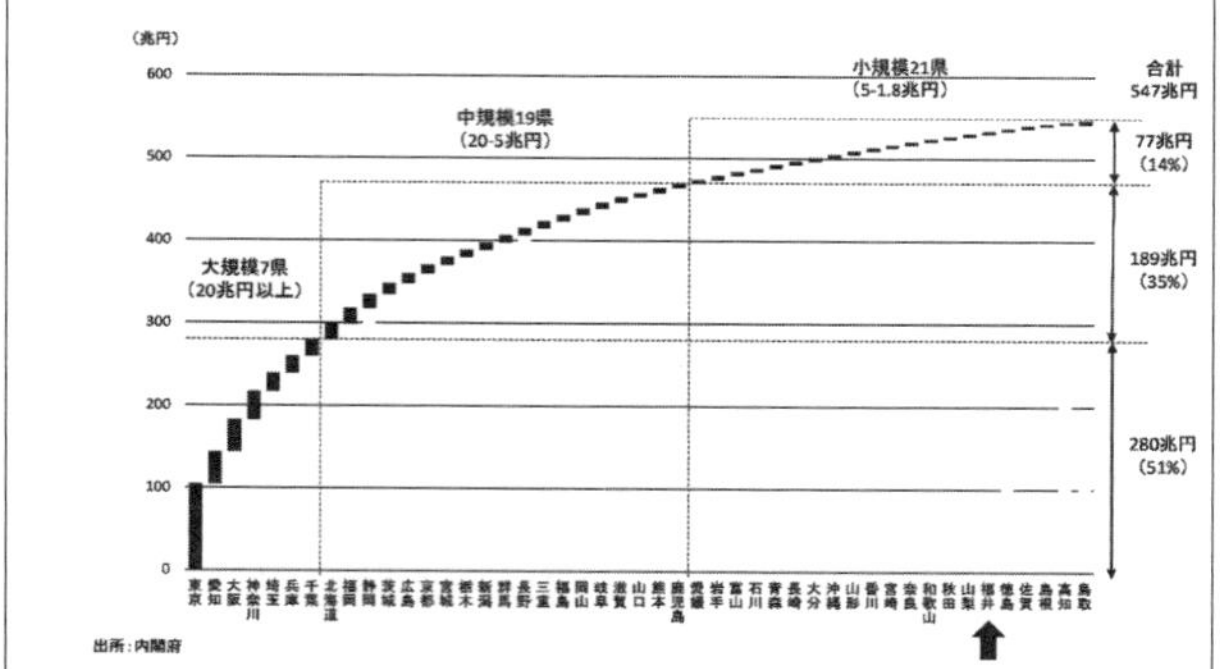

も小規模県（県内総生産5兆円以下）の一つです。他県と同じような努力をするだけでは、規模が大きい地域に勝る成果を出すのは難しいでしょう。

では福井の経済発展のためにはどのような方策が有効なのでしょうか。これまでに何度か福井の将来に関する議論に参加したことがありますが、話題は地元企業への就職、福井への移住や企業誘致など数を維持するための方法論に終始しがちです。もちろん、人口や企業数は必要条件ですから、数を増やすための努力は不可欠です。しかしながら人口減少や低成長は先進国に共通する大きな課題であり、一地域の努力で克服できることには限界があります。

地域の経済発展の方策としては、地域内の就労人口や企業の「数の拡大」だけではなく、より高い成果を出すための「生産性の向上」や「イノベーションの実現」に向けた取り組みも重要です（図2）。

図2：経済活動の発展イメージ

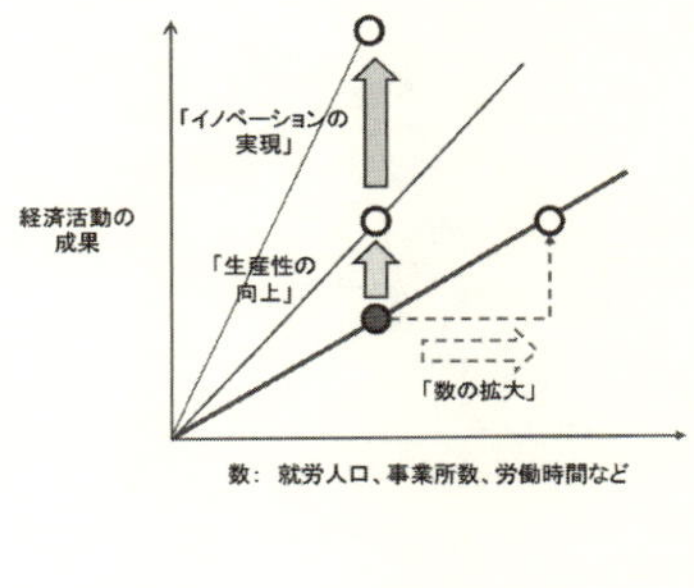

就労人口や企業の数は同じでも、そこから産み出される付加価値が高まれば自ずと経済発展に

つながります。手元にある技術・部材・製品、あるいは地域の環境、自然遺産、歴史・文化をもとに、新たな人・モノ・資金・情報の流れを産み出していくのです。

地域経済の生産性（就業人口1人当たりの県内総生産）で見ると、福井は小規模県のなかでも低水準に甘んじています（**図3**）。福井よりも少ない就業人口で高い経済規模を実現している地域は、香川・奈良・秋田・和歌山・山梨と5県もあります。なかでも和歌山・山梨は福井よりも就業人口が8万人以上少ないにもかかわらず、経済規模は福井を上回っています。地の利や産業構造の違いもあるでしょうが、福井の就業人口が増えないことをただ嘆いているわけにはいきません。自らの工夫次第でさまざまな方策が考えられる「生産性の向上」や「イノベーションの実現」についてこ

図3：小規模県の生産性（県内総生産/就業人口）

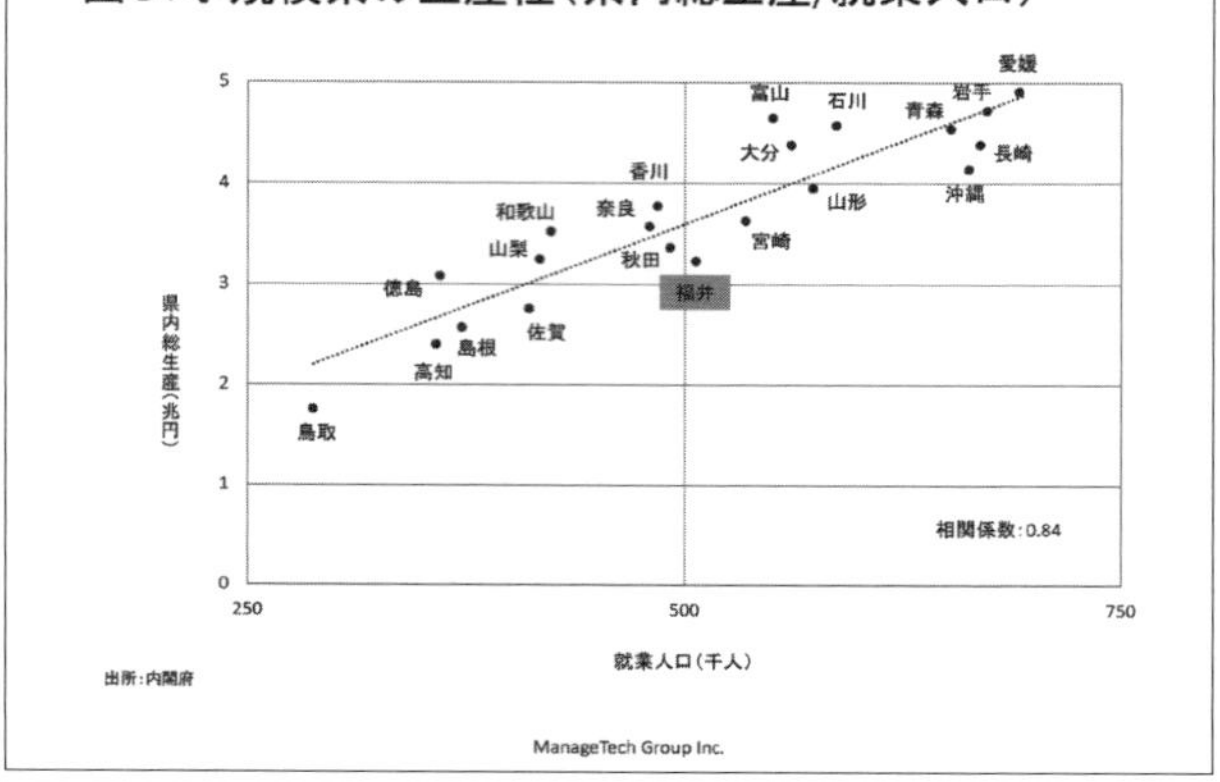

そ、積極的に地域発の取り組みを展開していくべきでしょう。

次の30年間ではあらゆる産業でデジタル化、IoT・データ活用が進み、自動化・機械化の進展によって付加価値の出し方が大きく変わることが予想されています。好むと好まざるとにかかわらず、この流れは不可逆的です。人・モノ・資金・情報の流れが大きく変化するなかで、「生産性の向上」や「イノベーションの実現」につながるチャンスは数多く出現してくるはずです。福井という地域を一つの製造工場に見立てて、インプット・付加価値創出・アウトプットを拡大させるためのアイデアを書き出してみます（**図4**）。検討の参考になれば幸いです。

図4：新たな人・モノ・資金・情報の流れの創出

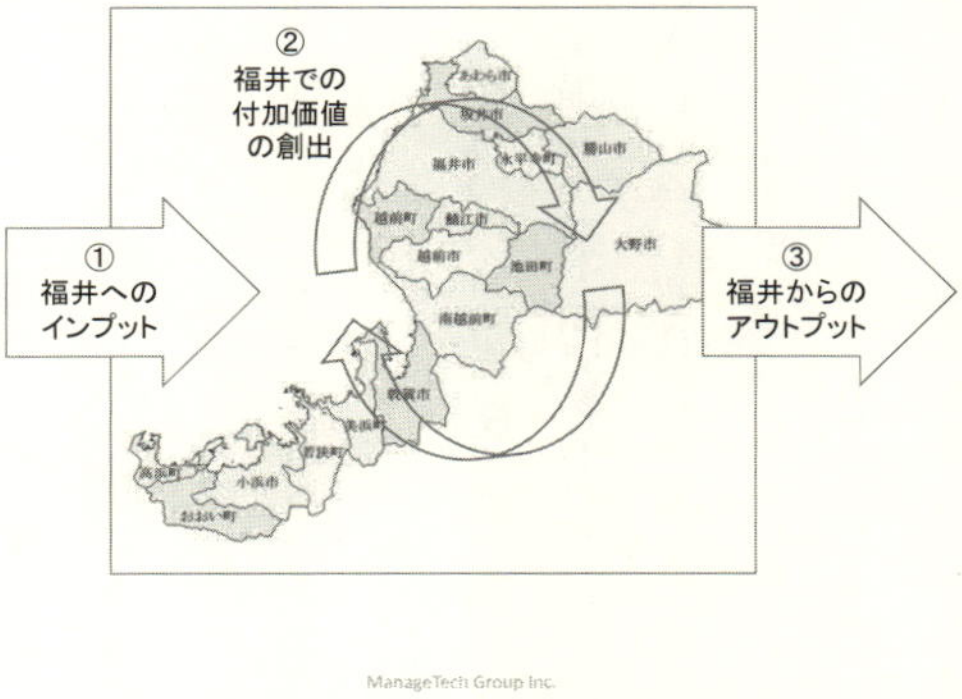

①「福井へのインプット」…滞在型観光の可能性

海外から日本への観光客数はこの先も高い水準で推移していくことが見込まれており、日本の観光ビジネスには大きな発展性があります。これまでのところ福井への観光客数は他地域に比べると十分に伸びているとはいえず、外国人宿泊数は最低水準にあります。伸び代は大きいといえるのかもしれませんが、他地域との激しい競争を踏まえると、単に観光客の数を増やす努力だけでは効果は限定的でしょう。福井らしさを活かした独自性のある方策を打ち出さなければなりません。

数年前にドイツ人の友人一家の日本滞在をサポートしました。10日間で東京、京都、福井、金沢、白川郷を巡りましたが、帰国後に感想を聞いたところ、「福井が最も印象的だった」という答えでした。理由は「福井に滞在した3日間で一人の西欧人にも会わずに日本らしい体験ができたから」。彼らには世界各地への旅行経験がありますが、文字通り〝ガイジン〟として和紙や漆器やそば打ちを体験し、日本海を眺めながら温泉に浸かり美味しい食事を楽しんだことには、他では味わえない鮮烈な印象が残ったようです。外国人観光客が少ない福井だから実現できたことともいえます。例えば、ありきたりな旅行体験に飽き足らない人たちの知的好奇心を満たす滞在型のプログラムを地場産業が連携して企画・提供することで、独自性の高い観光ビジネスとして展開できる可能性があるのではないでしょうか。世界に福井ファンを増やすことで「客が客を呼ぶ」という相乗効果も期待できます。

◇2 「福井での付加価値創出」…中間材の製造・加工を軸にした新事業開発

福井には繊維、化学、金属・プラスチック加工（眼鏡）など、最終製品ではなく中間材の開発・製造という共通点を有する産業が集積しています。いずれも日本が高い競争力を発揮できる技術や部材でもあり、世界各地で製造業回帰のトレンドが強まるなかで大きな成長の可能性があります。実際にアメリカの新事業創出の現場では「アイデアと資金はあっても、国内に十分な品質レベルの部材や技術がない」というケースに多く遭遇します。やり方次第では日本企業が新しいビジネスを開拓できるチャンスが拡がっているのです。

次の30年間では情報化・デジタル化がさらに進み、機械化・自動化も進展して、製造業のビジネスモデルが大きく変化していくことが予想されています。これまでのように特定企業を軸にした系列構造でのビジネスだけではなく、異業種が組んだ共同事業として短いサイクルで多種多様な製品開発に取り組む手法が拡がり始めています。確固とした技術・部材を持つ中間材の開発・製造企業にとっては、やり方次第で数多くのチャンスが出現し始めているのです。新しい事業構想に基づいた個別各社の取り組みが基本にはなりますが、中小規模の企業が世界各国のスケールの大きな取り組みと歩調を合わせていくためには、地域内でこうした活動を促進する産業横断的な支援体制作りも重要になるでしょう。

③「福井からのアウトプット」…国内・海外への人材輩出

地域産品を拡販する競争は激しくなる一方です。数年前にニューヨーク・マンハッタンの中心部で新潟県のアンテナショップを見かけました。地酒や名産品が数多く揃っていましたが、単に「持ってきて売る」だけでは効果は限定的です。世界的に日本の食材を扱う食ビジネスが急拡大していますが、現地の食文化や嗜好に対応する工夫を加えて高い付加価値を創出できるかどうかが勝負になります。実際に自動車や電化製品などの工業製品は、日本からの輸出・販売から現地での商品企画・生産へとシフトすることでビジネスの裾野が広がりました。こうした現地化の過程では、試行錯誤や創意工夫をする人材の数と質が鍵になります。

福井へのUターン就職や移住の奨励も重要ですが、福井の人材を国内・海外に輩出することも促進せねばなりません。内向き指向だけでは大きな発展が望めないことは平成の30年間で証明済みです。今まさに学校でも企業でも人材の教育・育成のあり方が大きく変わり始めています。あらゆる産業でデータ活用や自動化が進み、地域や国境を越えたビジネス展開が当たり前になるなかで、新しい付加価値を創出できる人材の要件は大きく変化しています。伝統的に福井の教育水準は高く、地域の持ち技の一つといえます。より多くの福井育ちの人材が福井の外で活躍するように仕向けることで、世界のさまざまな分野から人・モノ・資金・情報が福井に循環する流れを創り出すことができれば、より強力に福井の経済発展を支えることになるはずです。

PROFILE

ふくしま・たけし　1970年福井県鯖江市生まれ。鯖江中学校、武生高校を経て早稲田大学理工学部卒業、同大学院修了後、米国系経営コンサルティング会社ブーズ・アレン・ハミルトンに入社。国内・海外で金融サービス業、IT産業、製造業などの経営戦略の策定・実行支援に携わる。2015年にマネジテック・グループ株式会社を創業。東京、ニューヨーク、シリコンバレーで新規ビジネスの創出を手掛ける。

「伝える」こと「伝わる」こと

書家・プレゼンテーションクリエイター
株式会社固 代表取締役
一般社団法人継未 代表理事
一般社団法人プレゼンテーション協会 代表理事
前田鎌利
Maeda Kamari

「伝える」ことの大切さ、相手の立場に立って「念《おも》い」を込めて伝える大切さについて語ってみたい。

　私は東京学芸大学の書道科で学んだが、4年生の時に阪神・淡路大震災が起こった。当時、携帯電話が普及していなかったため被災者が連絡を取る手段がなく、携帯電話があれば救える命もあったことを目の当たりにした。いつ起こるかわからない災害に備えて携帯電話を普及させ、世の中のためになる仕事をしようと思ったことが通信業界の道に進むスタートになった。

　伝える手段、ツールをいかに世の中に普及させるかがその時の志だった。最初に光通信に就職。ある企業に飛び込んだ時、その社長さんに大学で何を学び、なぜ光通信に入ったのかという話を20分もさせられ、最後に「大学出たての若造に時間をやるのはもったいないが、お前はいい目をしているから時間をやった。カタログを読み上げられても意味はない。お前の中にしかないものにしか興味はない。お前の思い、志はわかった」と言って携帯電話の契約をしてくれた。

書いてあることを上手に伝えたところで相手の感情は動かない。むしろ自分の中にあるものを自分の言葉で伝えないと、相手には響かず、伝わらない。そうしたことを学ばせてもらった最初のきっかけだった。

以後、携帯電話の話をするより自分の話をするようになって、営業成績が伸びていった。「安いから買ってください」と言うのではなく、何のために来たかを伝えるストーリーが自分の中にあるかどうかが大切であることを実感させられた。

その後、J－PHONEに転職、2001年にVodafone、2006年にソフトバンクとそれぞれM&A（企業の合併・買収）に伴い移籍。経営戦略、渉外、営業、企画、マーケティング、グループ会社役員、新規事業開発と幅広く仕事をした。

2010年に社長の孫正義さんが後継者を育成する機関として「ソフトバンクアカデミア」を発足させた。社員2万人の中から選抜された200人と社外から選抜された100人の合わせて300人が年4回、孫さんが出す経営課題に対し、1人5分間のプレゼンテーションをするというものだ。1カ月間の準備期間で皆が切磋琢磨し事業提案するのだが、孫さんはプレゼンテーションに一切点数はつけず、300人が採点した合計で1位から300位までを決める仕組みだった。

幸い私はアカデミア初年度の1位となり、以後、孫さんの企画を練ったり資料を作成したりした。どう伝えれば多くの人の心に届くか、決めてもらえるか、伝え方の経験をずいぶん積むことができた。

2013年12月末、ソフトバンクを退社し、翌年10月に、日本の文化を次の世代に継いでいくことを志にして一般社団法人継未《つぐみ》を設立した。退社は、2013年9月7日に東京2020オリンピック・パラリンピックが決まったプレゼンテーションを見たのがきっかけだった。海外の方に日本の良さを伝える以上に、日本の若い子たちに日本っていい国だ、日本の文化って大事だ、と振り返ってもらうきっかけになるのがオリンピックであり、そうしたことに自分の時間、リソースを割きたいと考えた。

ソフトバンクは右肩上がりに規模の拡大を求めるビジネススタイルの会社だったが、日本の文化とか書は規模ではなく、個と個がコミュニケーションをとりながら、コミュニティをつくって次の世代につないでいくことが大事な取り組みではないかと考えた。いかに300年先まで続けられる仕組みが作れるか。ソフトバンクの資本が入ると、間違いなく、3年で3倍にしろということが求められる。もう少し緩やかに先まで続くことをやっていきたいと思って辞める決断をした。

継未は設立から5年経つが、いま全国で10校、生徒が700名の教室だ。東京、大阪、京都、名古屋、福岡、彦根やロンドン、シンガポールに拠点がある。筆でコミュニケーションをとるだけで仲間が増えていく。自分の「念い」を伝えるツールとして文字を書く。これが300年、400年続いていけば、戦争なんてなくなって、みんながわかり合える、そんなきっかけの一つになればいい。

その後、2015年に株式会社固《かたまり》を設立した。ビジネス系のスキルを伝えていく会社だ。年間200社ほどの企業、団体で研修や講演をしているが、書もプレゼンテーションも念いを伝えるツールだという話をしている。ツールはその人その人にある。僕にとっては5歳からやってきた書だとか、途中から学ばせてもらったプレゼンというツールがある。最も大事なのが、自分の強い念いがないと、伝わらないということだ。

福井のことを発信するにも、何が素晴らしいのか、その根っこの念いをしっかり発信していかないといけない。最近、地元福井と仕事をする機会も増えているが、どんな念いがあるのか、内観することがとても大事だと思う。僕が薦めているのは手で書くことだ。どう伝えようか、逡巡《しゅんじゅん》する時間が大切だ。書は準備をするだけでもすごく手間がかかり、終わって後片付けをするのも面倒だが、面倒くさいからこそよく伝わると思っている。

福井の良さは人が純朴なところだ。純朴だからこそ耐えることができ、真摯《しんし》に何事にも向き合える人が多い。先日、福井県人会で大学4年生に会ったが、東京・吉祥寺にある福井県が運営する学生寮の後輩だった。話を聞いていると、その学生寮の様子は20年以上経っているのに何一つ変わっていない。謙虚で偉そうにしない。東京若越クラブトップの小林栄三さんにも私みたいな若造に真摯に対応していただいている。すごく謙虚な方だ。上に限らず下に限らず、純朴さが福井のアイデンティティーじゃないかと思う。

文化を次の世代に継ぐ行動をあらゆる形で心掛けていきたい。福井といえば越前和紙であり、その手漉《てす》きの文化を残したい。漉いていただいた紙を使って私も書き、うちの生徒さんたちにも使ってもらう。海外を含めいろいろなところで書いていく際に、紙の文化も伝え、つなぐ役割を、継未としても書家の前田鎌利としても携わっていきたい。

（本稿はインタビューをもとに編集したものです。）

PROFILE

まえだ・かまり　1973年福井県鯖江市生まれ。東京学芸大学書道科卒業後、独立書家として歩みながら通信事業に従事。孫正義の後継者育成機関であるソフトバンクアカデミアにて初年度1位を獲得。2013年独立起業し『社内プレゼンの資料作成術』（ダイヤモンド社）を刊行（シリーズ累計20万部）。年間200社を超える企業にて、講演やコンサルティングを行いながら、全国10カ所、700名の生徒が通う書道塾-TUGUMI-を主催。国内外で多くのパフォーマンスを行いつつ、JAXA、羽田空港、トヨタ、Jリーグなど多くの企業・団体の書を手がける。

未来教育に特化するための新たな指導者の育成を！

華道家

前野博紀

Maeno Hiroki

福井県は、全国的に義務教育における子どもたちの学力・体力の水準の高い地として定評がある。都内に在住する私にも、福井県出身ということで、小中学生時代のどういった地域環境や教育環境が子どもの学力・体力水準向上に貢献したのかの取材を受けたこともある。当方にとっては当たり前と考えている普段の行動習慣にも、取材者は驚きを隠せない様子であったのを覚えている。教育関係者を含めた先人たちが日本の未来を真剣に考え、システムを構築し実際にまいた種が、結果として基礎学力や体力における成果として花開き実を結んだ賜物《たまもの》であろう。

しかしながら、これからの未来におけ

る教育県としての社会的役割は、基礎学力における他県との競争に勝つことをゴールとしているだけではならない。世界はグローバル化を超えて、ユニバーサルな領域への進化の時代へと突入してゆく。どんな時代、どんな分野においても、人間が関わらなければ、社会も経済も法律も、スポーツも芸術文化も成立はしなかった。どんな時代どんな分野にも、先陣を切る開拓者が存在し、それに続く探究者が存在し、それを伝える教育者がいたのだ。これまでのグローバル化を目指した地球上での横の広がりから、宇宙開発をはじめとする天空に向けての縦への挑戦が始まる今世紀初頭だからこそ、人材教育の基本である学校教育においても、これまでの実績や成果にしがみつかない、時流を捉えた新たな発想と叡智《えいち》で今こそ必要とされる教育の本質を見直さねばならないだろう。今の子どもたちの未来のために種をまくことは、結果的に少子高齢化が加速する日本の未来においては、大人の事情を鑑みても必須である。これまでの手法に加えて、では何をなすべきか？

① 夢を描ける人材の育成

現代社会は混沌の中にあり、過剰な情報が細部までリアリズム化し、人間が情報の檻《おり》の中でもがきながら生活している感がある。若者が純粋な夢や希望を持てる時代で無くなったと言われるが、生きるためにはやはり「夢」が無くてはならない。大小にかかわらず、夢があれば、生きられる。生きているだけで日々、挑戦の連続。夢を描ける人材育成は、まずは学校教育に従事している関係者に対しての育成から着手されなければならない。実際、「ふるさと先生」等で実際に県内の高校で講演授業をここ5年間ばかりさせていただいているが、実に教育者が夢を語れない現状が伺える。手本となる先生に夢が無いのに、生徒が何を信じられるだろう？

しかし、日々の激務をこなす現場の教師にこれを求めることは容易ではないと考える。むしろ酷である。だからこそ、定期的に学校教育に外部の社会人教師の導入を考えるべきである。大局を知るものが、子どもの夢に関わることは、すべての大人の責任である。学校教育や家庭だけに子どもの未来を預けるだけでは間に合わない時代なのだ。

②心力醸成《じょうせい》プログラムの構築

心の力をここでは心力と呼ぶ。心力は様々な要素を含む。コミュニケーション能力、異質なモノを受け入れ調和できる能力、問題解決能力、信念を貫き通す能力、「恥」を知る能力、その他いろいろある。人の心は曖昧で脆《もろ》いものだ。教育現場で、処世術に長《た》けることを大人になることと勘違いさせてはならない。すべての人間に同等の価値があり、いのちの使い道を探る旅が人生であることを指導し、強く優しく逞《たくま》しい未来のリーダーの育成のために、この課題も手遅れにならないうちに構築せねばなるまい。

学力・体力に次ぐ心力醸成こそが、教育県として名高い福井県がなすべき次世代への取り組みではないだろうか？

◇3◇ 教育モデルの確立（未来に向けた鮮明なビジョン化）

上記の◇1◇2◇実現のために早急に、未来教育理念構築と未来に向けた行政の鮮明なビジョンを掲げなければならないと思う。

インターネットやSNSの普及により、これまでの仕組みからすべてをパラダイムシフトしなければならない。新しい時代は、都市集中型のシステムから、地域に価値が拡散する時代の始まりでもある。つまりは、地域の勝敗を分けるものも、これまでのモノの考え方だけでは通用しないということである。ただし、どんなに環境が激変しデジタルなシステムに包囲されても私たちが人間というアナログな身体を抱えて生きていかざるを得ない以上、その心や身体という命の手当を教育の最重要項目にしなければならない。

デジタルな仕組みは、これまでの人間がなしえてきた仕事を、人間以上に効率よく正確に処理してゆく。今後、求められる人間の仕事も大幅に変化する時代。しかし、教育はＡＩやシステムだけでは完成しない。それは誰もが感じるジレンマでもあろう。これまでの教育は、平均点を上げること、偏差値基準を物差しにすることで、教育する側もその数字的宝刀を頼りにできた。しかし、その数字すら、人間力を査定するものではない。産業においても、これからは学力・体力以上に心力が求められる時代だ。少子化・高齢化には拍車がかかり、今20歳の青年は60年働かねばならない時代だと言われてもいる。その環境を受け入れ、かつ果敢に自身の人生を謳歌《おうか》するスキルが、今後求められる教育的課題であり、私たちが子どもの未来のためにまかねばならない「種」である。

今後の福井県の教育分野への斬新な取り組みに大いに期待するところである。

PROFILE

まえの・ひろき　福井県小浜市出身。福井県立若狭高校、同志社大学文学部英文学科卒業。華道家（草月流師範）、花匠前野花教室主宰。変幻自在な技巧や奇抜な構成から「花匠前野」の屋号を持つ華道家。建築のような壮大な作品のスケールから「花の建築家」の異名も取る。作品の世界観が江戸時代の画家・伊藤若冲にたとえられ「現代の若冲」と呼ばれることも。APEC国際会議のレセプション大型装花や、京都・国宝延暦寺根本中堂の１カ月にわたる献花、神宮寺創建1300年記念祭の法要および式典等、幅広く作品を提供している。国内外の大型作品の制作以外にも、福井県の「ふるさと先生」の講師をはじめ、「いのちの教育」と題した講演会など、国内の教育分野での活動にも定評がある。

金融リテラシーの向上を通じて自立力の高い子どもたちに育てよう！

ときわ総合サービス株式会社
取締役
山下朗裕
Yamashita Akihiro

◆甲子園といえば？

「甲子園全国大会」と聞くと何を思い浮かべられますか？　多くの方は春や夏に甲子園球場で白球を追う頼もしい球児たちを想像されるでしょう。でもここでお話したいのは、「第13回全国高校生金融経済クイズ選手権・エコノミクス甲子園」のことです。といってもピーンと来られる方は少ないと思います。このエコノミクス甲子園は、金融や経済について学ぼうという高校生を対象としたクイズイベントです。なんとこの全国大会で今年、福井県勢が初めて優勝しました。藤島高校2年生の鷲田樹音さんと坪田実那美さんのペアが全国の代表46チームのトップとなり、地方大会に出場した473校、約2500人の頂点に立ちました。この大会は、認定NPO法人金融知力普及協会が主催し、地方大会は地元の金融機関、全国大会は外資系生命保険会社や投資信託会社などが協力をしているものです。弊社もささやかですが協力させていただいているので、昨年と今年2回連続して全国大会を参観しました。2年連続の出場を果たした鷲田さん、坪田さんの2人に会場内で出会ったところ、昨年は8位でしたが、「今年は必ず優勝します」と頼もしく語ってくれました。知識を問う早押しクイズだけではなく、経済や環境に関するプレゼンテーションや他校ペアとグループを組んでの駆け引きなど運に左右される面もあるだけに、宣言どおりの優勝には心からお祝いを申し上げたいと思います。お二人には「アメリカ・ニューヨーク研修旅行」というビッグな賞品がプレゼントされました。

◆そもそも〝金融リテラシー〟って何？

ここ数年〝金融リテラシー〟という言葉を聞いたり、見たりする機会が増えてきました。とても難しい専門用語かと思ってしまいますが、要は「お金に関する知識や判断力」のことです。2016年に金融広報中央委員会が全国の18歳以上の個人2万5000人を対象に初めて大規模な調査を実施しました。この調査結果には、いくつかの特徴があります。まず、分野別の正答率は、「金融取引の基本」が7割を超え最も高かった一方、「金融・経済の基礎」は5割を下回り最も低くなっています。次に正誤問題の正答率と年齢の関係をみると、18~29歳の正答率が最も低く、年齢が上がるとともに正答率も上昇する傾向にあります。さらに、正誤問題における正答率が高いグループでは、①金融経済情報をみる頻度が高い、②家計管理がしっかりしている、③金融商品の内容を理解したうえで商品を選択している、④損失回避傾向や横並び意識は低めである、等の特徴があります。海外調査との比較では、正誤問題に関する正答率は、米国を10パーセント下回っており、ドイツ・英国と比べても7~9パーセント下回っているなど、私たち日本人の金融リ

金融知識・判断力に関する特徴

金融リテラシーマップの分野		正答率（%）			
		正誤問題	全国	北陸地方	福井県
家計管理		2問	51.0	50.7	**52.6**
生活設計		2問	50.4	51.3	**54.0**
金融知識	金融取引の基本	3問	72.9	72.1	**72.6**
	金融・経済の基礎	6問	48.8	48.3	**53.2**
	保険	3問	52.5	52.0	**56.1**
	ローン等	3問	53.3	51.9	**53.2**
	資産形成	3問	54.3	54.1	**59.6**
外部の知見活用		3問	65.3	63.1	**61.8**
合　計		25問	55.6	54.9	**57.7**

（出所：金融広報中央委員会「金融リテラシー調査」の結果、2016年）

テラシーは相対的に低いことになります。

さて、この調査結果で、福井県の特徴をみると次のとおりです。a．正答率は47都道府県中6番目に高い、b．年齢別の正答率をみると、18～29歳の49・5パーセントからだんだん上昇し、60歳台は74・8パーセントになっています。c．「金融・経済の基礎」や「資産形成」に関する正答率は、全国を4～5ポイントほど上回っています。d．行動や考え方等に関しては、「緊急時に備えた資金を確保している人の割合」や「老後の生活費について資金計画をたてている人の割合」が全国を上回っているなど、堅実な姿勢がうかがわれるほか、投資信託や外貨預金等の購入に際しては、商品性を理解してから行動している人が多いようです。e．金融教育については、「学校で金融教育を行うべき」と思っている人の割合はほぼ全国並みとなっていますが、「学校等で金融教育を受けた人の割合」は全国を若干上回っています。

◆福井の子どもたちの学力、体力は素晴らしい

地元の皆さんには当たり前のことかもしれませんが、県外にいる人間からみると、故郷福井の子どもたちの学力、体力は本当に素晴らしいと感じます。２０１８年度の全国学力・学習状況調査の結果をみると、小学生、中学生とも各科目で全国トップクラスの成績を収めており、

とくに中学生の数学や理科は全国トップとなっています。また、体力面でも、スポーツ庁が公表している２０１８年度の全国体力・運動能力、運動習慣等調査結果をみると、小学生、中学生ともこれまた全国トップレベルの水準となっています。

これは県や市町村の教育に対する前向きな取組み方針の下、先生方一人ひとりが真摯《しんし》かつ熱心に児童や生徒の教育に取り組んでいることや保護者が教育にとても力を注いでいることが背景にあると思います。そして、もっとも肝腎なことは、子どもたち自身が一所懸命真面目に努力している成果だと拝察します。昔、自分自身がお世話になった多くの先生方の中にも、本当に素晴らしく今でも尊敬している方が何人もおられます。無事に齢を重ねることができたのは、そうした先生方のお陰と感謝しています。

この間、福井県は三世代同居率が全国2位と極めて高く、こうした環境とも相俟《あいま》って、夫婦共稼ぎ世帯の割合は全国トップ、育児をしている女性の有業率は島根県に次いで全国2位（平成29年、就業構造基本調査〈総務省統計局〉）となっています。私自身も子どもの頃には、両親とも働いていましたが、祖母が体調を崩したのをきっかけに母が家にいるようになったと聞いているので、福井においては、代々そうした生活に馴染んでいることが大きく影響していると思います。有業率が高く、共稼ぎ世帯の割合も全国トップであること、それに先ほどの生活に関する手堅い考え方も影響して、２人以上の世帯の一世帯当たり貯蓄額は１８５６万円と東京都（1967万円）、神奈川県（1904万円）に次いで、全国3番目の高水準となっています（平成26年全国消費実態調査〈総務省統計局〉）。

◆金融リテラシーの向上を通じて自立力の高い子どもたちに

〝お金の話〟というと、「人前では慎むべき」とか、中には「子どもの前でいうのははしたない」という言葉を聞いたことがあります。これまでは日本全体にそうした控え目な考え方が強かったような気がしますし、今でも諸外国に比べると消極的と感じられます。北陸地方や福井ではさらにそうした雰囲気が根強いとファイナンシャル・プランナーから聞いたこともあります。

これまでみてきたように、福井では三世代同居や貯蓄額が多いなど、親の代から他県に比べて極めて堅実かつ安定した生活を送る工夫を行ってきた土地柄によるのかもしれません。しかし、わが国においても、最近では①グローバル化による企業・個人の海外進出や、大都市圏との人的交流の拡大から、地元だけに止まって暮らすことがだんだん難しくなっていること、②キャッシュレス化の進展により、若い人を中心に現金を持たない暮らしがどんどん広がりつつあること、③人生100年時代を迎えて、中高年だけでなく、若い人でも人生の先を見据えた対応がますます重要になってきていること、④成年年齢が2022年に18歳に引き下げられ、高校生のうちから現在の大人と同じような責任を持った行動等を取る必要がでてくること等、今後子どもたちが生きていく時代は金融や経済環境が大きく変化していくものと考えられます。

最近よく聞く言葉で、「自己責任」というものがあります。自分の暮らしや人生に関することについては自分で考え、判断して責任を取っていくことが大切ということですが、その基本や基礎的知識を知らないのに、責任だけ取れというのもやや酷な気がします。小学校でも低学年では、お小遣いや金銭に関する勉強時間があるようですが、高学年、そして中学校、高校と進むにつれて受験に関する科目中心になるのが実情だと思います。したがって、学校での教育だけに依存するのではなく、保護者も金融や経済に関する知識を深め、家庭で少しでもオープンに子どもたちと金融リテラシーに関して話し合ってもらうのがよいと考えています。金融や暮らしにもしっかりした知識や判断力をもち、自立力の高い福井の子どもたちが、地元をベースとして全国あるいは世界で大いに活躍することを切に願っております。

PROFILE

やました・あきひろ　1955年福井市生まれ。藤島高校、一橋大学卒業後、日本銀行に入行。青森支店長、業務局審議役、福岡支店長等を経て、ときわ総合サービス株式会社入社。2015年より代表取締役社長。2019年6月より現職。ファイナンシャル・プランナー（CFP®）、中小企業診断士。同社は暮らしのサポーターとして発行部数日本一（単一ブランド）の『明るい暮らしの家計簿』等を発行。

充実と創設

—大学統合による教育研究の充実と県レベルの新しい役割の創設—

元福井県副知事
セーレン株式会社 相談役
山本雅俊
Yamamoto Masatoshi

① はじめに—福井といえば—

福井県のもつイメージは、社会的には幸福度日本一であり、それを支える家庭は三世代世帯が多く、高収入家計であり、さらには、しっかりしたユニークな産業と企業が育っている県です。

その反映として、小中学生の学力が日本のトップレベルであり、高校は有名進学校もあり、さらにその上には国立大学・県立大学が理系・文系として並立しています。

県の姿を学校という視点から見ると、社会の基礎がしっかりしており、それなりの成果があり、制度も整っている誇るべき県といえるでしょう。

今回、国立の福井大学と県立の福井県立大学が理系・文系として並存している現状にスポットを当ててみて、一般的な大学のもつ課題とともに、両校を合体することによるメリット、生み出される可能性、新しく創られる機能、ビジョンを語ってみたいと思います。

◇2 大学の苦悩と課題とは

一般的な話ですが、福井の大学でも当面していることと推定しますがどうでしょう。

① 資金不足

ノーベル賞受賞者のフォーラムでも、深刻な問題としてとらえられているのに、研究費の削減があります。とくに、国立大学向けの運営交付金や基礎的な経費を削減する動きが

福井といえば（図1）

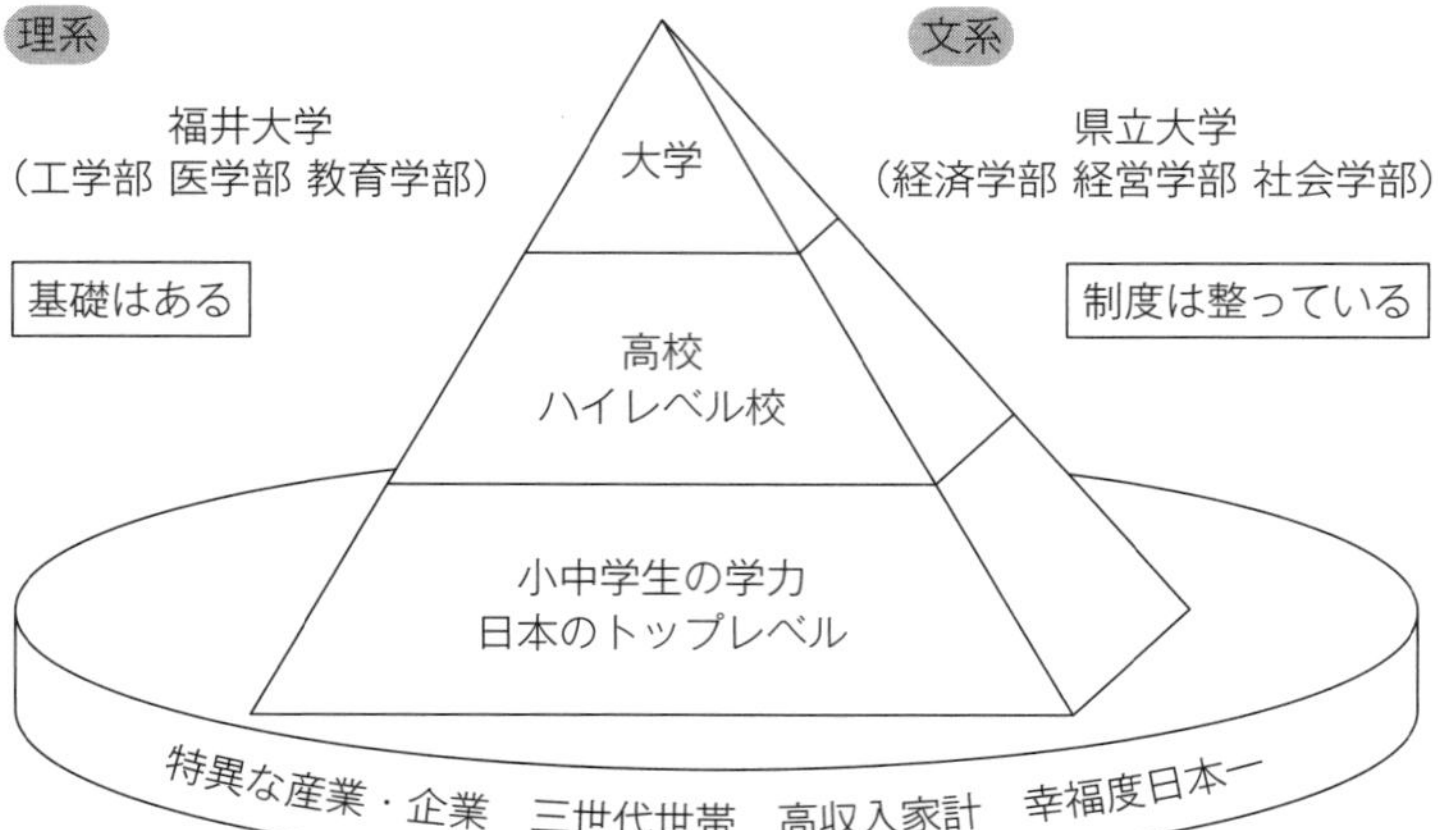

大きいことが問題視されています。

いわゆる教育・研究水準を資金面でどう維持するか、大きな課題だそうです。

福井県では何とかできないものでしょうか。

② 文系学部の存続

世にいわれるグローバリズムとかＡＩ化などの動きに対し、文系学部は今までどおりでいいのかという課題が各地でおこっているそうです。

大学にとっても、学生にとっても、社会にもっと貢献できる文系学部にしようという動きがあります。

それが、文系と理系がもっと密接に連携するとか、文理融合型の学部をつくるとか、いろいろな案が出ています。

③ 大学の経営にも

どんな組織でも長く続くと、良い面・悪い面が出てきます。大学でも組織が大きくなって、例えば、隣の研究室が何をしているかわからないとか、理事会が大世帯になって、長い議論が尽きないとか、いろいろな弊害が指摘されています。

一朝一夕に組織の体質を変えるのは難しいのですが、大学人が交流したり、教育・研究とマネジメントを分離するとか、企業からの人材を導入するなどの手段が考えられます。

◇3 こんなこともできそうです

① お金

福井県はふるさと納税の発案県として有名です。県内で立派に育てた子弟が県外に出て活躍している。それは国レベルで良いことですが、県が行った子弟教育への投資・これからの経費をふるさと納税という形で還流させればというのが、そもそもの理由だったと思います。

しかし、最近はふるさと納税実施後の節税のメリットとか返礼品の楽しみに焦点が移ってしまっているようです。

福井県としては、原点に戻って、このふるさと納税を大学の教育・研究へのサポート基金として活用したいものです。

また、教育・研究の基金のみならず、学ぶ学生の奨学金にしたり、卒業後、県内の企業で働くと奨学金の返済を補助するなども手です。そうすることで、卒業生の県内定着を促進するのみならず、多くの学生が県外から来ることも予想されます。

② 人

福井県は2000年をピークに、残念ながら、毎年1万人の単位で人口が減っています。人口減を抑える方法はいろいろありますが、当たり前のこととして、出るを制し、入りを増やすことです。

はじめにの項でも書きましたが、アピールの仕方は上手ではありませんが、福井といえば、それなりの県のはずです。基礎はあります。入りを増やす努力をしましょう。

以前は県外より企業誘致をしていましたが、昨今、海外進出する企業が増えましたので、これは難しくなりました。けれども、あきらめずに、例えばふるさと納税で集まったお金を大学生の奨学金に使ったらという案を出しましたが、とにかく若い人を誘える、魅力ある県にしたいものです。大学の魅力を高めることは一つの手です。

さらに、働く場所として企業のおもしろさも重要です、既存の企業のみならず、最近の流行として、スタートアップ（新規の事業創造）に積極的だとか、クラウドファンディングで、大学と企業が組んで、おもしろいことをやっている県だと注目されれば、若い人を誘う魅力が増すでしょう。

④こんなピクチャーが描けるかも

福井がもつ強さ＝社会・家庭・企業・学校を生かしながら、とくに大学に焦点を当て、変革を大胆に行い、かつ、福井ならできそうな新しい組織を創り上げてみました。

① 学部の一体化―教育・研究の充実―

福井大・県立大のもつそれぞれの学部をより高めるため、衆目の一致するユニークな学部にしていきたい。

(1) 工学部＋経済・経営・社会学部を一体化した理系・文系の融合した学部をつくる。

(2) 医学部＋看護学部を一体にし、より高く、効率的な医療学部を実現する。

(3) 教育学部を理系・文系からサポートする学部をつくる。

これら(1)(2)(3)の学部は教育と研究に専念し、特に問題になっている不足資金を後述する事務局により補えるようにする。

現体制とくに国立と県立という予算の違う組織の一本化には多くの障害が考えられますが、県として発展していくために、他府県には負け

こんなピクチャーを描けるかも（図2）

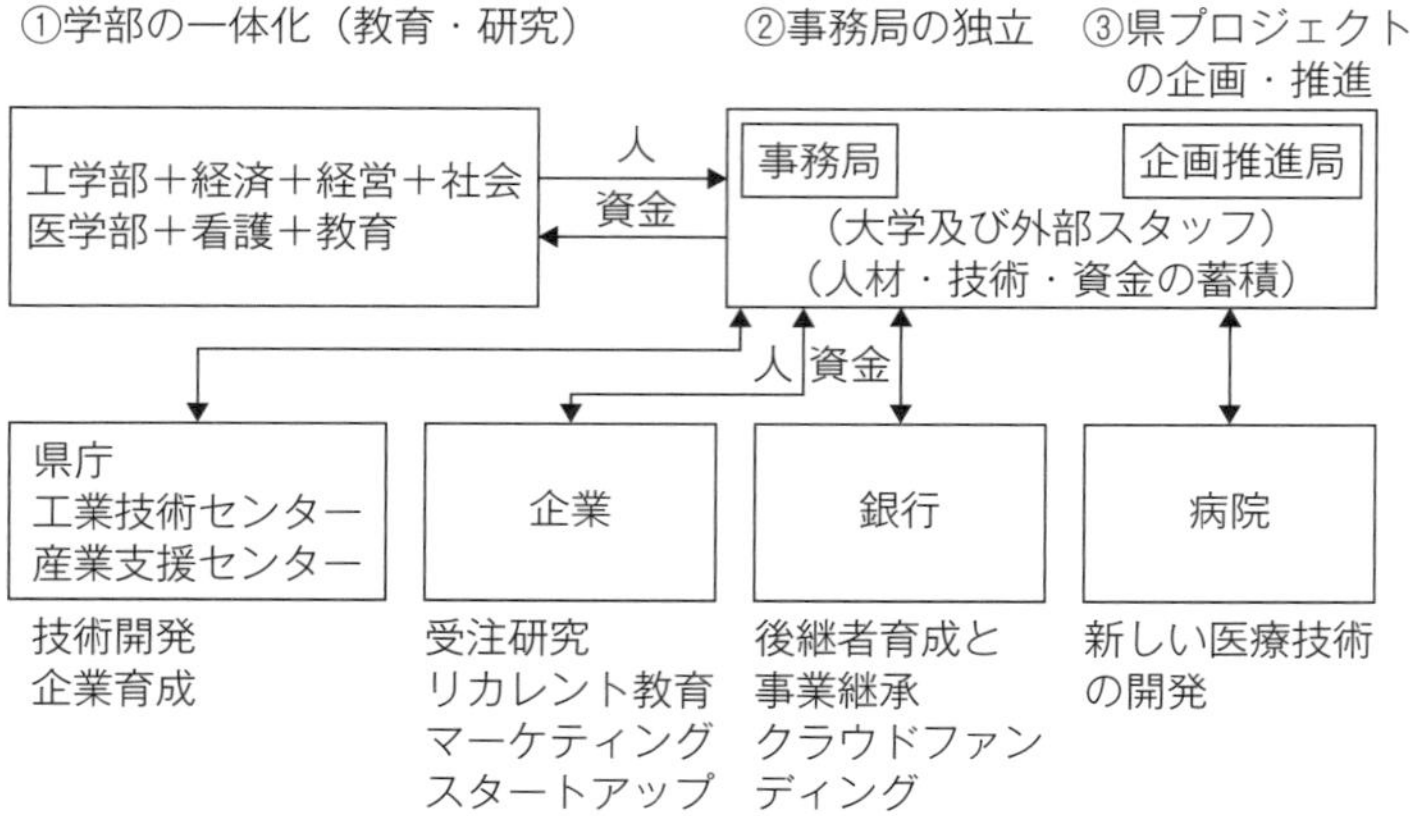

ないかつ遅れないことが必要で、その手法及び解決策を出していきたい。私立の福井工大・仁愛学園とのタイアップも次のステップとして視野に入れるべきでしょう。

② 事務局の独立

学部が教育・研究活動に専念できるように、これをサポートする事務局を独立させる。事務局には大学関係者と共に県や企業の人材を業務係や理事として参加させ、学部と共に、後述する県プロジェクトの企画と推進をマネジメントする。

まさに事務の独立である。

③ 企画推進局（ＰＰＰ）

学部を一体化することも、独立した事務局を設立し運営することも重要かつ難しいテーマですが、今回の目玉はこの県プロジェクトの企画推進局の設立・運営です（PROJECT PLANNING PROMOTION　PPP）。

現在でも県内で、いろいろなプロジェクトが各業界・各地域でレベルの違いこそあれ推し進められています。

今回、国立大・県立大の一本化を契機に、県レベルでコントロールして推進するプロジェクトを企画し、それを推進する組織（ＰＰＰ）を創り上げたい。

この組織には⑴新しい技術開発には学部の知見が必要だし、福井県として創造していく産業には(2)企業とＰＰＰが共創する意識がなければならないし、グローバル時代、ＡＩ時代にあっては(3)世界を知り、海外の動向を知った、新しい知見をもった人材も不可欠でしょう。

また目先・現実の問題として、中小企業の多い福井県では、後継者問題・事業継承問題が課題で、地場金融機関、市町の行政と共に解決していかねばなりません。(4)一つひとつのケースは小さくても、県全体で見れば見逃せない大きなプロジェクトで、これもＰＰＰのテーマになりましょう。

さらに、県には工業技術センター、産業支援センター、デザインセンターなどそれぞれが機能を発揮していますが、(5)これらの機能をまとめて新しいプロジェクトを企画したり、既存のプロジェクトに参画させるのもＰＰＰの役割になるはずです。また、県には誇るべき四大病院がありますが(6)これらの機能を大学と共に一体化させ、新しい先端医療技術の開発や高齢化社会に向けて、福井らしい福利厚生の施策をＰＰＰで生んでいけるのではと思われます。

(1)〜(6)は具体例としての案ですが、ＰＰＰが企画・推進すればおもしろい、有意義なプロジェクトになると思われます。

◇5 福井の良さと殻を破ってみよう

堅実・確実・保守・満足・見立ちたがらない、こんな県民性が人口では小県ながら、今まですばらしい福井、幸福度日本一の福井をつくってきました。

今回、この住みごこちの良い福井の中で大学に焦点を当て、国立と県立を合体させ、教育と研究の一体化・事務機能の分離による効率化、それに併せ昇華させたPPPという組織を提案しました。県民性に合わない破壊的な・先進的なアイデアだと思いますが、県の発展のために、ご検討いただければ幸いです。

PROFILE
やまもと・まさとし　昭和16年1月30日生まれ。昭和39年神戸大学経済学部卒業。同年日本電装株式会社（現株式会社デンソー）入社。昭和53年デンソーロスアンジェルス副社長。昭和61年デンソーヨーロッパ社長。平成5年株式会社デンソー取締役。平成9年同社常務取締役。同年デュポン株式会社取締役副社長。平成10年同社代表取締役社長。平成15年福井県副知事。平成20年大野市企業立地推進本部顧問。同年遠州トラック株式会社取締役。平成20年セーレン株式会社相談役（現任）。平成21年株式会社豊島電機取締役。同年株式会社福邦銀行経営諮問委員（現任）。

グローバルな視点で福井県の未来を築こう

株式会社東京スター銀行
代表執行役常務
湯屋基生
Yuya Motoo

「出身は福井県です」と申し上げると、「たしか幸福度ナンバーワンですよね。いいですね」と言われることが多くある。豊かな自然と歴史ある伝統文化に加え、教育力の高さや労働環境、生活環境において、県民の皆さん一人ひとりが高い「幸福感」を持って生活されていることに、首都圏に住んでいる身であるが大いに誇りと羨ましさを感じている。

一方、「都道府県の魅力度ランキング」で福井県は2年続けて39位。同じ北陸の石川県（11位）、富山県（22位）と比べても低い順位となっており、県民の意識と外から見た福井県のイメージに大きなギャップがある。そもそも福井県は人口約77万人の小さな県で認知度が低いということはあるが、県外の皆さんには福井県の高い幸福度に繋がっている具体的な要素が伝わっていないという現実＝課題が見えてくる。

日本の人口が２００８年をピークに減少する時代に入り、２０５５年には１億人を、さらに２０６５年には９０００万人を切り、その内３４００万人が65歳以上の高齢者（約2.6人に１人が高齢者）になると推計されている。福井県も２０１６年の出生率は１・65と全国の中では上位にあったも

	総人口（人）		増減率（%）
	2015年	2040年	
全国	127,094,745	107,275,850	-15.6
福井県	786,740	633,236	-19.5
福井市	265,904	216,298	-18.7
敦賀市	66,165	54,966	-16.9
小浜市	29,670	23,372	-21.2
大野市	33,109	21,525	-35.0
勝山市	24,125	16,779	-30.4
鯖江市	68,284	60,293	-11.7
あわら市	28,729	21,039	-26.8
越前市	81,524	66,651	-18.2
坂井市	90,280	76,544	-15.2
永平寺町	19,883	17,325	-12.9
池田町	2,638	1,588	-39.8
南越前町	10,799	7,849	-27.3
越前町	21,538	17,018	-21.0
美浜町	9,914	7,176	-27.6
高浜町	10,596	7,787	-26.5
おおい町	8,325	5,658	-32.0
若狭町	15,257	11,368	-25.5

（出典：2015年は総務省「国勢調査」、2040年は国立社会保障・人口問題研究所「日本の地域別将来推計人口（平成25年３月推計）」））

のの、一貫して転出者数が転入者数を上回る傾向が続いており、2040年には、県内全市町村で現在よりも10パーセント以上減少し、大野市、勝山市、池田町、おおい町では30パーセント以上も減少すると推計されているのである。

人口減少に伴う高齢化社会の進展により、今後も高い「幸福度」を維持していくことはますます困難になると予想されることから、こうした課題に対して今から新たな視点で対応策を検討し推進していく必要がある。

そこで今回は、福井県がさらに「幸福度」を高め、独自性のある魅力的な県として存在感を発揮していくために必要となるポイントを3つの視点で考えてみたい。

①グローバルな視点での取組みが福井県を元気にする！

2018年の訪日外国人数は約3200万人、特に中国（約838万人）、韓国（約754万人）、台湾（約458万人）、香港（約221万人）の東アジア4市場で訪日客全体の約7割を占めている。また、タイが113万人と初めて100万人を突破したほか、ベトナムやロシア、イタリア、スペインからの訪日客数も前年比19パーセント以上の増と大きな伸びを示した。

そんな中で、訪日客の福井県の認知度はわずか6パーセント、また、東アジアを中心に訪日

2回以上のリピーターは75パーセントにも上っているにもかかわらず、福井県への訪問率はわずか0.2パーセント、約4万8000人（全国順位44位）しかなく、訪日外国人の大幅増加の恩恵をほとんど受けていないという実態がある。

しかしながら訪日外国人のニーズは常に変化してきている。訪日外国人の目的が日本の代表的な観光地訪問やブランド品・家電等の爆買いといったニーズから、心身を癒す、リフレッシュ旅行や地域に根ざした文化に接する体験ニーズへと多様化してきているのである。こうした変化をチャンスとして捉え、「徹底した顧客目線」で福井県独自の施策に活かしていくことこそが重要となるが、訪日外国人の目線での取組みを重視するのには理由がある。一つはグローバルな視点での取組みは、日本人感覚では気づいていない福井県の良さを多面的に再認識させてくれることに繋がること。二つ目は個人ベースで福井県への理解を深めてもらうことは、観光にとどまらず農産物の輸出等、さらに付加価値の高いビジネスにも繋がるチャンスが増加すると考えられるからである。

◇2 県主導の枠組みが「徹底した顧客目線」での取組みを促す

訪日外国人の立場に立ち、「徹底した顧客目線」で各種施策を立案・推進するといっても、各市町村が自主的に施策の立案・推進を図り、必要に応じて県が予算の支援を行うというスキームだけでは、スピード感のある推進は難しい。各市町村では「圧倒的な当事者意識」を持つ人材を多くの部署に配置すること、市町村間で横連携を推進することが困難なケースが多いのではないか。

一方で国は地方創生に向け、「まち・ひと・しごと創生基本方針2018」を示し、「地方創生版・三本の矢（情報支援、人材支援、財政支援）」で「自助の精神」をもって意欲的に取り組む地方公共団体を強力に支援するとしているが、そうした施策に対しても、やる気はあるが少人数で運営している各市町村ではPDCAを回しながら具体的成果にまで繋げていくには、人員不足・情報不足という大きな壁がある。

例えば、訪日外国人が日本滞在中、福井県に滞在できる日数は1~3日程度と考えると、各市町村が独自に魅力的な動画を作成し、SNS上での発信力を強化しても、なかなか福井県全体の良さを伝えることはできない。また、魅力的な観光資源、歴史・文化があっても、それに付随したインフラ整備、ソフト面の充実といった総合的な視点での魅力向上がなければ、SNS上での盛り上がりに欠け、具体的な行動として福井県を訪れることには繋がらない。

こうした課題への解決策としては、福井県の規模であればやはり県が「圧倒的な当事者意識」を持って、①各市町村の魅力を顧客目線でバリューチェーンとして有機的に結びつける、②市町村ごとの個別最適化戦略ではなく、県全体を俯瞰《ふかん》した全体最適化戦略を立て、各市町村に積極的な連携をより強く求めていく枠組みの構築が重要になる。

③ 外部人材の活用がさらなる活性化に繋がる

県主導で「圧倒的な当事者意識」を持つ組織を立ち上げることができても、それだけではなかなか期待する効果には繋がらない。他県と比べて魅力的かつ差別化された福井県らしい取組みに繋げるためには、福井県の良さを理解している県内の人材に加えて、外部からの目で福井県の課題を捉え、豊富なスキル・経験で具体的な解決策を見出せる大都市圏在住の外部人材や訪日機会の多い国の出身者等との連携が必須となる。

そうした人材確保には、人口増にも繋げたいとの思いから移住支援策の延長線上で対応を考えがちであるが、働き方改革の一環として、副業・兼業という形で自分自身をさらに成長させたい、社会に貢献していきたいと考える人が増えている時代である。居住地に制約されずに世界中どこからでもSNS等で誰もが発信できる時代である。異なるスキルを持つそうした人材が県外に住み続けながらも柔軟に県主導のチームに参加し、得意分野で能力を発揮できるような枠組みこそがますます重要になってくる。

◆さらなる幸福度向上を目指して

前述したとおり、福井県は「幸福度ナンバーワン」ながら、国内の魅力度ランキングが低いという課題を抱えているが、それらはこれからの成長余地が大きいことの証明でもある。①グローバルな視点での訪日外国人への取組み強化、②県主導による全体最適な戦略の推進、③外部人材の活用等の取組みは福井県全体をさらに活性化させると同時に、県民の皆さんが多くの場面で福井県の魅力を再認識する機会を増やし、「幸福度ナンバーワン」のレベルをさらに高めていくことに繋がる。

「幸福度ナンバーワン県」の使命として、県外から訪れる皆さんに「福井に来るといつも幸せな思いになる」と感じてもらえるような、「幸福のおすそわけ戦略」もぜひ、展開していただきたいと思う。

PROFILE
ゆや・もとお　1960年福井県勝山市生まれ。1983年立命館大学経済学部卒業。同年株式会社住友銀行（現 三井住友銀行）入行。ニューヨーク駐在を経て1999年同行個人統括部統括グループ長。2001年株式会社三井住友銀行個人統括部チャネル企画室チャネル統括グループ長。2003年同行兼株式会社三井住友フィナンシャルグループファイナンスグループ長。2004年三井住友カード株式会社企画部長。2010年株式会社三井住友銀行霞が関支店長。2012年株式会社東京スター銀行執行役。2015年同行代表執行役常務（現任）。2016年度より勝山市の「ふるさと創生政策アドバイザー」。

交流新時代への福井の飛躍

福井県東京事務所長

吉田啓介
Yoshida Keisuke

東京若越クラブの皆様をはじめ首都圏でご活躍をされている福井県ゆかりの皆様方には「ふるさと福井」の発展のため、中学・高校でのふるさと先生やふるさと納税などさまざまなご協力をいただいており、心より深く感謝申し上げます。

福井県の新しい動きと東京事務所としてのこれからの方向性について述べさせていただきます。

さて、福井県は、昨年9月末から10月中旬にかけて、天皇・皇后両陛下をはじめ、多くの皇室の皆様をお迎えして、50年ぶりに「福井しあわせ元気国体・障スポ」を開催しました。県民一丸となって競技力向上に取り組み、天皇杯・皇后杯を獲得するという完全優勝を成し遂げることができました。

今回、史上初めて国体と障害者スポーツ大会の融合を掲げ、障スポの競技を国体の会期中に実施しました。両大会の経験、成果をレガシーとして今後のスポーツや芸術・文化の振興などに活かすとともに、共生社会の実現のためのきっかけにしてまいります。

２０２３年には北陸新幹線敦賀開業や中部縦貫自動車道全線開通など高速交通体系の整備が大きく進みます。

交流新時代のスタートに向け、その効果を最大限発揮するために市町と力を合わせた地域の魅力づくりを加速し、来年の東京オリンピック・パラリンピック、２０２５年の大阪・関西万国博覧会を契機に全国または海外から多くの人を呼び込み、交流人口を拡大することが極めて重要であります。

魅力づくりについては、県都福井市において、中世最大の都市遺跡「一乗谷朝倉氏遺跡」の博物館を新たに整備していきます。永平寺町においては、旧参道の復元・河川の修景整備

ともに、門前の宿泊施設「柏樹關」が開業しました。永平寺監修の精進料理や座禅体験を通じて、禅の心に触れることができます。

若狭地方では、三方五湖の１つ、水月湖の底に、火山灰、植物や化石などが縞《しま》模様に堆積した「年縞」が形成されています。新たに開館した年縞博物館には、７万年分の「世界標準のものさし」を45メートルにわたって実物展示しています。さらに、敦賀市においては、開港から１２０年を迎え、人道の港敦賀ムゼウムの移転や、大正時代の建築物の復元など金ヶ崎周辺の施設整備を進めています。

また、食の分野では、おいしいお米の決定版「いちほまれ」の本格生産を開始し、首都圏においても販売しております。冬の味覚を代表する「越前がに」は、カニとしては全国で初めて地理的表示（ＧＩ）保護制度に基づく登録を受けました。食のブランド化に磨きをかけ、県内外に強く発信してまいります。

こうした県内での整備と並行して、東京事務所としては、高速交通体系の整備を百年に一度のチャンスととらえ、首都圏からの観光客や国内外の会議・大会、観光客増加に対応するホテル等の誘致を強化してまいります。

また、従来型の企業誘致に加え、高速交通体系の整備による首都圏からのアクセス向上や、人口減少が進む一方で景気の回復によって人手不足が進んでいるという現状などを鑑み、ＩｏＴを導入したスマート工場やＩＴ関連企業のサテライトオフィスなど多様な業種を誘致するとともに、首都圏のプロフェッショナルな人材や福井県の教育力の高さを活かした子育て世代のＵＩターンの促進など、人と企業をセットした誘致活動を進めてまいります。

この「ふるさと福井への提言」で頂いた皆様からの貴重なご提案を参考にしながら、新幹線開業によるメリットを最大限に活かし、ふるさと福井の交流新時代に向け尽力してまいります。

PROFILE

よしだ・けいすけ　昭和62年４月福井県事務吏員に採用。平成29年４月観光営業部企画幹。平成30年４月健康福祉部企画幹。令和元年６月東京事務所長。

コネクティッド越前
―新幹線駅周辺開発への提言―

工業デザイナー
株式会社ブレーン
代表取締役
渡辺弘明
Watanabe Hiroaki

◆武生の景観

かつて私が住んでいた武生（現越前市）には、小川によって道路が二分された繁華街があった。小川というより、元は江戸期の町用水の名残であるが、沿道には松並木が形成され、他では見ることのない独特の景観があった。幼い頃、母親が買い物をしている間に用水で遊んだ記憶がある。夏には水際に竹製のベンチに置いて涼を取る人々、水がもたらす癒しを享受でき、冬は沿道の雪を投げ入れ、生活の一助となっていた。

　武生は府中と呼ばれ、古くは越前の国府であり、加賀へと抜ける北国街道最大の都市として栄えた交通の要衝である。

その昔、旅をする人々はこの風景によって、武生に来たのだなと実感できたことだろう。その後、残念ながらモータリゼーションの波に呑まれ、風情ある町並みは何処にでもある街へと姿を変えてしまった。負の遺産とも言うべきである。家族で昔話に花を咲かせた折、用水を暗渠《あんきょ》化することへの付近の人々の対応について父に聞いたことがある。曰く、車の往来が激しくなり、用水は交通の妨げになるという理由で、反対する者はいなかったそうである。当時はその文化的な価値には気付くこともなく、利便性にのみ重きが置かれたことを悲しすぎると思うも、生活者目線では至極必然だったのかもしれない。

武生　町用水と松並木写真（昭和41年）「総社大神宮前より南の方の商店街」
（提供：越前市教育委員会事務局文化課）

◆新都市の創出、南越（仮称）駅周辺開発

今日に目を移そう。北陸新幹線敦賀延伸は福井が大きく飛躍する好機である。他府県からこれまで以上に人が訪れることは疑いの余地もない。我が故郷越前市にも新幹線駅を建設中である。私は平成29年に北陸新幹線南越駅（仮称）駅舎デザイン選定委員としてデザイン選定に関わって以降、気にしていたのは駅舎より、その周辺のことである。県内の4駅中、唯一、現駅併設ではない新駅となり、駅周辺にはリゾート施設建設や大手スーパーを誘致するなどの噂も聞こえてくる。しかしながら、何処にでもある駅前の風景にすることは望ましくない。車窓から街並みを見て、思わず降りてしまうような魅力的なものにするのが肝要である。関西方面か

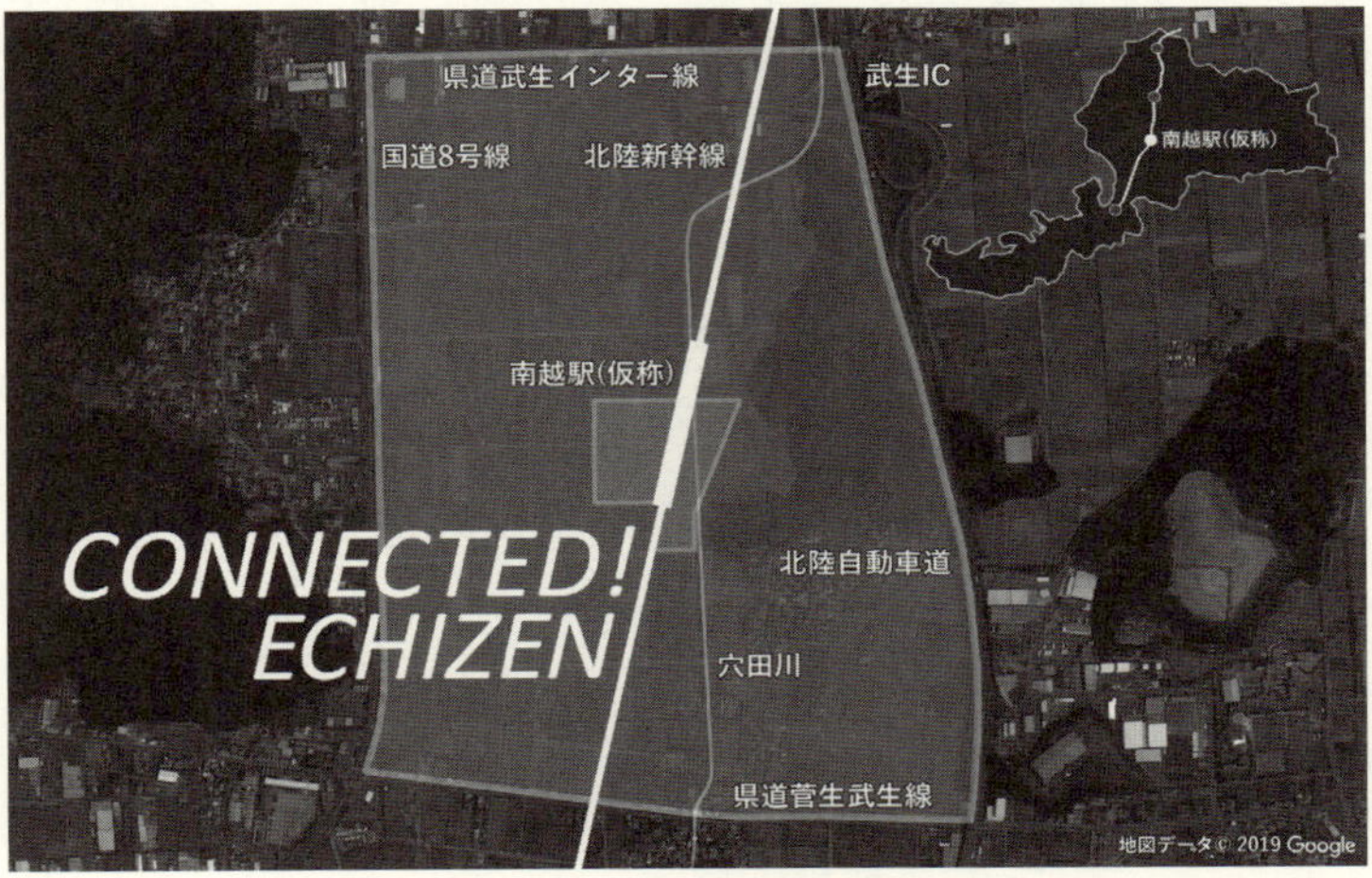

ら金沢や新潟への通過駅、首都圏からは金沢の先の未知の地にしないためには、考えに考え抜いた施策が必要である。これは、まさに新都市の創出と言っても過言ではないのである。

新都市といって連想するのは、高層ビルが林立する近代的なイメージなのかもしれないが、私が想い描いているものは、もっと静的で落ち着いたものである。都会のスケールダウンではなく、緑に溢れ自然と共存する、ゆったりとした街並。それぞれの建物は低く統一感がある。広場が点在し、あちらこちらから子どもや若者の声が聞こえてくるような街である。美しい景観と利便性を併せ持った未来への遺産となる街となることが理想ではないだろうか。

◆つながる街へ

新幹線開通後、地元民は新幹線駅までの交通手段として車を使い、パーク&ライドにより、駅への往復にはなんら支障をきたさない。しかし、その逆に来訪者にとってみれば新幹線駅から先の交通手段が問題になる。先日も、友人が家族で福井を訪れた際、越前海岸、和紙の里、永平寺、恐竜博物館を目的地にしたが、高額なタクシーによる巡行を避けたため、本数の少ない公共交通機関などを使わざるを得ず、結果、時間にロスが生じ全てを巡ることが叶わなかった、と漏らしていた。即ち、点在する観光地間がアンコネクティッド、つながっていないのである。これは福井県を来訪者から遠ざける一因であり、リピーターも望めない。

「コネクティッド・つながる」これが福井を飛躍させるキーワードになると考える。駅から先をつながるものに変えることによって福井に人が集まりやすくなる。北陸新幹線延伸と時を同じくして、現在はモビリティが大きく飛躍する100年に一度の変革点と言われている。車は電動化、自動運転化、所有からシェアするものへ、ライドシェアサービスが全世界で拡大している。私も海外への出張の度に日本の取り組みの遅れを実感するが、この波は決して避けて通れない。個人の車を他人とシェアすることには抵抗があるかもしれないが、所有する車が使ってない時間に勝手に稼いでくれるという感覚で、海外の多くの都市で当たり前になっている。地元民が出張や通勤のため車を駅に駐車、持ち主が戻るまでの時間は来訪者の足となる。イメージしてほしい。東京から越前市への出張者A氏。あらかじめスマートフォンのライドシェアサービスでコンパクトカーを予約、新幹線降車後スマートフォンのマップ画面に表示された車の位置を確認、誘導され、IDを入力しロック解除、既に入力された行程表が車に瞬時に読み込まれ、座った瞬間に出発となる。行き先の確認や、詳細なインフォメーションが走行中に映像と音声で流れる。タクシーやレンタカーなどに比べ、人が介在しないため使用料も安い。食事や休憩などはスポンサーとなっているレストランやカフェなどへ導くことにより料金に還元され、もちろん駐車場には充電設備も整う。福井に好感を抱いたA氏はその後、家族で訪れ、ファミリーカーを借り、自動運転による観光ルートでゆっくり福井を満喫した、というストーリーである。新幹線駅とその先まで「つながる」ことで、来訪者も地元民も同じように利便性を享受できることになる。

できれば、駅構内をゼロエミッションである電気自動車の駐車スペースとして活用すれば、さらに利便性の高いものになる。新幹線下車後、雨の日でも濡れることなく目的地に到着でき、車椅子利用者や老人にも優しいユニバーサルデザインである。

◆インフラ整備、スマートシティの実現へ

このような、人と車、目的地とのコネクティングには、沿道での充電設備や5Gに対応したインフォメーションシステムなどは不可欠である。ここで大きな問題は既得権益を失うタクシーやレンタカー業者である。特に東京など大都市では事業者の規模も大きく、推進を妨げている。過去、幾つかの分野で日本市場の特殊性により孤立し、ガラパゴスと揶揄《やゆ》された現象とも言えるが、福井県などの地方都市ではむしろ、それらの事業者が中心となってシステムを構築すべきである。100年に一度と述べたが、その昔の人力車、渡し船で身を立てていた人たちが対処したように、のちのち、あの時代が大きな転換点だったと認識されるのがこれからの数

年なのである。今ライドシェアに異を唱えるのは、かつて渡し船の船頭が職を失うからと、橋造り反対した人に近いかもしれない。多くの人に恩恵をもたらすものに抵抗するより、むしろこれまで培《つちか》ったノウハウを活かし、リーダーシップをとって推進する立場となる方が新しい権益を得ることにつながるのではないか。

確実に訪れる未来に向けて福井は、その先駆けとなり、この新幹線延伸というタイミングに合致した千載一隅のチャンスを活かさねばならない。スマートシティ、スーパーシティ構想を標榜する国のバックアップも期待できる。大都市に先駆け、いち早くインフラなどへの対応を急ぎ、日本で最も進んだ「つながる」街を目指したい。

◆過去、未来へとつながる4次元的コネクション

技術は一様に、あらゆる所に浸透する。冒頭に述べたようにモーターリゼーションにより地方は画一化してしまったが、同じ轍《てつ》を踏まないためにも、まちづくりには技術、流行を超えた理念、思想が必要である。南越（仮称）駅周辺は越前の歴史、文化的背景を持つ過去ともつながり、未来へも4次元的に「つながる」ことにより成されると考えている。ここにしかない魅力的な街を作り上げる意気込みが必要である。繰り返すが、この数年は福井が大きく飛躍する

千載一遇のチャンスなのである。

この土地を俯瞰すると、新駅周辺にはほとんど建造物はなく、まさにまっさらのキャンバスなのだ。ここにどのような絵を描き上げるかによって、この地の将来は決まる。三方を山々に囲まれた武生盆地は日野川が流れる扇状地で、いたるところで伏流水が湧き出ている。水と市民、産業との関係が深い土地であり、水をテーマにしたプランはどうだろう。現状この辺りは水田で、穴田川が新駅を横切るように流れ、複数の用水路があり、そのまま活かすというのもありかもしれない。駅を利用しない人たちもふらっと訪れ、散策しながら時々通る新幹線を眺め、水音を聞きながらお茶を飲み食事し、かつての武生のような、人の集まる活気に満ちた街になれば、と思うのは私だけであろうか。地元の人がいつも居て、来訪者もここで、ひとときを過ごし、双方が「つながる」ことができる街へ。おおいに議論を深めることが望ましい。

◆越前、新都市への期待

末筆ではあるがこの紙面を借りてお伝えしたいのは、現在南越（仮称）とされている駅名のことである。武生市と今立町の合併により２００５年より越前市となったが、南には南越前町、西には雄々しい越前海岸を有し、古くから越前を地名とする越前町も隣接する。私はこの新駅名として「越前」が相応しいと考えている。その昔、越前国は石川県北部まで含む大国であり、東に越中、越後を控える越の国の前方、まさにここが越前なのだ。「南越」は越前の南ということであるが、長崎（なんごし）にも埼玉（南越谷の略称）にも存在する。福井県内で南越といえば、どのあたりを指すかは概ね理解できるが、全国的には全く認知されていない地名である。越前蟹、越前蕎麦、越前打刃物、越前漆器、越前和紙、越前焼等々、枚挙にいとまがないこの越前産品のブランド力の高さからも、地元民の馴染み深さからも「越前」を推したい。そして、我が故郷、歴史ある由緒正しいこの地に相応しい、新しい都市の誕生を心待ちにしている。

PROFILE

わたなべ・ひろあき　1960年福井県武生市生まれ。桑沢デザイン研究所卒業、株式会社リコー入社。退社後、frogdesign（米国カリフォルニア州）に移籍。zibaDESIGN（オレゴン州）を経て、1995年有限会社プレーン（現株式会社プレーン）設立。桑沢デザイン研究所非常勤講師、福井県越前市工芸の里策定委員、北陸新幹線南越駅（仮称）駅舎デザイン選定委員を歴任。現、日本産業デザイン振興会グッドデザイン賞審査委員、日本デザインコンサルティング協会理事、多摩美術大学統合デザイン学科非常勤講師

デジタルイノベーションのもたらす産業・金融・社会

全国農業協同組合中央会（JA全中）
常務理事
山田秀顕
Yamada Hideaki

1 デジタルイノベーションの進展

インターネットの普及により、ビジネスだけでなく広く社会一般のデジタル・ネットワーク化が進展し、モバイル化の伸長により個人レベルへの深化にも達している。並行してモノ・カネ・インフォメーションのデジタル化も急速に拡大し、IoTといわれるサイバー空間での処理結果が実社会の取引を制御する状況が現実として出現している。データ流通量も爆発的に増大してきており、ビッグデータやAI活用の加速も伴い、個人の行動様式の変化と企業・組織のビジネスモデルの革新を生み出している。既存のビジネスのやり方の大規模な転換が求められており、自前主義を脱して強みを有する他者を巻き込んだ連携関係構築が望まれる。

さらには、近年のＩＴの発展は目覚ましく、デバイスについては、センサーの小型化・省電力化・低廉《ていれん》化、モバイル機器の高性能化等が達成され、情報処理については、クラウドコンピューティングの大規模化・低廉化、分散処理技術の高度化等が進展した。これに加えて、ネットワークについても、通信速度の高速化や通信費用の低廉化が進行した。さまざまなデータのデジタル化に伴うコストが低下した。あらゆるものがネットワークでつながるＩｏＴが進展し、従来デジタル化されることがなく散在していたデータが大量にインターネットに流通し始めた。情報ビッグバンといわれるほど、社会全体に流通するデータ量が加速度的に増加し、さまざまな分野において、量・質・ジャンルを問わないビッグデータの利活用が可能になっている。

デジタルデータの収集、蓄積、解析、応用の実社会での活用が可能になり、リアルな実社会とサイバー社会とのシームレスな相互連関が生まれ始めている。新たな情報革命といわれている所以《ゆえん》である。

特にＦｉｎＴｅｃｈは金融と技術を掛け合わせた言葉であるが、お金の形が変わり、流れが変わり、信用やリスクの考え方が変わることになる。現金から電子マネー等のキャッシュレス化、送金もスマートフォンでインターネット経由、企業・個人のデータから新たな資金調達手法等、ＦｉｎＴｅｃｈは従来の金融機関から金融の担い手が他業種に拡大する。非金融事業から、多種多様な入口で金融サービスを提供する企業が出現しており、これまでの金融機関のビジネスモデルを大きく揺さぶっている。構築済みの店舗網、ITシステム、担当職員の固定費用削減と、新たな収益源の創出も喫緊の課題である。金融事業単営も見直し、複合経営化も議論されている。

②総合事業経営のイノベーション

JAグループでは人口減少等地域の農業や社会が急速に姿を変えつつある中で、事業モデルを転換し持続可能なJA経営確立に向けて「自己改革の実践を支える経営基盤の強化」に取り組んでいる。「マーケットインに基づく生産・販売事業モデルの確立」、「輸出やインバウンド需要の活用による新たな市場の開拓」、「生産トータルコストの低減」、「地域実態をふまえた担い手育成・確保と労働力支援」等を通じて、農業者の所得増大、農業生産の拡大、地域の活性化に取り組み、販売事業を中心とした事業伸長とすべての事業にわたる効率化や生産性向上、特にデジタルイノベーションの活用により、新規ビジネス創出、業務効率化・高度化への取組みを進めている。オープンな共同プラットフォームを通じて、農業、食や生活、金融、地方創生にかかるデジタル技術の融合を掲げ、企業・大学・行政と革新的なアイデア・技術による広

「地域の活性化」にかかるJAグループの取り組み

（１）第28回JA全国大会決議「地方公共団体との連携強化」「協同組合間の連携強化」

①地方公共団体との連携強化
○　市町村・都道府県との連携協定の締結

②協同組合間の連携強化
○　各種協同組合と分野を越えて連携

（２）第28回JA全国大会決議「農林漁商工業団体との連携強化」

③農林漁商工業団体との連携強化
○　JAグループは、農業と並んで地域に根ざした産業である林業、漁業、商工業の各団体との連携強化に取り組みます。

「連携事例」参照

（３）第28回JA全国大会決議「地域の多様な組織との連携強化」

④地域の多様な組織との連携強化
○　JAは、地域実態に応じて、地方公共団体と連携して、主に小学校区を単位として地域住民の多くが参加して地域の課題解決に取り組む**地域運営組織（RMO）**や教育・研究機関等**と連携し、総合事業や支店ふれあい活動を通じた課題解決**に取り組みます。

地域運営組織との連携に取り組むJA数　2018年度

連携主体	実施JA数	実施割合
本店で連携	74JA	11.5%
支店で連携	44JA	6.8%

○JAが「地域の活性化」として目指すものと、RMOの目指すものは、共通点が多いと考えられ、各地のRMOでは、農業者やJA職員OBの活躍も見られています。

○また、**JAがRMOと連携する際は「支店」がポイント**となりますが、本店・支店ともに連携実績の増加に取組んでいます。

【地域運営組織（RMO）との連携】

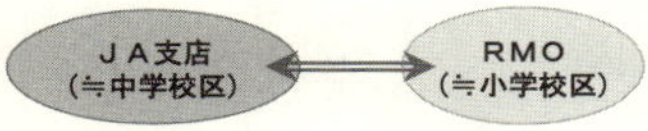

JAと地域運営組織（RMO）の連携

JA上伊那×飯島町田切地区　地域拠点としての道の駅の運営への協力

- JA上伊那（長野県）は、2016年７月、地域住民（85%が出資）や地元企業とともに、道の駅「田切の里」の管理運営組織を設立。JAのOBや役職員が運営に関与・協力。
- 従来の道の駅の機能を超えて、観光農園や農家レストラン、高齢者住宅向けの買い物・宅配、安否確認等を実施。

田切地区住民のための道の駅

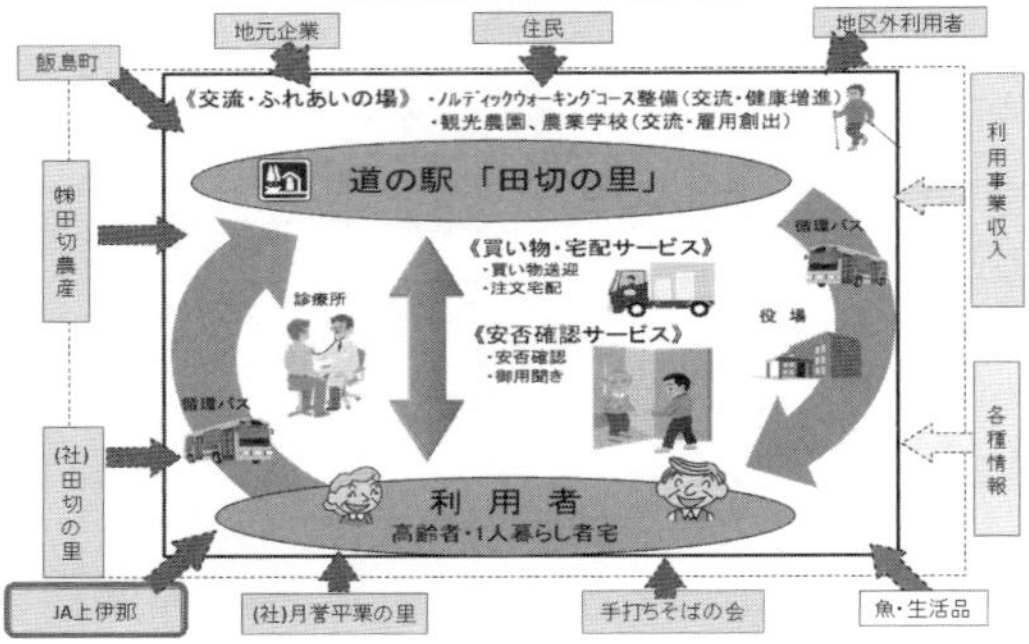

JAと小さな拠点の連携

JAおちいまばり×今治市朝倉地区　多機能型支店による地域の買い物・交流拠点

- JAおちいまばり（愛媛県）は、2016年３月、高齢化が進み、スーパーの無い今治市朝倉地区において、買い物と交流拠点とするため、下朝倉支店をリニューアル。
- 金融店舗、生活店舗、カフェスペースを１フロア化した「JA多機能型店舗」として、「小さな拠点」機能を発揮。

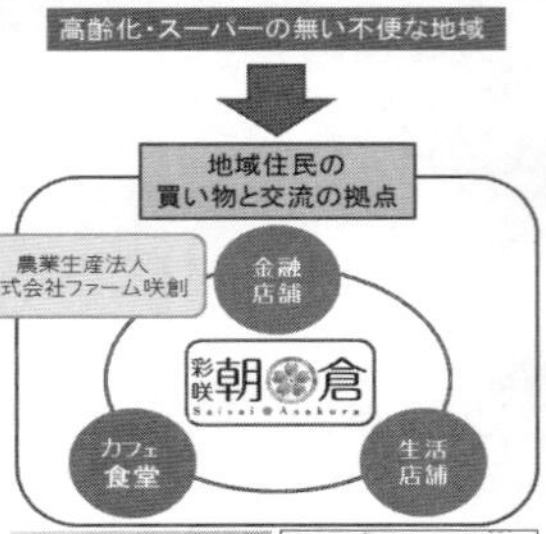

立地を活かしたＪＡならではの取り組み

○営農　×　食堂　×　生活店舗
農産物収穫体験　⇒　ランチ　⇒　買い物

○金融　×　カフェ
カフェで土日相談（貯金・共済・相続・資産運用）

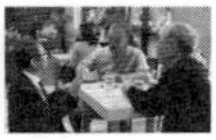

○地域　×　ＪＡ
小中学校・児童館からの事業所見学・職場体験

く農業者・住民の利便性向上を目指すこととしている。例えば①データ集約と業務見える化による生産・加工・流通現場の不具合の効率化、少量多品種の付加価値化の可能性、②電子商取引や電子決済の普及による消費現場のメーカー・物流・販売の他業種のビジネス展開等である。

③福井への提言

まずは橋本佐内や梅田雲浜の如く、グローバルに視野を広げ自前主義からの決別を図ること。デジタルイノベーションにより大きく変化が予想されている分野として、教育、農林水産業、運輸業、広告業、観光業、金融業等が挙げられている。現場に分散・蓄積されているアナログデータのデジタル化を加速化し、データ収集プラットフォームの構築、データ分析ツール開発とそれを可能とする人材の確保、国際標準化への対応等である。企業や組織の壁を乗り越えた研究開発やシステム連携が重要であり、福井の中で考えるのではなく、グローバル基点で福井を考えること。ハイブリッドな総合事業化を志向する。

次にバリューチェーン全体にあらゆる産業が役割分担の見直しに取り組む中で、総合事業化・兼業化による小粒でも豊かな環境循環型地域経済の構築を目指すこと。例えば健康・福祉、健康データや医療データを一体的に活用できる環境を整備し、ビッグデータを活用した健康サービスを創出する。さらには、なりわい・食とくらしについて、ＩｏＴを軸として次世代地域活性化のモデル作りを行い、国内外に情報発信し、インバウンド客を福井に誘導する。古くからアジア大陸の窓口として栄えた越前・若狭の歴史と伝統、観光名所をデジタル化し動画としてＳＮＳで発信する。そのためには、客数を増やすだけでなく、魅力の見つける化、商品の生産増、地域内の消費単価アップ、滞在時間アップ、顧客満足度アップにより、地域内消費増、観光関連産業の発展で稼げる福井に、地方創生実現を目指す。

最後に、人と同じことはやらず、他地域と違うことの実践に重点化することと考える。例えば、人口が少ない特徴はのんびりと田舎暮らしが体験できる、食事や体験も独り占め、貴方だけの滞在型観光地、デジタル化した繊維や眼鏡枠、漆器類。世界中で最もおいしいと個人的に評価している水道水、こんな良質のものはどこにもない。熱意があれば「みつける、そだてる、つたえる」ことができると思う。

PROFILE
やまだ・ひであき　昭和35年７月31日生まれ。福井市出身。藤島高校卒業。京都大学法学部卒業。昭和60年４月農林中央金庫入庫。平成11年７月盛岡支店業務第一課長。13年10月推進統括部部長代理。15年12月宮崎支店長。17年５月出向（千葉県信用農業協同組合連合会）。19年７月システム企画部副部長。20年８月出向（全国漁業協同組合連合会）。22年７月農林水産環境事業部長。24年７月仙台支店長。27年６月常務理事。29年６月退任。29年７月株式会社農林中金総合研究所顧問。29年８月全国農業協同組合中央会常務理事。

発行者

山本 時男

株式会社中央経済社ホールディングス
代表取締役最高顧問
東京若越クラブ幹事

山本　継

株式会社中央経済社ホールディングス 代表取締役会長
株式会社中央経済社 代表取締役社長
東京若越クラブ会員

発売元

山本 憲央

株式会社中央経済社ホールディングス 代表取締役社長
株式会社中央経済グループパブリッシング 代表取締役社長
東京若越クラブ会員

編集者

松尾　武

株式会社中央経済社ホールディングス
取締役
東京若越クラブ会員

飯田 宣彦

株式会社中央経済社
学術書編集部 編集次長

【編者紹介】

東京若越クラブ

東京から福井の活性化を応援することを目的に2010年に発足。福井県出身または福井県に縁のある首都圏在住で、日本を代表する経済界、文化・芸術・芸能、スポーツ界など各分野で活躍されている多彩な方々がメンバー。“ふるさと福井”に貢献するための情報交換の場として、定例の８月の総会、２月の新春交流会のほか、県内各市町・団体・学校・企業等への講師派遣などの事業を実施している。また、2013年４月に福井銀行と福井新聞社が立ち上げた、福井での次世代リーダー養成塾「考福塾」へも特別協力として講師を派遣している。

福井新聞社

「福井新聞」を発行し、創刊120周年を迎えた。読者から信頼され、地域のことならなんでもわかる日本一の郷土紙を目指し、取材活動や新聞広告、文化・スポーツ・教育など各種事業を通じて県民に役立つ情報を提供している。電子新聞「福井新聞Ｄ刊」をはじめチラシサイト「チラシの森」などデジタル事業も推進。宇宙分野や科学技術に携わる人材の育成を目指す社プロジェクト「ゆめ つくる ふくい」を展開するなど、時代の先を見据え、挑戦を続けている。

［寄稿者一覧／順不同］

小林栄三	大塚陸毅	田川博己	田中節夫	三屋裕子
武藤昌三	内田幸雄	皿澤修一	小松長生	伊東忠昭
川上隆哉	浅地紀幸	青山　満	安間匡明	伊藤雅彦
井原康宏	今川裕代	上田輝彦	梅﨑良則	江越　眞
小倉和夫	納村哲二	北野幸広	堅達京子	堺井啓公
佐藤丈文	清水公也	鈴木昌治	千秋與四夫	竹内正実
竹森現紗	田中章雄	田畑直樹	土森俊秀	土山實男
友田晶子	中川直美	平田邦夫	福島　毅	前田鎌利
前野博紀	山下朗裕	山本雅俊	湯屋基生	吉田啓介
渡辺弘明	山田秀顕			

［インタビュー協力］

渡部道雄（一般社団法人共同通信社）
松崎茂一郎

福井の幸福を語ろう
―ふるさとへの提言―

2019年8月23日　第1版第1刷発行

編者　東京若越クラブ
　　　福井新聞社

発行者　山本時男
　　　　山本継

発行所　㈱中央経済社

発売元　山本憲央
　　　　㈱中央経済グループパブリッシング

〒101-0051　東京都千代田区神田神保町1-31
電話　03（3293）3371（編集代表）
　　　03（3293）3381（営業代表）
http://www.chuokeizai.co.jp/
印刷・製本／株式会社大藤社

ISBN978-4-502-31921-1　C2033

越前 丸岡城

越前丸岡城は、天正4年（1576年）、柴田勝家の甥の柴田勝豊によって築城された平山城で国の重要文化財に指定されています。2重3層の望楼式天守は、現存する天守としては最古の建築様式を持ち、日本さくら名所100選にも認定された400本のソメイヨシノに浮かぶ姿は霞ヶ城の別名にふさわしく古城に美しさをそえます。

手紙のお手本として知られる「一筆啓上　火の用心　お仙泣かすな　馬肥やせ」この手紙は、徳川家康の功臣で「鬼作左」と呼ばれた本多作左衛門重次が陣中から妻へ宛てた手紙です。文中に出てくる「お仙」が、初代丸岡藩主本多成重であったことから、この手紙をモチーフに「一筆啓上賞」が誕生しました。この書簡碑は天守石垣の東北端に建てられています。

一筆啓上
日本一短い手紙の館

「一筆啓上　日本一短い手紙の館」は、一筆啓上賞に寄せられた手紙をただ展示するのではなく、心に響かせ、心に染み入るよう趣向を凝らした方法で紹介する、手紙文化の発信地として誕生しました。
館内でゆっくり流れる時間を過ごし、ご来館の記念にご家族や友人など大切な方へお手紙をしたためてみてはいかがでしょうか。

越前丸岡城

〒910-0231　福井県坂井市丸岡町霞町1-59
tel.0776-66-0303　fax.0776-66-0678
URL　http://www.maruoka-kanko.org
ご利用時間：午前8時30分～午後5時（最終入場は午後4時30分）

一筆啓上 日本一短い手紙の館

〒910-0231　福井県坂井市丸岡町霞町3-10-1
tel.0776-67-5100　fax.0776-67-4747
URL　http://www.tegami-museum.jp/
ご利用時間：午前9時～午後5時（最終入館は午後4時30分）
休館日：年末年始（12月29日～1月3日）展示替え等のため特別休館あり

[交通] 車：北陸自動車道　丸岡ICから5分
電車バス：JR福井駅もしくはJR芦原温泉駅から京福バス利用
「丸岡城」バス停下車すぐ

[料金] 越前丸岡城・歴史民俗資料館・日本一短い手紙の館
3カ所共通入場券　大人（高校生以上）450円　小人（小中学生）150円

四六判・226頁
本体1,000円＋税

四六判・216頁
本体1,000円＋税

四六判・236頁
本体1,000円＋税

四六判・162頁
本体900円＋税

四六判・168頁
本体900円＋税

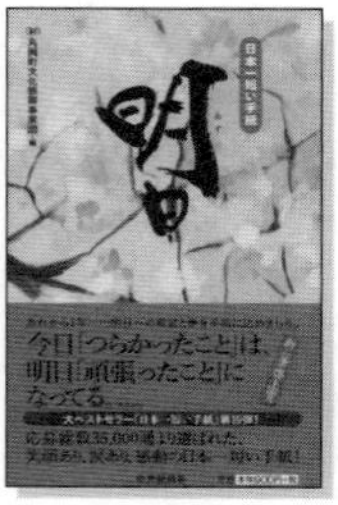
四六判・220頁
本体900円＋税

四六判・188頁
本体1,000円＋税

四六判・198頁
本体900円＋税

四六判・258頁
本体900円＋税

四六判・210頁
本体900円＋税

四六判・184頁
本体900円＋税

四六判・186頁
本体900円＋税

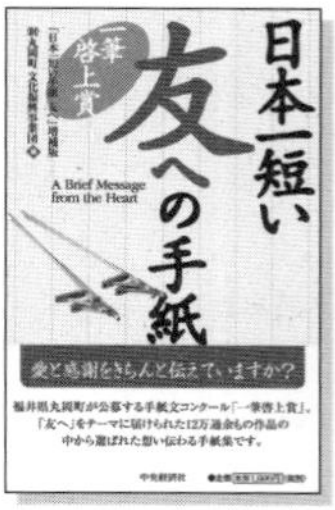

四六判・216頁
本体1,000円＋税

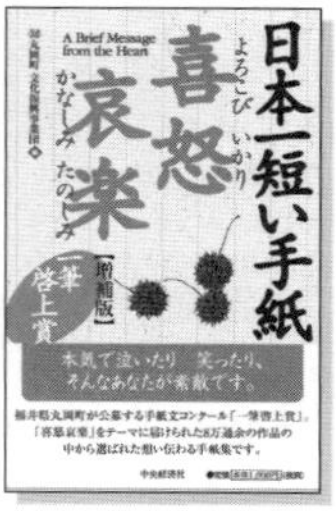

四六判・206頁
本体1,000円＋税

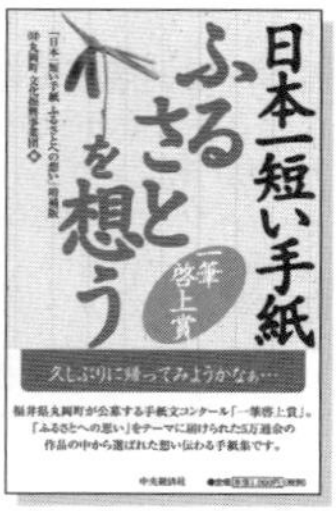

四六判・218頁
本体1,000円＋税

四六判・196頁
本体1,000円＋税

一筆啓上賞

「日本一短い手紙」

公益財団法人 丸岡文化財団 編

シリーズ好評発売中

四六判・216頁
本体1,000円＋税

四六判・208頁
本体1,200円＋税

四六判・160頁
本体900円＋税

四六判・162頁
本体900円＋税

四六判・178頁
本体900円＋税

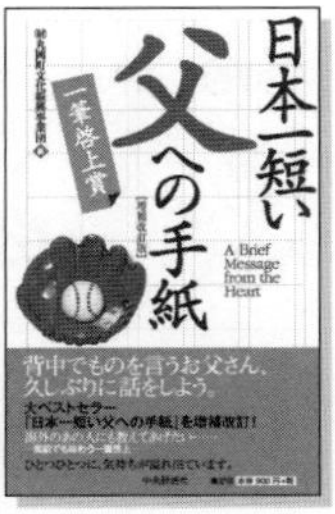

四六判・184頁
本体900円＋税

四六判・216頁
本体1,000円＋税

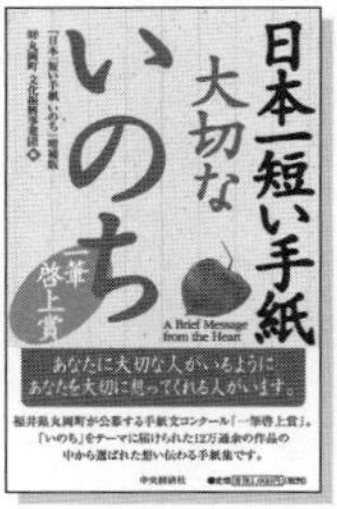

四六判・224頁
本体1,000円＋税

四六判・216頁
本体1,000円＋税